Jochen Portmann

Heimliche Böcke – Uriges Wild

Ein jagdliches Mosaik

Mit 16 Abbildungen auf 8 Tafeln

Verlag Paul Parey · Hamburg und Berlin

Sämtliche Tafelphotos stammen vom Verfasser

CIP-Kurztitelaufnahme der Deutschen Bibliothek

Portmann, Jochen:
Heimliche Böcke – Uriges Wild : e. jagdl.
Mosaik : Jochen Portmann. – Hamburg ; Berlin :
Parey, 1984.
ISBN 3-490-43311-4

 Anschriften: Spitalerstraße 12, D–2000 Hamburg 1; Lindenstraße 44–47, D–1000 Berlin 61. Printed in Germany by Rasch Druckerei und Verlag GmbH & Co., KG, 4450 Bramsche. Umschlaggestaltung: Jan Buchholz und Reni Hinsch, Hamburg, unter Verwendung eines Photos von Konrad Töngens, Lahntal-Großfelden.

ISBN 3-490-43311-4

Inhalt

Die Porzellanglöckchen

Es war bereits Mitternacht, aber noch immer lag eine erdrückende, lähmende Hitze über Yokohama. Yoko-San hatte Sitzkissen auf den winzigen Balkon gelegt und Fächer gebracht. Nun träumten wir in die friedliche, sternenklare Nacht hinein. Völlige Ruhe war ringsum, kein Laut kam mehr aus den anderen Häusern. Aber es war keine hingebungsvolle Ruhe. Es war Abschiedsstimmung. Am nächsten Morgen begann die Rückreise, in zwei Monaten würde ich zu Hause sein, und bis dahin mußte ich mich entscheiden: seßhaft werden oder noch jahrelang in der Welt umherfahren. Das war die Frage. Ach, es gibt aber doch so viel Schönes zu sehen und zu genießen.

Aber hatte ich nicht schon genug gesehen? Liegt das Glück überhaupt in der Ferne? Wird das Glück nicht immer kleiner, je öfter man aus diesem süßen Becher trinkt? Bleibt es Glück, wenn es alltäglich wird?

Was denkt man nicht alles, wenn man so vor sich hinträumt und die Gedanken schweifen läßt. Ausgerechnet im fernen Japan, in dieser lähmenden Hitze, dachte ich plötzlich – an meine letzte Jagd. Im Oktober war es gewesen, viele Monate war das schon wieder her. Ein Bekannter hatte mich eingeladen, seine Jagdpacht lief aus, und er hatte angeblich noch einen Bock frei. Ich ahnte, daß ich keine Chance haben würde in diesen letzten Jagdtagen. Aber ich kam aus Südamerika, aus fettem tropischen Grün, mit Eukalyptusbäumen, mit Lianen und Bananen auf roter Erde, mit lockenden Tangos und erregenden Samba-Rhythmen in schwülen Nächten. Ich hatte nun Sehnsucht nach dem deutschen Wald.

Zehn Tage hatte ich Zeit zum Jagen. Es regnete ununterbrochen. Morgens und abends ließ ich mich naß regnen. Nur ein einziges Mal sah ich ein Reh, sonst kein Haar. Aber ich war glücklich. Ich war trunken vom Rauschen der Buchen und Eichen, vom Duft nach Moos, Waldboden und Fichtennadeln. Ich hatte das schon so lange nicht mehr erlebt. Ich wußte auch, daß ich das nie ganz entbehren konnte.

Aber nun hatte mich das Fernweh noch einmal nach Ostasien entführt. Da saß ich nun in der erdrückenden Hitze, erfüllt von so vielen noch ungeordneten, unverarbeiteten Erlebnissen und träumte von der Jagd. Dabei hatte ich doch gerade erst wieder so viel Neues gesehen, Schreine, Tempel, Gassen, Paläste, Hütten. Ich hatte die glitzernde Lichtreklame von Tokio erlebt, die große Revue im Kukusai-Kanko, die alten Meister in der Judo-Hochschule, Menschen in der Metro, in den Straßen, in den Schreinen. Stundenlang hatte ich wieder vor dem großen Buddha von Kamakura gesessen, tief beeindruckt von seiner Ausstrahlung. Doch was wußte ich von den Menschen? Was wußte ich von Yoko-San, in deren Haus ich war, ich, ein ehrenwerter Fremder, der insgeheim vom deutschen Wald träumte?

Yoko-San war schön. Aber ihr Gesicht zeigte jetzt einen eigenartigen Ausdruck, der mir noch nie aufgefallen war. Lag es am Licht, das mattiert durch die Reispapierscheiben kam? Nein, es war etwas Fremdes, Unbehagliches. Yoko-San hatte sich aufgesetzt. Die Hitze war nicht mehr lähmend, sie war spannungsgeladen. Es war beunruhigend, das plötzlich zu spüren, es zwang zum Lauschen in die Nacht.

Die Nachtigallen sangen nicht mehr. Es lag etwas Drohendes in der Nacht, eine unnatürliche Ruhe. Dann kam ein Grollen aus der Ferne, näherte sich, und – plötzlich bebte die Erde. Ganz kurz. Sekunden? Ich weiß es nicht. Dann wieder völlige Ruhe, bis die Glöckchen erklangen, die kleinen hauchzarten Porzellanglöckchen, die in jedem japanischen Haus an den Fenstern oder Türen hängen, die den leisesten Windhauch durch ihren fast überirdisch zarten Klang anzeigen. Es war, als ob plötzlich das Leben weiterging, nachdem es für eine Weile still gestanden hatte.

Der aufgekommene Wind kühlte die Haut, er verscheuchte die drükkende Hitze und die einsamen Gedanken. Auch Yoko-Sans starres Lächeln entspannte sich, wurde wieder natürlicher. Ihr Kopf lag jetzt an meiner Schulter. In mir war nicht mehr das Gefühl der unverständlichen Fremde. Jetzt war Dankbarkeit in mir für alles Erleben, Dankbarkeit für das Leben selber, das doch alle Möglichkeiten bietet, das nicht nur zum Entweder – Oder zwingt. Nein, die Natur brauchte ich, mit ihrem Grollen und ihren Sonnenaufgängen, mit Vogelgezwitscher und dem Rauschen der Bäume, und mit einem roten Reh in der Wiese. Das war es, jagen im deutschen Wald, und – wenn das Fernweh ruft, auch jagen in fernen Ländern. Das war die Synthese, die ich brauchte. Das war das Glück, das ich suchte, das nicht schal werden konnte und für mich niemals alltäglich. Jetzt wußte ich es.

Und von überall her kam der zarte, glückliche Klang der Porzellanglöckchen.

Neulich, beim längst überfälligen Aufräumen war es, da fand ich ein Glöckchen wieder, verstaubt, verlegt, nach zwei Jahrzenten fast schon vergessen. Aber als ich es anhob, da erklang es wieder, so zart, fast überirdisch und doch erinnerungsschwer. Lange habe ich gesessen, im schon dämmernden Licht, mit diesem klingenden Glöckchen in der Hand und mit offenen Augen träumend.

Alles war wieder da, war wieder gegenwärtig, die Abschiedsstimmung, die drückende Hitze, der Geruch zarter Haut, die schwirrenden, entscheidungsvollen Gedanken. Wie konnte alles so vergessen sein? War es überhaupt vergessen? Oder war auch diese Erinnerung nur zu einem kleinen Farbklecks in einem Bild geworden, zu einem Steinchen in einem großen Mosaik, eingebettet zwischen Millionen anderen Impressionen voller Licht und Schatten, Freude und Schmerz, und doch herausragend aus den vielen grauen, unwesentlichen, die das Leben im Alltagstrott hinzufügt?

Aber es waren noch so viele leuchtende Steinchen da, Impressionen mit grüner Farbe. Da begann ich, sie einzeln zu betrachten.

Der Hundling

Es war reiner Zufall, daß wir die »Lassen«, die kleine Pension in Kärnten fanden, und es war Liebe auf den ersten Blick, so stark, daß wir immer wieder hinfuhren. Weitab von der Asphaltstraße liegt sie, in den Wäldern des kleinen Eigenjagdreviers, auf einem Plateau in 1000 Meter Höhe, von kräuterduftenden, blumenübersäten Wiesen umgeben. Der Blick von dort geht weit über bewaldete Höhen und lange Täler, und oft leuchten in der Abendsonne, vierzig Kilometer entfernt, die steinigen Wände der Karawanken auf. Es ist nicht komfortabel dort, die Stühle sind hart, das Bier liegt im Brunnentrog, und Kuhglocken bimmeln ums Haus.

Manchen Fuchs schoß ich hier, durch eine biestig enge Bestandslücke auch einen Knopfbock. Einmal baumte ein Adler dreißig Meter vor mir auf und ließ sich eine viertel Stunde lang bewundern. Auf der Schulter des Besitzers aufgelegt, schoß ich den Eimer-Bock mit dem sehr starken, aber völlig ungeperlten Sechser-Gehörn. Aber das sind alles andere Erinnerungen, andere Geschichten, die gar nicht hierhin gehören würden, wenn nicht ein einziges Wort den Bogen gespannt hätte. Denn eines Tages hörte ich vom Wirt: »Des is a Hundling, der!« »Ein was?« »Na, ein Hundling, ein ganz ein Ausgekochter, ein Überschlauer, halt einer, dem man nicht beikommt. A Hundling eben!«

An einem Wochenende saß ich frühmorgens im Westerwald in einem Revierteil, den ich gerade erst zusätzlich übernommen hatte. In einem riesigen Busch von Haselnuß und Heckenrosen steht dort ein völlig verborgener Sitz, mit idealer Sicht auf eine Dickungsecke vom »Beil«, einem Waldstück in Beilform, mit teils geschlossenen Dickungen, teils hohem Holz, Fichten, Erlen, Eichen. Eingeschlossen sind drei kleine Lichtungen, aufgelassene, hüfthoch überkrautete Wiesen. Auch der ganze Waldrand ist ungenutzt und verfilzt. Aber dann schließen sich einige hundert Meter weit Wiesen und Felder an mit eingesprengten Schlehdorn- und Weidenbüschen. Dort steht immer Wild, und die stärksten Böcke des Reviers sind hier erbeutet worden.

Schon in der Dämmerung jubelten die Vögel, und als die Sonne über den Horizont kletterte, leuchteten die junifrischen Farben auf, und der Tau glitzerte in den Gräsern. Ein Fuchs schnürte eilig zur Dickung, ein paar Hasen spielten, und ein Fasan rief flügelschlagend seinen schrillen Ruf in den jungen Morgen. Nur Rehwild war nicht zu sehen. Erst als ich die weite Fläche hinter dem Sitz absuchte, leuchtete es an einer kleinen Senke rot auf. Weit entfernt zog ein Bock, und bei Gott, die Figur war stark. Langsam zog er auf einen Weidenbusch zu, dann war er verschwunden und tauchte nicht wieder auf.

Wie war dort das Gelände? So genau wußte ich das noch nicht, aber der Wind stand günstig. Ich stieg vom Sitz, machte einen Bogen zu einer Buschgruppe, pirschte zur nächsten, zur übernächsten. Dann fiel das Gelände schräg ab. Dort lag, eingeschlossen von Büschen und Hecken, eine kleine Wiese. Im hüfthohen, tauglitzernden Gras, vierzig Meter vor mir, stand der Bock, tiefrot in der Morgensonne leuchtend. Ein kapitaler Bock, wie ich hier noch nie einen gesehen hatte. Dicke, perlenreiche Stangen, hohe breite Rosen, kurze Sechserenden standen über einem griesgrämig grauen Gesicht. Er äste vertraut, überall war Ruhe und Frieden, aber mein Herz raste, die Hände zuckten, die Gedanken jagten und übersprangen sich.

Ein Schuß wäre ein Kinderspiel. Aber sollte ich überhaupt schießen? So ein Bock muß sich doch noch vererben, und es war erst Juni. Aber die Grenze war nah, die von allen Sitzen immer waffenstarrende Grenze. Würde ich den Bock überhaupt noch einmal in Anblick bekommen, oder würde er verschwinden, untertauchen? Aber das Bild war so berauschend schön, ein alter starker Bock im Morgensonnenlicht, die Lauscher spielten, Fliegen wehrend – da war das Jagdfieber vorbei.

Plötzlich wußte ich, ich würde nicht schießen. Ich wollte diesen Anblick noch öfter genießen.

Ein paar Minuten später mußte ich mich umsetzen, ein Fuß war mir eingeschlafen. Als ich wieder hochsah, war der Bock verschwunden, unerklärbar verschwunden. Ich hätte ihn irgendwo sehen, sein Abspringen sogar hören müssen, aber er war weg, wie verhext, wie von Geisterhand verdeckt. Es mußte etwas Besonderes mit diesem Bock sein.

Dann fuhr ich ins Quartier und weckte meine Frau. Ich redete auf sie ein wie trunken und schwärmte und schilderte jede Perle. Bei meiner so überschwenglichen Begeisterung hörte sie nicht nur verstehend, sondern auch belustigt zu. Aber bald schon sollten wir diese Rollen tauschen.

Drei Wochen bin ich dann nicht mehr ins »Beil« gegangen, um den Gekrönten nicht zu vergrämen. Aber wir sprachen nur noch von diesem Bock, und manchmal träumte ich und war in Gedanken im »Beil«. Der Kalien, der Jagdaufseher, erzählte auch von einem starken Bock, der in den letzten drei Jahren dort gesehen wurde, der sich aber nie richtig ansprechen ließ, der auch in der Blattzeit von den zartesten Tönen nicht zu betören war.

Wir erzählten natürlich auch die alten und immer neuen Geschichten von anderen Grenzböcken, die nie mehr gesehen wurden. So wuchsen allmählich Unruhe und Spannung in mir. Hatte sich denn der Bock nicht schon genug vererbt? Hatte ich nur eine Chance vertan, verträumt? Wann kommt schon bei der Jagd eine verpaßte Gelegenheit nochmals wieder? So fing ich an, Konzessionen zu machen: Nicht erst am Ende der Brunftzeit, auch schon am Anfang würde ich schießen, wenn, ja wenn ich ihn überhaupt günstig in Anblick bekäme.

Die drei Wochen schlichen hin. Ich schoß noch einen sehr geringen Bock und auf einer von Fingerhut übersäten Lichtung, die leuchtend rot erblüht war, einen Knopfbock, der im tropfnassen Nebel auf dreißig Meter an mir vorbeizog, bis ich ihn ansprechen konnte.

Aber als dann die ersten Böcke die noch spröden Ricken trieben, saß ich eines Morgens wieder im Buschsitz. Die Sonne ging herrlich auf – ich sah ihn wieder. Ganz langsam zog er einen sehr weiten Büchsenschuß entfernt zur Dickung, fast ganz vom hohen verfilzten Gras verdeckt und unerreichbar. Aber er war da, der Starke, der Schlaue, er war nicht über die Grenze gezogen. Jetzt würde er hierbleiben, zwei Ricken standen nicht weit, und auch die zwei Schmalrehe würden ihn betören und fesseln. Eines Tages würde er mein sein!

Plötzlich warf er auf, äugte über die weite Entfernung einwandfrei zum Sitz hin und sprang sofort in hohen Fluchten ab. Kein Schrecken, kein Verhoffen, weg war er. Er konnte mich nicht eräugt haben, der Wind ging richtig, aber er war weg. Er mußte mich erfühlt haben.

Am Abend sah ich ihn dann wieder, ganz kurz nur tauchte das graue Gesicht im Dickungsrand auf. Aber er trat nicht aus. Warum nicht?

Als sich am nächsten Morgen die ersten Konturen aus der Dunkelheit lösten, zog ein Bock weit am Buschsitz vorbei. War er es? Und wieder kam dieses ruckhafte Aufwerfen, wieder äugte er zum Sitz und war schon seitlich in den Büschen verschwunden. Es war unglaublich. Der Sitz stand doch völlig im Buschwerk verborgen, nicht einmal richtig freigeschnitten. Haselnußtriebe und Rosenranken kletterten weit über die Brüstung hoch. Aber der Bock äugte hin und war sofort weg. Ich sollte es noch öfter erleben!

Eine halbe Stunde später sah ich fünfhundert Meter entfernt einen jungen Bock, der eine Ricke ein bißchen trieb. So ganz ernst war das wohl noch nicht. Vielleicht konnte er das auch noch nicht richtig. Aber die Ricke war wohl brunftig. Würde es den Starken nicht zu ihr ziehen?

Am Abend saß ich dort auf der Leiter in einer Esche, meine Frau war zum Buschsitz gegangen. Die Sonne stand noch hoch über dem Horizont, als vor mir ein Bock in den verfilzten Randstreifen zog. Das war nicht der Starke, aber alt war er. Eine hohe Stange mit nur spurenhaft angedeuteter Vordersprosse überragte die Lauscher, die andere war wesentlich kürzer, nur an ihrem Ende gering gegabelt. Da gab es nichts zu überlegen, im Schuß lag er. Als ich das Gehörn aus dem Gras hob, war auch wirklich alles daran, was mich erfreute. Alt war er und richtig und abnorm. So war ich froh und zufrieden, ging um die Randbüsche herum, um meiner Frau zu winken. Doch da sah ich, daß sie das Glas hoch hatte. Ich bemerkte einen roten Fleck vor ihr, dann hörte ich ein kurzes, tiefes Schrecken!

Als meine Frau kam, sprudelte es aus ihr heraus, was das für ein Bock wäre, diese Stangen, Perlen und Rosen, und warum ich den damals hätte laufen lassen... Und während sie sonst jeden Gestreckten kritisch und genau begutachtet, jede Leiste, jede Vereckung prüft, jetzt warf sie nur einen Blick hin, sagte ja, ja, der ist ja richtig, aber der Starke da unten...

Dann ging sie wie benommen, um meinen Rucksack zu holen. Und ich dachte an den Junimorgen, als ich sie geweckt und genauso auf sie eingeredet hatte. Als ich dann meinen Bock im Rucksack hatte und wir zum Auto gingen, blieb meine Frau plötzlich stehen und sagte: »Du, der Bock da unten, der hat mich nicht eräugen können, und er hatte auch keinen Wind von mir, aber er sprang ab. Das ist ein ganz Schlauer, ein Ausgekochter ist der. Der ist ein »Hundling«. Und damit hatte der Bock seinen Namen.

Noch zehn oder zwölf Ansitze hatte ich nun Zeit, um ihn während der hohen Minne zu erjagen, ich saß nur noch auf ihn an. Ich sah ihn auch immer wieder. Er stand im Dickungsrand oder geisterte als kaum erkennbarer Schatten durch die Dämmerung. Er erschien hier oder da. Urplötzlich tauchte er hinter einem Weidenbusch auf und sprang dann genauso plötzlich in hohen Fluchten ab. Dreimal hatte ich auf ihn angelegt und jedesmal, bevor das Fadenkreuz ihn eingefangen hatte, war er weg. Es war wie verhext.

Schlaue Böcke hatte ich schon erlebt. Einen, den Cäsar-Bock, erbeutete ich mehr durch Zufall, einige hatte ich vielleicht wirklich überlistet, andere waren für immer von der Bildfläche verschwunden. Der »Hundling« aber ließ sich immer wieder sehen. Er forderte mich heraus, er zeigte mir, daß er mir mit seinen Sinnen, seinem Instinkt weit überlegen war, er bereitete mir geradezu Niederlagen.

Es war auch nicht mehr das übliche Jagen mit dem normalen Ablauf, mit dem Blick zum Wetterhahn, dem Aussuchen des passenden Sitzes, mit dem stillen Warten auf das, was die Natur so beglückend belebt, einem Hasen oder einer Ricke mit ihren Kitzen, einem jagdbaren Bock oder einem Jüngling und dann mit der Entscheidung: Schuß und Beute oder Stille und genußreicher Anblick. Nein, der »Hundling« war eine Herausforderung geworden. Ich wollte, ich mußte ihn erlegen.

Aber immer paßte es dann irgendwie nicht, obwohl ich ihn bei fast jedem Ansitz sah. Es war schon deprimierend. Ich wußte, welche Ricke, welches Schmalreh schon abgebrunftet war, mit welchem er jetzt zusammenstand. Es freute mich natürlich, daß auch die nächste Generation an den »Hundling« erinnern würde. Doch die Zeit ging hin, viele Augusttage waren schon vorbei. Schließlich waren es nur noch ein oder zwei Tage, dann würde wohl kein Bock mehr zu sehen sein, dann würde auch er irgendwo in einer tiefen Dickung ruhen.

Doch dann drehte der Wind und wirbelte in den südöstlichen Randbüschen. Hier, an der Eichenleiter, gegen den Wind würde er also kommen. Und hier würde ich ihn nie bekommen. Aber einmal mußte er doch zu überlisten sein! Darum ging der Kalien dorthin und ließ sich den Wind in den Nacken blasen, ich saß wieder im Buschsitz. Tatsächlich hörte ich nach einer Stunde von der Eichenleiter her ein empörtes Schrecken. Aber würde das Pärchen nun auch wirklich bei mir austreten?

Die Minuten krochen dahin, die letzten Sonnenstrahlen zauberten ein kupferrotes Licht auf den verfilzten Randstreifen, die mattweißen Blüten der wilden Spiräen leuchteten noch einmal auf. Dann verblaßten die Farben, die Konturen wurden schon unscharf.

Plötzlich eine Bewegung. Das kannte ich, so kam er doch immer. Da hatte ich schon die Büchse im Anschlag, und durch das Zielfernrohr sah ich den »Hundling«. Spitz von vorn stand er, halb verdeckt im hohen

Kraut, und er – äugte zum Sitz. Aber da war die Sicherung hoch, das Fadenkreuz stand auf dem Stich, und im Schuß war er verschwunden. Er liegt, jubelte ich.

Sicher, er war schon oft urplötzlich im hohen Zeug weggetaucht, bevor ich reagieren konnte. Aber beim Schuß war ich völlig ruhig gewesen. Er hatte auch keine Zeit mehr gehabt abzuspringen. Er mußte liegen. Allerdings, ich hatte ihn nicht zusammenbrechen sehen.

Dann war die Zigarette zu Ende geraucht. Ich ging zum Anschuß – aber ich fand ihn nicht. Ich suchte, erstaunt zunächst, doch dann immer mehr beunruhigt. Der Kalien kam, zusammen suchten wir, immer mehr steigerten wir uns in aufbäumende Enttäuschung. Es wurde ein sinnloses, ein anfängerhaftes Hin- und Hergerenne. Wir trampelten nur das Gras zusammen. Es war zum Wildwerden. Sollte ich doch gefehlt haben? Oder war das nur der letzte Streich, den mir der »Hundling« spielte? Endlich schickte ich den Kalien zurück zum Waldrand und stieg wieder auf den Sitz, um ihn einzuweisen. Aber er fand nichts. Nochmal ging er zurück und nochmal nichts.

Völlig deprimiert stieg ich vom Sitz, ging zum Kalien und – stolperte regelrecht über den Bock. Einen Meter links und rechts daneben hatten wir die Spiräen und das hüfthohe Gras niedergetreten und nichts gefunden. Jetzt erst gab der »Hundling« auf!

Später saßen wir in der offenen Gartenhütte, irgendwie matt nach all' der Erregung. Wir redeten kaum, sahen in die Nacht hinaus und hingen unseren Gedanken nach und den Erinnerungen. Vor uns auf dem Rasen lag der »Hundling«, dort, wo der letzte Schein des Windlichtes in die Dämmerung tauchte und sich auflösend in der Dunkelheit verlor, dort, am Übergang zur unerkennbaren Unendlichkeit.

Einmal, heute, hatte ich ihn überlistet. Oder war es nur das vorausbestimmte Ende einer Kette von eigenen Niederlagen? War es für den Bock das vom Schicksal gnädig geplante Ende, noch auf der Höhe der Kraft, aber doch dicht vor der qualvollen Greisenzeit?

Vor uns lag der »Hundling«. Manchmal glitzerte es in seinen matten Lichtern, wenn der Wind mit der Flamme spielte.

Leises Lied und rauher Schrei

Es war ein leises Lied, fast nicht zu hören in der Ferne, nur zu ahnen, unvollständig noch und auch unwirklich, wie verloren.

Aber es zeigte uns doch die Richtung durch lückige Baumriesen, über im Wind zerborstene Äste und abgedrehte Wipfel, bis hin zu der einzelnen großen kahlen Buche.

Am Vortag stand er dort hoch oben, mit vollem Rad, als dunkle Silhouette vor der glutrot aufgehenden Sonne. Wir fanden ihn gerade noch zur rechten Zeit, um dieses Bild uriger Einsamkeit zu genießen, um sein atemberaubendes Lied mit allen Sinnen zu vernehmen, aber zu spät schon, um noch näher zu kommen, und dieses Bild dann sicher zu zerstören.

Doch jetzt war es noch dunkel. Nur langsam fanden die Schritte voran, nach lockeren Steinen tastend, nach knackenden Ästen, sperrigen Erdwurzeln oder knirschenden Schneeresten.

Schließlich waren wir sehr nah. Noch immer war es ein leises Lied, aber es waren nun keine Pausen mehr in den Strophen. Diese scheinbaren Pausen waren jetzt ausgefüllt von einem ganz zarten Triller. Dann wieder diese unsagbare Stille, diese erregende Erwartung, in der schon ein Windhauch zu laut schien, in der das Knacken eines Ästchens weh tat. Und wieder dann die kurzen harten Töne, zögernd zunächst, nach dem Takt suchend, nach dem Rhythmus, jetzt schneller werdend, schneller, immer schneller, der Triller, der Hauptschlag, das reibende Schleifen. Es war wie... Nein! Kein Vergleich. Es gibt keinen, der das Empfinden, den Ausdruck und die Erregung auch nur annähernd wiedergeben könnte.

Schließlich standen wir unter der Buche, aber ihre kahlen Äste ragten leer in den noch sterneglitzernden Himmel.

Wir sprangen weiter, zur nächsten zerzausten Föhre, aber dort standen wir genau unter den Tönen, unter jetzt nicht endenden Tonreihen. Wir sprangen noch weiter.

Dann sahen wir ihn. Er machte nun eine Pause, er war aufmerksam und mißtrauisch. Er war nur noch ein breiter dunkler Streifen im Fichtengeäst. Viel später erst wurde er wieder größer, stärker, der Bart hob sich ab und das Rad stieg auf. Wieder klangen die harten Rhythmen zu uns herab, die noch den Takt suchten, schneller wurden, schneller...

Eine viertel Stunde standen wir so, verzaubert, benommen, ergriffen und gefesselt. Wir waren umhüllt von weltvergessener Einsamkeit, von dem Lied männlich-harter zarter Sehnsucht, von dem Duft von Moos und Fichten und Frühlingsahnen. Wir sahen den langsamen Sieg aufsteigenden Lichtes über das Geflimmer der Sterne und dann auch die ersten Farben. Wir erkannten schließlich das glutvolle Rot der Rosen, den weißen Spiegel, blau-grünes Geschimmer unter im Triller erzitterndem Bart.

Wieder das reibende Schleifen... dann der berstende Knall, das Rauschen der Federn, der dumpfe Aufprall. Stille wieder, erste Streifen gleißenden Sonnenlichts wie aufgefächert im Astwerk. Unendliche Ruhe.

Und dann zwei Männer, die sich in den Armen lagen, lächelnd, ein bißchen lachend, und mit feuchten Augen. – Es war vorbei. Der große Hahn war mein.

Fast eine Stunde saßen wir schweigend im Gleichklang des Empfindens. Wir schauten und schauten. Bilder des Erinnerns flackerten vorüber: tanzende Schneeflocken beim steilen Aufstieg, prasselnder Funkenregen berstender Holzscheite in der Hütte, Rillen im Schnee von schleifenden Schwingen, im Morgenlicht lockende Hennen, im Abendlicht einfallende Hähne, quorrende Schnepfen beim Rückweg zur Hütte...

Jetzt lag der alte große Hahn vor uns in seiner vergänglichen Pracht, mit der so fein ziselierten Zeichnung seines Gefieders, mit zwanzig langen, breiten, gerade endenden Schaufeln im Stoß, mit der Rille im grauen gekrümmten Schnabel. Dieses Bild aber verschwamm nicht mehr, es würde auch nicht vergehen.

Plötzlich zuckten wir zusammen. Tritte zogen auf uns zu, aus einer Senke trat ein Hirsch. Die Kolben waren gerade erst zur Augsprosse gegabelt. Ganz langsam, mit halb verträumter Eleganz, mit vielen verhoffenden, sichernden Pausen zog er auf zwanzig Meter an uns vorbei, vom Licht der Morgensonne umstrahlt. Welch' ein Bild wurde uns geschenkt. Vor uns lag der große Hahn, dicht dahinter zog der Hirsch. Da leuchteten unsere Augen, da löste sich aber auch unser Sinnen vom doch so erfüllten Augenblick, da eilten die Gedanken schon ein halbes Jahr voraus. Unter buntem Herbstlaub wollten wir uns wieder treffen, der Joschko und ich, um dann in diesen breitrückigen Bergen einen alten reifen Hirsch zu jagen. Ach, du unstetes Jägerherz!

So wurde aus andächtig dankbarer Rückerinnerung über die Vorfreude schließlich ein ausgelassenes, überschäumendes Fröhlichsein. Ich trug meinen Hahn, wir eilten zurück zur Hütte, hin zu den erwartungsvollen Gesichtern vom alten treuen Josef und meiner Frau.

Joschko war weit vorausgeeilt, mit krampfhaft ernstem Gesicht, laut auf mich schimpfend, auf diesen Schlumpschützen, der nicht einmal auf so ein paar Meter einen Gockel treffen könne. Meine Frau möge mir doch zur nächsten Kirmes gefälligst ein paar Mark geben, damit ich an einer Schießbude auf Blumen üben könne.

Es blieb aber nicht genügend Zeit zum Entsetzen, ich kam zu schnell in ihr Blickfeld. So sahen sie den Bruch und den Hahn. Als wir ihn dann auf Brüche gestreckt hatten, saßen wir noch lange zusammen, andächtig dieses Bild genießend und immer wieder das ganze zutiefst erregende Erlebnis erzählend.

Die Monate vergingen dann schnell. Die Ebereschen waren nun rot, die ersten Blätter hatten sich schon gelblich gefärbt. Als wir uns begrüßten, der Joschko und ich, da dachten wir beide an den Hahn und den Hirsch im Morgenlicht, an dieses Bild, das man sich nicht erträumen, das man nur erleben, genießen und nie vergessen kann.

Eine Stunde später stiegen wir auf. Es war früh am Nachmittag, es war sehr warm. Die Brunft war noch nicht voll im Gang, aber in den letzten Tagen hatten doch schon vereinzelt Hirsche gemeldet. Sonst wollte Joschko nichts sagen, aber er machte ein so wissendes Gesicht. Er trieb mich geradezu den Berg hoch. Er wollte früh oben sein.

Wir waren erst auf halber Höhe, da riß es uns herum. Irgendwo in diesem riesigen Hang schrie ein Hirsch. Ich stand mit dem Hut in der Hand und begrüßte – wie immer – den ersten Schrei des Jahres. Und das war eine Stimme! Das war keiner, der erst üben mußte, der sich erst einschreien mußte. Das war tief und rauh, aber auch voller Sehnsucht und Begehren.

Er schrie noch zweimal, dann verschwieg er. Joschko kniff ein Auge zu und nickte. Dann zeigte er mit einer Hand in Richtung Hirsch, und von dort im großen Bogen zur Bergeshöhe, dann mit der anderen Hand auf uns und im entgegengesetzten Bogen hoch. Dort trafen sich seine Hände zum Kreis. Er nickte wieder. Dann drehte er sich um und stapfte hoch, so schnell, daß ich kaum folgen konnte.

Oben auf der Höhe stand ein schulterhoher Buchenjungwuchs auf einem langen, büchsenschußbreiten, sehr steilen Hang. Darunter war ein Weg frisch geschoben. Wir waren dort erst ein paar Meter gegangen, als uns ein hartes Rauschen stoppte. Fünfzig Meter vor uns, mitten auf diesem Weg fiel ein großer Hahn ein. Er trippelte hin und her, er nahm ein paar Steinchen auf, dann segelte er davon, abwärts ins Tal. Im selben Augenblick schrie der alte Hirsch wieder!

Wir standen wie erstarrt. Wir sahen uns an und wußten nichts zu sagen. So etwas kann doch kein Zufall sein. Da war doch ein Hauch von Schicksal, ein Fingerzeig Dianas. Da waren doch Verknüpfungen vom Frühjahr zum Herbst, vom Hahn zum Hirsch, vom Erlebten zum Kommenden. Wir fühlten das so zwingend.

Still zogen wir uns zurück und lagen an einem herrlichen Aussichtspunkt noch eine Stunde in Kräutern und Beerengesträuch. Bläulich schimmerten die nächsten Berge, klar und warm waren die Farben im Tal, unsagbar weit war die Unruhe der Welt mit ihrem Hasten und Getriebensein. Es war so schön.

Als dann der Wind nicht mehr küselte, sondern stetig talwärts blies, da saßen wir dicht unterhalb vom Weg zwischen hohen Bäumen. Lange blieb alles ruhig. Kein Hirsch meldete.

Nach einer Stunde waren plötzlich sechs Stück Rotwild vor uns im steilen Hang. Zwei Tiere mit ihren Kälbern waren es und zwei Schmaltiere. Wir hatten nicht gehört, wie sie anwechselten, und hatten sie nicht austreten sehen. Sie waren einfach da und ästen ruhig zwischen den Jungbuchen. Joschko nickte wieder. Er hatte natürlich gewußt, daß dieses, für diese Wälder außergewöhnlich große Rudel hier öfter vorkam. Er rechnete auch damit, daß schon am ersten Brunfttag ein alter Hirsch die Herrschaft übernehmen würde.

Aber zunächst blieb alles ruhig, nur ab und an knackte es in den Jungbuchen, in denen langsam die Tiere zogen. Die Sonne sank allmählich und blendete uns. Sie schien dann von der Kuppel des Hangs noch eine Weile angehalten zu werden, bevor sie endgültig versank, bevor im Kontrast des Lichtes der Hang vor uns schon dunkel, der Himmel darüber noch heller erschien.

Und jetzt dröhnte von dort oben, dicht jenseits der Kuppel, ein langer gewaltiger Schrei. Das war kein sehnsüchtiges Suchen mehr, das war rauh, tief und stark, das war herrschend und drohend zugleich. Hier hatte ein alter Kämpfer das Rudel übernommen.

Er schrie nun immer wieder, wie es ein alter Hirsch nur am ersten Brunfttag macht, der ganze Wald hallte, der ganze Berg sollte es wissen: Hier bin ich, ich, der Herrscher, der König, und keiner soll es wagen, in mein Reich zu ziehen.

Er trieb das Rudel noch nicht zusammen, er umkreiste es nicht, er schrie nur seinen Stolz, seine Kraft und sein Selbstbewußtsein in die Dämmerung hinaus. Es war gewaltig.

Wir warteten lange, aber er erschien nicht. Wir hörten ihn schreien, wir hörten ihn sein Geweih in die Büsche schlagen. Es wurde dämmerig. Keiner von uns beiden hatte einen Hirschruf zur Hand. Wie oft wird auch im völlig falschen Augenblick darauf herumgetrötert, wie oft wird die Stimmung zerstört. Aber jetzt, hier, war nun einmal genau die psychologisch richtige Situation: der starke alte Hirsch, der gerade das Rudel übernommen hatte, der noch in voller Kraft war und sicher das Feld nicht räumen würde, und das Rudel zwischen dem Hirsch und uns in der nun schon tiefen Dämmerung ... da nahm ich die hohl geformten Hände hoch und schrie ihn an. Einmal nur und kurz, aber fordernd.

Eine Minute war es ruhig. Wie quälend lang kann eine Minute sein! Dann aber schrie er zurück. Nicht mehr irgendwo hin über die Bergeshöhe, sondern genau auf uns zu, böse drohend. Wieder Ruhe. Aber jetzt war es ein knisterndes, atemberaubendes, ein spannungsgeladenes Warten. Wer würde den nächsten Schritt tun, die nächste Kampfansage herausschreien?

Ich hatte die schlechteren Nerven, ich mußte ja auch der Angreifer sein. So trat ich auf einen Ast, daß er knackte und schrie noch einmal den Hang hinauf.

Das war ihm zuviel. Plötzlich stand er dort oben, völlig frei und breit, als dunkle Silhouette gegen den noch hellen Himmel, wuchtig und stark, mit dem Widerrist, dem Stich, mit einem gewaltigen Träger und seinem ganz dickstangigen Geweih. Weit ragten die Enden vor, die Aug-, die Eis- und die Mittelsprossen. Eine Krone sahen wir und eine Gabel. Dann nahm er das Haupt hoch, das Geweih lag auf der Rückenlinie, der Äser öffnete sich und noch ein Schrei erschütterte die frühe Nacht.

Ich hatte die Büchse schon an der Schulter. Freihändig steil aufwärts mußte es gehen. Dann blendete das Mündungsfeuer, da rollte der Schuß wie ein Donner über die Berge, da rumpelte es in den Jungbuchen, und wir hörten einen Aufprall, dann wieder Flüchten und Rauschen und noch einmal ein Zusammenbrechen, ein Schlagen. Dann nichts mehr.

Es war nun schon die Stille der Nacht. Wir fanden ihn noch in dieser Dunkelheit und standen dort, bis das Licht der Taschenlampe verlosch.

Am nächsten Morgen haben wir ihn geborgen und dann erst so richtig die Wucht dieses altstarken, schon zurückgesetzten Geweihs bewundert. Grandeln hatte er nicht mehr. Eine Eissprosse war bei seiner Todesflucht abgebrochen. Wir fanden sie, eingerammt in einen Stubben. Mit tiefem Haupt war er mit dem Herzschuß geflüchtet, hatte sich festgehakt und überschlagen, war noch einmal auf die Läufe gekommen, seine letzte Kraft hatte ihn noch ein Stück weitergetragen.

Gar nicht weit schrie an diesem neuen Morgen schon wieder ein Hirsch mit guter Stimme. Die Brunft ging weiter, das Leben ging weiter. Auch Joschko und ich, wir jagten weiter, die ganzen Brunfttage hindurch. Vierundzwanzig Hirsche hatten wir noch vor. Es waren wirklich gute dabei, die wir in herrlicher Umgebung, in erregenden Situationen erlebten. Aber das ganz große Erlebnis, das war schon vorbei, das konnte nicht mehr übertroffen werden. Es hätte nur durch Masse herabgewürdigt werden können. So schoß ich auch nicht mehr.

Großer Hahn und alter Hirsch. Das Jahr war erfüllt.

Es raschelt

Wo war nur der alte Spießer geblieben? Er mußte sich wieder umgestellt haben, so wie im vorigen Jahr auch, als wir ihn nach Aufgang der Jagdzeit nicht mehr gefunden hatten. Der junge Spring-ins-Feld hätte sonst auch nie und nimmer dort so sorglos äsen können. Wie hätte der Alte ihn auf Schwung gebracht, eine Lust wäre ihm das gewesen.

Nein, er konnte nicht mehr da sein, er mußte sich wieder umgestellt haben. Aber wo war er nun? Wenn man sich doch nur in die Gedanken eines Bockes einfühlen könnte.

In der Nähe lagen eigentlich nur zwei Einstände, in denen man einen alten Bock vermuten konnte. Doch dort hatten wir ihn im vergangenen Jahr auch nicht gefunden. Ob er sich etwa noch weiter weg in die Dickung an der Grenze verzogen hatte? Die angrenzenden Äsungsflächen lagen beim Nachbarn, aber da wußten wir nicht Bescheid. Gab es vielleicht doch ein paar Fehlstellen zwischen den Fichten, die man von der alten kleinen Leiter in dem Überhälter einsehen konnte? Würde die Leiter noch halten, wenn ich mich dort ansetzte? Wahrscheinlich war es vertane Zeit. Aber was soll's? Warum sollte ich es nicht versuchen. Was tut man nicht alles, um einen alten Heimlichen wiederzufinden!

Es war ein schöner Abend, lau und ruhig. Nur sehen konnte ich eigentlich kaum etwas. Die einzige größere Fehlstelle war außerdem dicht vor der knarrenden Leiter. Ich weiß gar nicht, warum ich sitzen blieb.

Ein Mückenschwarm tanzte vor mir in den abendlichen Sonnenstrahlen. Irgendwo rief ein Kuckuck. Eine Ente hörte ich, die ich aber nicht sah. Es war wohl nur ein Abend zum Träumen. Aber was heißt schon »nur«? Sind nicht die meisten Ansitzstunden zum Träumen da, zum Genießen von Licht und Wolken, von grünem Wachsen, von grauem Vergehen, von aufsplitternder Rinde an absterbenden Ästen, von einem Schmetterling oder einem Käfer auf der Hochsitzbrüstung?

Aufgeweckt wurde ich durch ein Rascheln. Nur ein paar Meter vor mir mußte das sein, und dort versuchte ich im struppigen Gras den Igel zu entdecken, an den ich glaubte.

Zunächst aber sah ich nichts, zumindest nichts Graues, Stacheliges. Es dauerte eine Zeitlang, bis es wieder raschelte, und dann bemerkte ich einen hellbraunen Farbklecks. Aber es war keine einheitliche Farbe, da waren ja auch kleine weiße Tupfen. Und dann stakste auf steifen gespreizten Läufen ein Kitz aus dem Grasbüschel heraus. Verloren und hilflos stand es jetzt auf dieser kleinen Fehlstelle, wackelig um Balance bemüht.

Noch einmal raschelte es. Jetzt würde die Ricke kommen, dachte ich. Doch es war nicht die Ricke. Ein ganz junger Bock war es, ein Gabler, ein Jährling. Tiefrot leuchtete die Decke im letzten Abendsonnenschein.

Er verhoffte. Das Kitz zog sofort auf ihn zu, es fiel über einen alten Ast, es rappelte sich wieder hoch und zog weiter. Es war eine anstrengende Meterstrecke. Und das Böckchen wußte offenbar gar nicht, was da vor ihm war, was er davon halten sollte.

Es senkte das Haupt, der Äser berührte fast den Boden, die Lippen zitterten, der Hals wurde immer länger. Da fiepte das Kitz. Der Bock zuckte zurück, wurde steif. Dann machte er einen Bogen und zog von der Seite her wieder auf das Kitz zu, das sich jetzt mühsam drehte. Dann – berührten sich die Äser, lange, viele Sekunden lang.

Nebeneinander zogen sie schließlich ein, zwei Meter langsam nach rechts, dann wieder zurück nach links, blieben wieder stehen, wieder berührten sich die Äser. Schließlich zogen sie ganz allmählich zusammen in die Fichten. Zwei, drei Minuten hörte ich ab und an noch ein leises Rascheln. Dann nichts mehr. Aber was wollte ich auch noch mehr als solches Erleben? Lange, lange später schlich ich ganz leise zurück.

Der heilige Baba-Dag

Baba hatte mit seiner Herde das letzte große Geröllfeld überquert. Laut polternd waren Unmengen des schiefrigen Gesteins ins Tal gedonnert, aber keines seiner Schafe war abgerutscht. Den Weg durch diese gefährlich steilen Geröllhalden hatte Baba von den Steinböcken gelernt, die er in den langen Wochen immer wieder beobachtet und deren Kraft und Eleganz er immer wieder bewundert hatte. Als erster Hütejunge hatte er es gewagt, die Herde in diese höchsten Höhen des Berges zu treiben, wo nur spärliches Gras wuchs, das von weitem kaum erkennbar und dünn, aber doch so nahrhaft war. Die Herde war gut gediehen, und die vielen Adler hatten nur drei Lämmer gerissen. Noch kein Hirte war mit so geringen Verlusten ins Dorf zurückgekehrt. Langsam trieb Baba seine Herde weiter, froh und auch ein bißchen stolz.

Fünf Tage später erreichte Baba mit den Schafen das Dorf, und alle liefen zusammen, um ihn zu begrüßen. Und sie lobten Baba, weil alle Tiere so kräftig waren, und alle freuten sich. Baba aber sagte ihnen, es sei nicht sein Verdienst, die Kraft des hohen Dag, des bisher namenlosen Berges, sei so unendlich. Und alle sahen hinauf zu dem großen Dag.

Doch da kam ein böser Mann und forderte von Baba sieben Schafe.

Baba aber sagte: Du hast mir keine gegeben.

Der Mann aber sagte: Baba, du lügst, am Fuße des Dag, des Berges, habe ich sie dir übergeben, oder hast du Zeugen, daß das nicht so ist? Ist etwa nur der Dag dein Zeuge?

Es war drückend still geworden in der Runde, denn hier wurde die schlimmste, die ehrenrührigste Anschuldigung vorgebracht.

Baba aber sagte: Der Berg wird mein Zeuge sein! Noch hat es niemand gewagt, im Winter auch nur bis zum Fuße des Berges zu gehen. Ich aber werde den Winter über im Berg leben, und wenn ich im Frühjahr wiederkomme, dann hat der Dag gesprochen, dann ist der Dag mein Zeuge!

Lähmendes Entsetzen stand auf allen Gesichtern.

Baba aber umarmte seine Mutter, nahm noch seinen Bergstock und ging aus dem Dorf zum Dag. Schweigend schauten ihm alle nach, und niemand glaubte, daß man ihn wiedersehen würde. In den nächsten Wochen, als die Winterstürme heulten und den Schnee durch die Dorfgassen fegten, sahen alle immer wieder hinauf, wenn die Wolken aufrissen und der Dag zu sehen war, weiß und eisig. Niemand sprach von Baba. Nur nachts hörte man seine Mutter die Hilfe des Dag erflehen.

Wochen vergingen und Monate, und dann hatte die Sonne wieder Kraft, und das Schmelzwasser strömte in gewaltigen Fluten brodelnd zu Tal. Und da, eines Nachts hörten alle im Dorf die Stimme von Baba, der den bösen Mann rief. Und alle liefen zu Baba, und sie lachten und weinten. Baba aber sagte: Ihr seht, der Berg ist mein Zeuge! Er hat mir geholfen, und in seiner unendlichen Kraft wird er allen helfen, die ihn darum bitten. Mir hat der Dag meine Ehre gerettet, darum werde ich zurückgehen und von nun an immer dort leben.

Als Baba das Dorf verlassen hatte, ging die Kunde von seiner Geschichte und vom Berg von Mund zu Mund, und bald sagten alle, der Dag kann Wunder vollbringen. Und dann machten sich einzelne auf, wanderten zum Berg, opferten ein Schaf und erbaten seine Hilfe. Und immer mehr Wünsche gingen in Erfüllung, und die Bewunderung wurde immer größer. Und so wurde der Dag heilig.

Baba aber lebte im Berg. Er sprach mit vielen, die hinkamen, und erzählte von seinen Freunden, den Steinböcken, und von der Herrlichkeit seines Lebens. Immer ließ er seine Mutter grüßen.

So vergingen einige Jahre, und immer mehr Geschichten zeugten für die Wunderkraft des Berges. Als Babas Mutter spürte, daß ihre Zeit bald um sein würde, zog auch sie zum Berg, lebte dort einige Wochen mit ihrem Sohn, schaute mit ihm über die unendlichen Berge und freute sich mit ihm an den Steinböcken. Baba erzählte niemandem, an welcher Stelle er sie begraben hatte.

Eines Tages donnerte ein Schuß durch die Berge, und dann fehlte ein Steinbock. Baba sagte später, daß er sich bitter beim Dag über den Jäger beklagt habe, daß der Berg ihn aber belehrt habe, daß die Jagd sein muß, damit es nicht zu viele Steinböcke gäbe, da sonst das Gras nicht ausreichen würde, so daß dann alle verhungern müßten. Der Dag habe aber gesagt, die Jagd auf den Steinbock müsse heilig sein, und niemand dürfe das Wildpret wiegen oder verkaufen, es müsse verteilt werden, und am Tage der Mahlzeit dürfe kein Fest gefeiert werden. Und Baba erzählte auch, daß der Dag schon wisse, daß der Jäger das Fleisch verkauft habe, und darum werde sein Gewehr zerspringen, und er werde nie wieder jagen.

Als das im Dorf berichtet wurde, hörten alle ernst und schweigend zu, nur der Jäger lachte, holte sein Gewehr aus der Hütte und schoß in die Luft. Dabei zerbarst das Gewehr in tausend Stücke.

So wurde auch die Jagd auf den Steinbock an diesem Dag heilig, und bis zum heutigen Tage wird dort kein Steinbock gewogen, und das Wildpret wird verteilt und nie verkauft, und bei der Jagd wird auch heute kein Alkohol getrunken.

Noch viele Jahre vergingen, und immer mehr Wunder des heiligen Dag wurden bekannt. Eines Tages aber kam ein Mann vom Berg und erzählte, Baba habe ihm gesagt, seine Zeit sei gekommen, und er werde im Grab neben seiner Mutter liegen, und niemand werde ihn mehr sehen. Niemand aber solle vergessen, daß der Dag heilig sei und die Jagd auf den Steinbock heilig sei! Und alle im Dorf hörten schweigend zu, schauten hinauf zum heiligen Dag, und dann sagte einer: Baba-Dag. Und bei diesem Namen ist es bis heute geblieben.

Als wir in Baku abgeholt wurden, kannten wir die Geschichte von Baba noch nicht, die ich erst später am Lagerfeuer in Bruchstücken von den Treibern hörte. Wir wußten nur, daß wir in einem Bergmassiv etwa an der Grenze zwischen Daghestan und Azerbaidjan jagen würden, wo ein unvorstellbar großer Bestand an daghestanischem Steinwild mit den stärksten Böcken des Kaukasus sein sollte. Der Geländewagen rumpelte über eine wellige Asphaltstraße durch einen häßlichen wüstenähnlichen Uferstreifen, auf der einen Seite das Kaspische Meer, auf der anderen Seite kahle Berge mit üblen Erosionsschäden. Die Luft flimmerte in der Hitze, und unzählige Bohrtürme wirkten gespenstig. Nach drei Stunden bog das Auto ab in die Berge, und dann fuhren wir nochmals drei Stunden, zunächst über unbefestigte, ausgewaschene Wege, schließlich nur noch durch ein kilometerbreites, weitgehend trockenes Flußbett mit grobem Geröll und auch einigen mannshohen Felsbrocken.

Langsam kamen wir höher, die Berge wurden gewaltiger, selten spitz, meist runder, weicher, weit hinauf mit Birken und krüppeligen Eichen bestanden. Drei kleine, orientalisch anmutende Dörfer lagen an den Hängen, grau, staubig und mittelalterlich, von Steinwällen umgeben. Hier waren in weiter Umgebung alle Berge abgeholzt und kahl. Durch eins dieser Dörfer sind wir gefahren, von Kindern bestaunt und von ein paar alten Männern nicht beachtet, während mohammedanisch verschleierte Frauen vor uns in die primitiven Hütten flüchteten. Jede dieser Hütten war nochmals von einer lose geschichteten Steinmauer umgeben, und darauf lag überall in Kastenform getrockneter Dung zum Heizen. Ausgerechnet dazwischen hing ein bildschöner neuer Teppich zum Trocknen aus, ein roter Farbklecks im braunen Dung!

Von der Schafzucht leben die Menschen hier in der Sowchose, einfach und einsam, nur das Teppichknüpfen bringt ein paar Rubelchen nebenbei. Elektrisches Licht ist die einzige Errungenschaft der letzten Jahrzehnte.

Dann rumpelte der Wagen wieder durch das Geröll, schaukelnd und stoßend langsam weiter, immer höher. Die Berge wurden noch gigantischer, einzelne Adler kreisten im wolkenlos blauen Himmel. Als die Steine im Flußbett so groß wurden, daß der Jeep sie nicht mehr umfahren konnte, wartete schon eine kleine Expedition auf uns. Der Forstdirektor (Herrscher über 250 000 Hektar!), der Revierförster, 12 Treiber, 20 kleine drahtig-sehnige Pferde standen bereit, Waffen, Gepäck und Verpflegung wurden festgezurrt, und dann ritten wir im Flußbett weiter, langsam bergauf. Fast 20 Kilometer ritten wir so durch das Tal, es wurde enger und wilder, geradezu abenteuerlich. Schließlich stieg vor uns ein steiler Grat scharfkantig in schwindelnde Höhen und begrenzte einen riesenhaften Bergkessel von sicher mehr als drei Kilometern Durchmesser. Einige Birken standen am Grund, ein Hauch von graugrüner Farbe lag auf einigen Hängen zwischen breiten, steilen Geröllklippen, und auf den oberen

Der heilige Baba-Dag

An den Felsnasen
rauscht der Höhenwind

Der heilige Baba-Dag. Ein Treiber trug die Beute

Ein daghestanischer Steinbock, auch Thur genannt

Rändern leuchteten einzelne Schneereste in der Abendsonne. Wir waren am Fuße des heiligen Baba-Dag angekommen.

2400 Meter hoch waren wir, als wir das Zeltlager erreichten, das für die Jagdmonate Juni bis August ständig unterhalten wird. Bald prasselte ein Feuer, die Hufeisen der Pferde wurden nachgenagelt, und wir verstauten unsere Sachen. Dann saßen wir zusammen, die Samoware wurden heiß, und zum Tee boten wir vom hervorragenden azerbaidjanischen Kognak an, aber niemand trank einen Tropfen, der Baba-Dag ist heilig, und die Steinbockjagd ist heilig.

Wir erzählten von unserer Anreise, dem Flug nach Moskau und dem eintägigen Aufenthalt, vom roten Platz, vom Kreml und vom Weiterflug über die Wolga und das Kaspische Meer, und wir lobten die wirklich perfekte und reibungslose Organisation. Dann endlich konnten wir uns vom daghestanischen Steinwild erzählen lassen, von dem wir ja doch kaum etwas wußten, von dem wir noch nie ein Bild gesehen und noch nie etwas gelesen hatten. Erst seit Anfang der siebziger Jahre ist die Steinbockjagd für Ausländer möglich, und bisher waren nur ein paar Jagdgruppen (meist Amerikaner und Schweizer) hier, um bei doch erheblichen Strapazen eine der seltensten Trophäen zu erbeuten.

Der Forstdirektor schätzt den Bestand in seinem Amtsbereich auf 2500 bis 3000 Stück, davon sollten etwa 500 hier am Baba-Dag stehen, und er sagte uns, mit etwas Glück würden wir 300 oder 400 selber sehen, denn oft zöge sich das Steinwild im Kessel des Baba-Dag zusammen. Die etwa 100 kg schweren Böcke mit dem kraftvollen Körper, den stämmigen Läufen und der hellbraun-grauen Decke sind dem Alpensteinbock ähnlich, aber die Trophäe ist völlig anders, mehr dem Blauschaf ähnlich, aber deutlich stärker. Es wurden Gehörne von abgestürzten oder von Lawinen zu Tal gerissenen Böcken geholt, und wir sahen die wuchtigen Hörner, die fast wie bei einem Widder schräg hochwachsen, dann 70 oder 80 cm ausladend horizontal nach hinten verlaufen und an ihren Enden nochmals gering bogig ansteigen, und wir sahen die nur flachen, angedeuteten Schmuckwülste und zählten die neun oder zehn Jahresringe reifer Böcke.

Zur Punktbewertung, die ja sicher nicht das Maß aller Dinge, aber auch hier das Maß der Preise bedeutet, wird die Länge beider Hörner mit dem Durchschnitts-Umfang in den drei Dritteln addiert. Wulstung, Auslage oder auch das Gewicht (von immerhin 8 bis 10 kg) aber spielen keine Rolle. Die 240 Punkte zur Goldmedaillenklasse werden nur am Baba-Dag von einem reifen Bock immer erreicht, hier ist auch die Rekordtrophäe mit 330 CIC-Punkten erbeutet worden.

Die Jagd ist nur als Riegeljagd durchführbar mit entsprechendem

Flüchtigschießen, denn ein Anpürschen ist auf den deckungslosen Hängen und bei dem schiefrigen, laut polternden Gestein hoffnungslos. Auch ein Ansitz ist bei der Morgen- und Abendaktivität des Steinwildes nicht möglich, da man ja in der Dunkelheit nicht in diese gewaltigen Höhen aufsteigen kann.

Und wir schauten hinauf zum Baba-Dag und überlegten, wie wir Flachländer diese weiteren 1300 oder 1500 Meter Höhe schaffen würden und überlegten, daß unsere Kondition kaum ausreichen würde, solche Touren vier oder sechs Tage hintereinander zu machen, falls der Baba-Dag und Diana uns nicht früher gnädig sein würden. Noch ein paar Geschichten von früheren Jagden hörten wir und sahen, wie die Treiber ihre Patronenhülsen nachluden, mit einem Zündhütchen, einem Löffelchen Pulver, ein paar dicken Posten und als Verschluß einem zusammengeknüllten Streifen Zeitungspapier! Doch dann wurde es kalt und dunkel, und wir lagen im Zelt und schliefen unruhig.

Unter noch sternenübersätem Himmel stolperten wir am frühen Morgen durch das Flußbett und den Bach, ein Teil der Treiber ging mit uns, die anderen umschlugen den Kessel, und noch in der fahlen Dämmerung begann der Aufstieg. Schon die ersten Steigungen waren recht hart, aber dann wurde auch das Gestein immer schiefriger, die Füße fanden schlechten Halt, es wurde noch steiler, die Luft wurde dünner, und die Pausen wurden länger. Neben steilen Graten stürzten Felswände fast senkrecht in unendlich tiefe, dunkle Abgründe, und dann brannte die Sonne immer heißer, und beim Umklettern von Felsnasen rauschte der Höhenwind.

Oft blieben wir keuchend nach zehn oder 20 Schritten stehen, um Luft zu holen, aber dabei ging der Blick über die berauschende Einsamkeit gigantischer Berge. Schneehühner standen auf und segelten ab, sieben Adler kreisten hoch über uns und warteten auf den Aufbruch unserer Beute. Der erste von uns dreien wurde in Dreiviertel Höhe angesetzt; Freund R., der Inhaber des Jagdbüros, und ich aber kletterten mit unserem Begleitjäger weiter, noch zwei Felsnasen, noch ein Grat, noch hundert Meter höher, dann endlich waren wir oben und tasteten uns dicht unter dem Kamm 200 Meter quer über ein schiefriges Geröllfeld. Weich gaben die flachen, scharfkantigen Steine nach, fingen sich, gaben Halt. Einzelne polterten laut scheppernd abwärts, und ganz unten im weiten Kessel, 1500 m tiefer, blinkte das Licht in dem Bach, durch den wir am Morgen gestolpert waren. Dann saßen wir im losen Gestein, Herzschlag und Atmung beruhigten sich, und um uns war die einsame Schönheit des Baba-Dag.

Mit den Gläsern suchten wir die weiten, deckungslosen Hänge ab, und nur allmählich begriffen wir, daß wir nicht im Höhenrausch träumten, daß der Forstdirektor tatsächlich recht hatte mit seiner Erzählung. Überall stand auf den uns gegenüberliegenden Hängen Steinwild, dort 50, dort 80, nochmal so viel und nochmal. Wir sahen bestimmt um 300 Stück und wußten nicht, was noch überriegelt in Einschnitten, Schluchten und Rinnen stand. Selbst über das ernste, zerfurchte Gesicht unseres Begleitjägers zog ein Lächeln, der Baba-Dag war uns gnädig.

Dann tauchten ringsum auf dem Kamm kleine dunkle Punkte auf, die Treiber kamen. Über einem schwebte plötzlich eine kleine weiße Wolke, und dann donnerte der Hebeschuß durch das weite Rund, das Riegeln begann. Zunächst waren alle Hänge sofort leer, nach einiger Zeit aber sahen wir tief unten im Bergkessel eine unzählbare Herde Steinwild, die dann auf unserer Seite mühelos und wie spielerisch Hunderte von Metern in wenigen Minuten hochflüchtete, dann verhofften alle, wollten seitlich von uns abbiegen, wurden dort von einem weiteren Schuß wieder umgelenkt und stürmten nun hoch, um über den Kamm zu flüchten. Auch dort aber fiel zeitgerecht ein Schuß, und sofort drehte die ganze Herde um und verschwand zunächst in einer Rinne.

Es vergingen einige Minuten, dann prasselten von oben einzelne Steine ab, dann war es wieder ruhig, noch ein Stein, wieder Ruhe. Zusammengekauert zwischen Felsbrocken warteten wir gespannt und erregt.

Und dann kam ein einzelner Steinbock, der sich wohl von der Herde abgetan hatte, hinter einer Felsnase hervor, äugte umher und flüchtete dann sehr flott 80 m oberhalb vorbei. Stark war er und alt, da gab es keine Zweifel beim Ansprechen, und da stand ich, fuhr mit und wußte im Schuß, daß ich etwas zu weit vorne abgekommen war. Aber den Bock stoppte es mit zerschossenem Schultergelenk, und im zweiten Schuß brach er zusammen. Und dann hörte ich Waidmannsheil und kriegte das große Zittern, dann umarmte mich der Begleitjäger, wir verloren die Balance, rutschten, fingen uns und saßen im losen Gestein.

Noch bevor aber die Spannung dieser letzten Minuten sich ganz lösen und voll in Freude und Dankbarkeit übergehen konnte, da fing schon ein neues, ein unvorstellbares Schauspiel an. Eine Herde von über 50 Steinböcken flüchtete auf 60 Meter an uns vorbei, einer nach dem anderen, mäßige und mittlere, ein paar gute, und Massen von schiefrigem Stein polterten ohrenbetäubend talwärts. Dann war wieder Ruhe. Doch bald kamen nochmals 40 oder 50 Stück Steinwild, alle zügig, flott, kraftvoll und elegant, jedes leichte Abrutschen im Gestein abfedernd. Und schließlich kam noch ein Rudel, und so flüchteten bestimmt 150 Stück Steinwild auf diese paar Meter an uns vorbei, und es polterte und dröhnte, und wir saßen wie gebannt, fasziniert und begeistert und kamen nicht auf die Idee zu photographieren. Unterhalb fielen dann Schüsse, auch dort also kamen Herden, meisterhaft von den Treibern gelenkt.

Aber dann hielt uns nichts mehr. Wir wollten zu meinem Bock, und wir stiegen hinauf, aber wir fanden ihn nicht! Und wir suchten hinter dicken Felsbrocken und wurden unruhig. Endlich aber sahen wir eine dicke Schweißfährte – der Bock war abgerutscht, und wir hatten es nicht gemerkt! Dann stiegen wir ihm nach, nie hätte ich geglaubt, daß man an so furchtbar steilen Geröllhalden überhaupt absteigen könnte. Und es ging immer tiefer, es klapperte und polterte, die scharfkantigen flachen Steine schlugen uns in die Waden – wo war der Bock? Einige haushohe Klippen mußten wir umgehen und fanden wieder Schweiß, aber es ging noch tiefer, wir rutschten und stolperten, und erst nach 500 Metern fanden wir ihn in einer Rinne – völlig unversehrt.

Und dann standen wir vor dem alten starken Steinbock, zogen unseren Hut und waren überwältigt von der Wucht der Trophäe (9 kg, Hornlänge 80 cm, unterer Umfang 34 cm). Lange saßen wir noch dort und konnten uns nicht sattsehen. Wir durchlebten alles noch einmal, wir sahen ihn kommen, wir sahen ihn stoppen und sahen ihn fallen, und der Wind rauschte, und die Adler kreisten über uns, und um uns war die einsame Schönheit des heiligen Baba-Dag. Es war eine herrliche Stunde.

Dann aber mußte der Bock aufgebrochen werden, einer der Treiber trug die Trophäe im Rucksack, die anderen kümmerten sich ums Wildpret, wir stiegen gemeinsam wieder ein Stück hoch, um auf den Grat zu kommen, und schließlich begann der beschwerliche Abstieg.

Im Lager legten wir eine stolze Strecke, spürten dabei die Müdigkeit auch noch nicht, und alle redeten froh und gelöst durcheinander. Schon bald standen Sterne am Himmel, der Vollmond stieg über den Bergen hoch, es wurde recht kalt. Dann saßen wir wieder am Lagerfeuer, unsere Gedanken aber gingen immer wieder zurück auf den Baba-Dag, der uns so gnädig war und der jetzt in silbriges Licht getaucht hoch in die Nacht ragte.

Als unsere Zeit um war und wir frühmorgens auf die Pferde stiegen, stand ein Steinbock auf dem nächsten Gipfel frei vor dem Himmel. Unbeweglich wie eine Statue äugte er fast eine halbe Stunde herab, und erst als wir schon weit geritten waren, zog er langsam und beruhigt über den Kamm. Es war wieder Ruhe eingekehrt am heiligen Berg, am Baba-Dag.

Der Alptraum

Es war furchtbar. Als ich das Schmalreh aufbrechen wollte, sah ich – ein pralles Gesäuge! Ich war wie vor den Kopf geschlagen. Es war ein Schmalreh, es gab gar keinen Zweifel. Jetzt ruhte irgendwo ein Kitz im Waldrand oder auf einer stillen Wiese, es würde verhungern.

Lange saß ich am Rand der hohen Fichten, vor der schon schulterhohen Erlenkultur. Dort, auf dem fast zugewachsenen Sitz hatte ich mich für eine besinnliche Vormittagsstunde angesetzt. Es war Blattzeit. Es konnte ja sein, daß hier ein suchender Bock auftauchen würde. Es war kaum Schußfeld, aber man weiß ja nie, wie es so kommt. Ich mußte auch nicht schießen. Aber vielleicht könnte ich einen alten Bekannten wiedersehen oder irgend einen Heimlichen, der sich bisher verborgen hatte, auf den es sich lohnte, ein paar Tage zu pirschen, zu jagen, seine Wechsel zu erahnen, sein Geheimnis zu lüften. Gerade das ist doch das Erregende und Beglükkende am Jagen, dieses Kräftemessen, das Abtasten, das Überlisten. Sicher, dazu gehört so oft auch das eigene Versagen, das man hernach mit einem bedauernden Lächeln quittiert. Aber wenn man weiß, um viertel vor sieben Uhr kommt dort neben der verkrüppelten Birke der schon zigmal geschaute Gabler, dann ist das zum Genießen. Aber es ist kein Jagen.

Nun, an diesem Vormittag kam kein Bock. Aber es kam das Schmalreh, das ich im Januar als Kitz gesehen hatte und dann nie wieder.

Es war ein kalter, herrlich klarer Wintertag gewesen. Ich hatte lange an einer fast hektargroßen Fehlstelle, auf dem Alptraum-Sitz gesessen. Der Fichtenwald ringsum war schon sehr hoch gewachsen, aber hier gab es keinen Baum, keinen Strauch, nur schilfriges Gras, an dem kein Reh naschte und wo kein Hase lag. Oft war hier nachgepflanzt worden, nie waren die Fichten angewachsen. Keiner wußte, woran das lag. Diese Fehlstelle war der Alptraum der Förster.

Aber hier gab es nie eine Störung. Hier war völlige Ruhe, und darum bummelte das Rehwild gerne mal durch oder stand eine Zeitlang und genoß ein paar winterliche Sonnenstrahlen. Manchmal querten Sauen den Alptraum, auch einen Fuchs konnte man vielleicht erjagen.

An dem Morgen war alles tief verschneit. Wadenhoch lag ein weicher Pulverschnee auf der Fläche. Große weiße Kissen drückten die Fichtenzweige herab. Ab und an rauschte ein Schneeklumpen herunter, ein Ast schnellte hoch und wippte noch ein paarmal. Dann war wieder Stille. Nur zwei Eichelhäher sah ich, sonst nichts.

Schließlich war es mir zu kalt geworden. Der Pulverschnee lud ja auch zum Pirschen ein. So querte ich den Alptraum und zwängte mich die hundert Meter quer durch die Fichten, bis ich hinter dem Sitz an der langen Schneise herauskam. Buchenrauschen wuchsen vor dem Sitz und eine Fichtenkultur, dahinter hohes Holz. An Wintertagen stand dort gerne Wild.

Ich war erst zur Hälfte die Leiter hochgestiegen, als ich auch an diesem Morgen am Rand der Kultur Rehwild in Anblick hatte. Ganz langsam schaffte ich es, unbemerkt auf die Sitzbank zu kommen. Dort hinten verhofften drei Rehe. Eine Ricke, ein Bockkitz und ein weibliches Kitz. Das paßte ja genau. Es war noch genügend weibliches Wild zu schießen. Aber das Rehkitz stand immer schräg oder spitz von hinten. Es dauerte und dauerte. Dann aber drehte es sich plötzlich herum und zeigte ein merkwürdiges Gesicht. Ich wurde zunächst überhaupt nicht klug daraus. Ich vertauschte die Büchse mit dem Glas und brauchte auch dann noch lange, um es richtig anzusprechen.

Das linke Licht war blind. Grau-weiß leuchtete es. Aber es war auch verschoben, nach außen und oben verlagert, richtig hervorgequollen. Darunter stand eine kastaniengroße Schwellung. Was war das? Ein Abszeß? Ein Tumor? Das war interessant. Ich wollte natürlich sofort schießen. Aber als ich wieder in Anschlag kam, war das Kitz völlig von den Fichten verdeckt. So konnte ich nur warten.

Plötzlich nahm die Ricke ruckhaft den Kopf hoch, ganz steif wurde sie. Langsam zog sie im Stechschritt ins hohe Holz. Sie hatte immer einen Vorderlauf angewinkelt hoch, stapfte dann auf, winkelte den anderen an. Ich sah nichts in dem verschneiten Unterwuchs. Aber da mußte ein Fuchs sein. Und der mußte über die Schneise kommen, denn die Ricke wendete sich immer mehr dorthin.

Flüchtig würde er wohl kommen, und weit war es. Aber probieren wollte ich es natürlich. Das Kitz würde ich bestimmt wiedersehen. Der Fuchs kam tatsächlich dort, wo ich ihn erwartet hatte. Über hundert Meter waren es, und er kam nicht langsam. Um so größer war meine Freude, als er im Knall in den Graben rutschte und nur noch einmal mit der Lunte schlug. Wie selten gelingt ein derartiger Schuß. Ich war natürlich froh.

Ein richtiges Vergnügen bekam ich aber noch nachgeliefert. Schon von weitem hörte ich schneegedämpft ein Moped kommen. Der Kalien, der

Jagdaufseher, fuhr abfährten. Er sah natürlich den Fuchs, aber er entdeckte mich nicht. Er schaute die Schneise entlang, suchte eine Menschenspur, aber er fand nichts. Er suchte einen Knüppel und stocherte an dem Fuchs herum. Dann erst sah er wohl den Schweiß und den Einschuß und sein: »Herr Gott, wo sind Sie denn?« weckte den Wald.

So war das also an diesem verschneiten Wintermorgen, am Alptraum, an der langen Schneise. Ich bekam einen herrlichen Winterbalg, nur das Kitz hatte ich nicht erlöst, ich sah es auch nie wieder.

Wenn es ein Abszeß war, der unter der Schwellung fieberte, dann würde es wohl verenden. Stark war es sowieso nicht, schwächer als das Bockkitz, und dabei ist es doch so oft umgekehrt. Wenn es aber ein Tumor war, dann wahrscheinlich ein gutartiger. Ich würde es irgendwann noch einmal wiederfinden. Die einseitige Blindheit würde es jetzt nicht mehr behindern.

An sich ist es erstaunlich, wie selten man fast blinde Stücke sieht. Augenverletzungen müßten doch viel öfter entstehen, wenn ein Stück in panischem Schrecken in eine Dickung flüchtet, wenn von einem vorausziehenden Stück ein Ast zurückfedert oder wenn Fichtennadeln ins Auge kommen und dann die Hornhaut aufscheuern. Das verursacht furchtbare Schmerzen. Und wenn noch eine Entzündung dazukommt, wird der Schmerz unerträglich. Ich kannte das sehr genau. Auch daran mußte ich jetzt denken.

Nur fünfhundert Meter entfernt von hier hatte ich einmal einen Bock mit einem verheilten Rosenstockbruch geschossen. Wir haben lange überlegt, ob das wohl der Kofferraum-Bock war. Im Jahr zuvor war ein Bock angefahren worden. Er lag wie tot am Straßengraben, der Fahrer hatte ihn dann in den Kofferraum gelegt und zum Förster gefahren. Alle Waldarbeiter standen herum und sahen zu. Der Kofferraum wurde aufgemacht, der Bock lag darin mit verschweißtem Haupt, mit gebrochenem Rosenstock und herabhängender Stange. Als man ihn herausheben wollte, sprang er hoch und flüchtete an den verdutzten Gesichtern vorbei.

Wir hatten ihn in dem Jahr nicht mehr gesehen, ihn auch nirgendwo verendet gefunden. Aber nun lag ein Bock, dem eine Stange schräg abwärts über das Licht gewachsen war. Darum überlegten wir, ob es derselbe wäre. Er war ganz heimlich, und darum traute ich mich nicht, ihn bis zum nächsten Tag gehen zu lassen, meinem Geburtstag. Ich hätte nach so vielen Jahren endlich einmal einen Geburtstagsbock schießen mögen. Es war mir noch nie gelungen.

An dem Tag hatte der Kalien irgend eine andere Arbeit. Darum wollte ich, bevor ich hinausging, den Bock selber aus der Decke schlagen und zerwirken. Eigenartig hatte sich der Hals in der Starre gekrümmt. Hier mußte ich, an der Decke ziehend, noch mehr als sonst nachschärfen. Plötzlich und noch unerwartet löste sich dann die Decke, der Hals federte hoch, der freiliegende Wirbelknochen schlug mir ins Auge. Ein Drittel der Hornhaut war zerstört. Es quälten mich tagelang üble Schmerzen, verbunden mit mattem Allgemeinbefinden, bis es zur Abheilung kam. Wieder einmal war es also mit dem Geburtstagsbock nichts geworden.

In den nächsten Jahren riß die Hornhaut dann noch ein paarmal wieder auf. Am schlimmsten aber war es in Alaska, wo es bei fehlender Behandlung sofort zu einer Entzündung kam, der Glaskörper eintrübte, die Regenbogenhaut fieberte und sich die Gesichtsnerven entzündeten, und wo nur eine ganz kleine Handbewegung schon eine so schmerzhafte Körper-Erschütterung bewirkte, daß ich mehrfach ohnmächtig wurde.

Man kann das eigentlich nicht beschreiben. Als man mich schließlich nach Fairbanks geschafft hatte und ich weitgehend genesen war, saß ich einmal bei dem Augenarzt, der selber Jäger war, der also die Schmerzen kannte und der auch um die Situation draußen in der Weite und Einsamkeit Alaskas wußte. Er sah mich so seltsam an und fragte in vollem Ernst, warum ich mir keine Kugel durch den Kopf geschossen hätte. Die Schmerzen könnte man doch gar nicht aushalten.

Ich will das nicht weiter beschreiben, schon gar nicht aufwerten. Aber wie ich da so saß und dem Schmalreh in das blinde Licht sah, überlegte ich doch, wie ein Tier überhaupt eine Augenverletzung überleben kann. Vielleicht sieht man nur darum so selten ein blindes Licht? Ich hatte es bis dahin nur dreimal erlebt.

Beim ersten Mal saß ich an einem langen Wiesental. Nur fünfzig Meter mir gegenüber befand sich der Waldrand. Als es schon dämmerte, stand zwischen den Stämmen plötzlich ein kleiner weiß-leuchtender Fleck. Mehr sah ich zunächst nicht, aber einen Papierstreifen konnte ich vorher einfach nicht übersehen haben. Es dauerte fast fünf Minuten, bis dann ein weibliches Kitz austrat und ich das schneeweiße Licht sah. Es zog völlig normal und zeigte auch sonst kein auffälliges Benehmen. Ich habe es geschossen und natürlich genau untersucht. Schwach war es, aber andere Verletzungsfolgen oder Krankheitszeichen fand ich nicht.

Ein paar Jahre später hatte ich an einem Abend einen erschütternden Anblick. Es war noch früh, als eine Ricke aus einer Dickung trat. Sie zeigte ein ganz atypisches Benehmen. Das war kein eigentliches Ziehen, das war ein Vorwärtstasten. Jedesmal kreiste sie mit einem Vorderlauf über den Boden und tastete regelrecht das Gelände ab, bevor sie ihn aufsetzte. So kam sie auch nur ganz langsam voran. Einmal streifte sie seitlich an einen vorspringenden Ast und zuckte zurSeite. Dabei stellte sie sich etwas schräg, nun sah ich ihr Gesicht. Beide Lichter waren weiß, sie war völlig blind. Es war ein erbarmungswürdiges Bild. Ich konnte auch nicht froh werden, als ich sie mit dem Schuß nun wirklich erlöst hatte.

Das dritte Stück war ein fast schon braver Bock, mit starken Rosen, guter Perlung und viel Masse unten. Auf dem rechten Licht war er blind. Nur wenn man genau darauf achtete, merkte man, daß er das Haupt weiter herum drehte als normalerweise nötig, wenn er nach rechts äugte. Ich habe ihn nicht geschossen. Er konnte sicher noch besser werden. Ich wollte auch einmal einen Bock mit Sicherheit im nächsten Jahr wiedererkennen. Aber ich sah ihn nie mehr.

Dort, wo er gestanden hatte, schoß ich dann im nächsten Jahr doch noch meinen ersten Geburtstagsbock. An sich war es keine große Geschichte, es ging alles viel zu glatt. Nur, als ich ihn aufbrechen wollte, fand ich einen bereits vereiterten breiten Streifschuß unter dem Brustkern. Nun, der Bock stand relativ grenznah. Ich hatte ihn auch einige Male herüber und hinüber wechseln sehen, aber als angeschossen hatte ihn der Nachbar nicht gemeldet, obwohl es doch zu einem unverwechselbaren Zeichnen gekommen sein mußte. Der Kalien verbreitete natürlich ungehemmt seine Meinung: Ein anständiger Jäger hätte das gemeldet, also haben wir Wilderer an der Grenze. Es gab böse Reaktionen. Aber zwei Jahre später, als sich herausstellte, daß der Jagdaufseher des Nachbarn schon mal »für sich« schoß, war es ganz still geworden...

Aber das wußte ich damals noch nicht, als ich bei dem Schmalreh saß und das Gesäuge entdeckte. An sich ist es ja segensreich, schwache Schmalrehe, die kaum durch den Winter gekommen sind, schon früh im Jahr schießen zu dürfen, und zu einem falschen Ansprechen kann es zumindest in den ersten Monaten gar nicht kommen.

Aber in diesem Fall hatte ich nun wirklich nicht erst lange nach einem Gesäuge gesehen. Ich kannte das Stück doch. Bei diesem Tumor unter dem verlagerten blinden Licht gab es doch gar keinen Zweifel. Das war das Kitz, das ich vom Januar her kannte. Es konnte damals auch kein Schmalreh gewesen sein, das ich nur falsch angesprochen hatte und das sich im Winter noch einmal zur Ricke gestellt hatte. Dazu war es viel zu schwach gewesen. Und so glaubte ich eben gar nicht, erst lange weiter ansprechen zu müssen. Zwischen diesen hohen Erlen mit dem dichten Unterwuchs hätte ich es auch gar nicht gekonnt. Ich hätte auch nicht zu schießen brauchen, aber es war doch alles so eindeutig, da wollte ich nicht länger warten.

Ja, ich war mir sicher gewesen und hatte doch einen furchtbaren Fehler gemacht. Als Kitz hatte ich das Stück gesehen, als Kitz war es beschlagen worden. Als Schmalreh hatte es gesetzt, als Schmalreh hatte ich es geschossen. Und dabei war es doch schon eine Mutter.

Es war und blieb ein Alptraum.

Drei Tropfen ins Feuer

Es war keine rechte Freude in uns. Ernst waren unsere Gesichter, und etwas wehmütig war uns zumute. Draußen vor der Hütte lag der schwache Mittelbär, den ich geschossen hatte, und nicht die starke alte Bärin, die ich erjagen wollte. Es half alles nichts, wir waren einer ganz dummen, fast unbegreiflichen Täuschung und einem ganz seltenen Zufall erlegen.

Aber tottrinken wollten wir den »Kleinen« ja nun doch. So standen wir also ums Feuer herum und ließen die ersten drei Tropfen aus unseren Wodkagläsern auf der Ofenplatte verzischen, als untertänigen Gruß an die Götter der Jagd, wie es in Sibirien so Brauch ist beim ersten Schluck des Tages.

Sicher, es war kein Unglück geschehen. Natürlich werden auch Mittelbären geschossen, aber meistens doch nur als letzte Möglichkeit, wenn einmal kein starker alter Bär zu finden und zu erjagen ist. Aber so war es gar nicht gewesen bei mir. Wir hatten felsenfest geglaubt, eine alte jagdbare Bärin vor uns zu haben, deren zweijähriger Jungbär der Führung nicht mehr bedurfte und in wenigen Wochen sowieso abgeschlagen würde.

Wir hatten sie über ein Tal hinweg ausgemacht, als sie ganz oben im steilen Berg äste. Ihr Jungbär lag in der Nähe auf einem Felsvorsprung, ließ die Vorderpranten baumeln, und mit hin- und herpendelndem Haupt äugte er ins Tal. Es war ein sehr schwieriges Gelände. Wir hatten zunächst lange überlegt, ob ein Angehen möglich wäre, ob wir eine hundert Meter hohe, fast senkrechte Felswand überhaupt durchklettern könnten.

Wir hatten es dann versucht. Weil es so schwierig war, ging ausnahmsweise auch nur ein bewaffneter Begleitjäger mit, obwohl die Jagdordnung immer zwei vorschreibt, eine Anweisung, die natürlich aus vielen bösen Erfahrungen mit angreifenden Bären entstanden ist.

In der Felswand war einer von uns jeweils vorausgeklettert, hatte die Gewehre angenommen, und der andere war gefolgt. Der weitere Anstieg war nicht mehr so steil gewesen. Bei bestem Wind erreichten wir schon nach einer Stunde einen Grat, von dem aus die breite, unruhig bewachsene Rinne einzusehen war, in der wir vorher die Bären ausgemacht hatten. Und sie waren auch jetzt noch da. Sofort sprachen wir den wie üblich noch fast schwarzen Jungbären an und sahen in seiner Nähe Bewegung in einem Pappeljungwuchs.

Ein Bär zog dort die Zweige herunter, richtete sich manchmal auch auf, brach armdicke Stämme ab und fraß die Knospen und Blätter. Er war fast hellgelb, aber das machte mich nicht stutzig, weil ich noch nicht wußte, daß nur Mittelbären einen so ausgesprochenen Reif haben.

Aber ich wußte, daß kein Mittelbär bei einer führenden Bärin steht. Er geht alleine oder zusammen mit einem starken männlichen Bären. Wir übersahen dieses wesentliche Alterszeichen und waren überzeugt, daß es die alte Bärin sein müßte, die uns nur vom Tal aus dunkler erschienen war.

Lange sahen wir diesen Bär in den Pappeln umherziehen, oft zum Teil verdeckt. Deshalb war vielleicht auch die Stärke nicht recht erkennbar, die trotz der gewaltigen Größenunterschiede ohne direkten Vergleich nur erstaunlich schwer einzuordnen ist. Wir verständigten uns nochmal: Ist es die Bärin? Ja. Schießen? Ja. Als der Bär freistand, schoß ich. Es war aber entgegen aller Regel eben doch »nur« ein Mittelbär gewesen, und darum wurde mir nun so wehmütig.

Unsere Begleitjäger verstanden das nicht so ganz. Es gilt nicht als Fehler, einen Mittelbären zu schießen. Niemand machte einen Vorwurf. Ich wurde sogar aufgemuntert. Ich sollte weiterjagen, sollte noch einen wirklich starken, alten Bären erjagen, obwohl mir an sich doch nur ein Abschuß zustand. Aber mich ließ der Mittelbär noch nicht wieder froh werden.

Eigentlich paßte eine so trübe Stimmung gar nicht. Die Sonne schien herrlich, alle Farben leuchteten, und es war wunderschön dort am Baikal-See, diesem unvorstellbar riesigen Binnen-Meer. 700 Kilometer ist es lang, über 1500 Meter tief und größer als Belgien und Luxemburg zusammen.

Fast ein Fünftel des gesamten Süßwassers der Erde ist dort, und kristallklar ist es. Noch in 40 Meter Tiefe kann man die Steine sehen und die Fische, die darüber hinhuschen. Ganz unbekannte, nur dort vorkommende Arten gibt es, wie den Omul, einen heringgroßen Fisch, der lachsartig schmeckt, roh oder leicht geräuchert gegessen wird und als ausgesprochene Delikatesse gilt.

Als Überbleibsel aus der Tertiär-Zeit gibt es auch eine Robben-Art, eine der wenigen Süßwasser-Robben der Welt. An drei Abenden tauchten einige mit ihren Kugelköpfen nur 200, 300 Meter vom Ufer der Bucht entfernt auf, in der wir in einer Fischerhütte wohnten.

Nicht weit entfernt war eines dieser einsamen sibirischen Dörfer mit den einstöckigen Holzhäusern und den verzierten Fensterrahmen. Eine breite Lehmstraße mit großen Löchern und Wasserpfützen führte hindurch. Kühe liefen umher und kläffende Köter. Die Menschen hatten zum Teil russische Gesichter, zum Teil aber auch die breiten mongolischen Züge der Burjäten. In unendlicher Einsamkeit leben sie, 50 oder 100 Kilometer vom nächsten kleinen Dorf entfernt, im Winter völlig abgeschnitten, im Sommer nur mit einem Geländewagen über steinige Uferpfade erreichbar.

Eine durchrüttelnde staubige Tagesfahrt nur ist es von Irkutsk bis zur Ufermitte des Sees. Aber es ist eine Fahrt durch eine wunderschöne Landschaft. Meist zieht sich ein 100 oder auch 500 Meter breiter Uferstreifen am See entlang, mit Wäldern oder blumenübersäten Wiesen. Dahinter ragen die Berge 500 Meter hoch, teils schroff und felsig, teils bewaldet. Dazwischen schlängeln sich enge Täler auf den See zu. Die ganze Natur ist ungenutzt, sich selbst überlassen, nur ein paar Viehherden weiden in Dorfnähe auf den Wiesen.

Achtzig Kilometer Umgebung vom See sind Schutzgebiet, kein Holz wird geschlagen. Urwaldähnlich wachsen die Wälder, im Süden mit den Birken, weiter nördlich mit Fichten und riesigen sibirischen Zedern, deren Stämme im Abendlicht rötlich leuchten. Überall ist reicher Unterwuchs, oft verfilzte mannshohe Sträucher oder kilometerweit dann eine kniehohe Azaleen-Art, die im Juni zartlila erblüht und wie ein farbiger Teppich den Waldboden bedeckt. An freien Stellen wachsen anemonenartige Blumen oder eine gelbe Margerite, mit oft fünf großen Blüten an einem Stengel. Es ist so schön überall, das Auge hat unsagbar viel zu sehen und zu genießen.

Recht viel Wild gibt es in den Wäldern, Füchse, Marder, Zobel und Erdhörnchen natürlich, aber auch die starken Isubrahirsche mit den kronenlosen, unvorstellbar schweren Geweihen ziehen dort ihre Fährte, und die sibirischen Rehböcke prahlen mit ihren hohen Stangen. Ganz selten tauchen auch Elche auf, die sonst nur in der weiten Umgebung stehen.

Im Juni aber ist plötzlich das Schalenwild verschwunden. Dann ziehen alle Bären aus der weitesten Umgebung zum Baikal-See, streifen durch die Täler, über die Berge und nachts zum Ufer, denn dort ist Mückenhochzeit. Es ist eine ganz seltsame daumenlange, nicht stechende Mükkenart, die nur auf dem Wasser lebt. Im Juni aber krabbeln und kriechen sie in oft meterbreiten dichten Streifen milliardenfach am Ufer, machen

Hochzeit und sind ein begehrter Fraß für die Bären, die nach der langen Winterruhe dürr und ausgehungert sind, ein Drittel Gewicht verloren haben und doch noch bis 300, ja 350 kg wiegen.

So machen auch die Jungbären, die im Winterlager mit nur 150 (!) Gramm geboren wurden, jetzt aber schon zwanzig Kilogramm wiegen und noch völlig schwarz sind, ihre erste Wanderung. Zwei Jahre werden sie geführt, dann schließlich abgeschlagen, werden Mittelbären und tragen einen hellgelben Pelz. Erst zwei oder drei Jahre später sind sie geschlechtsreif, werden braun, dann braunschwarz, und schließlich schmückt sie auch ein feiner Alters-Reif.

Bis es soweit ist, sind sie zehn, zwölf oder fünfzehn Jahre, sie reißen häufig Wild, und ihr Schädel ist in die Goldmedaillenklasse gewachsen, weil Länge plus Breite über 55 cm messen.

Viel älter werden Bären nicht, aber wer weiß das so genau? Eine exakte Altersbestimmung fehlt. Ein paar Narben haben sie dann von ihren Kämpfen und im Frühjahr auch ein paar Fehlstellen im Haar, Druckstellen vom langen Liegen im Winterlager. Tagsüber ruhen sie in einer Höhle oder unter einem Wurzelstock, morgens und abends aber ziehen sie umher mit ihren so plump wirkenden Bewegungen, die aber so gleitend schnell und sicher sind.

Den Menschen fliehen sie. Nur wenn man zwischen die Bärin und ihre Jungen kommt oder ein Bär krankgeschossen ist, kommt es unweigerlich zu einem fürchterlichen Angriff, von dem manch einer nicht mehr erzählen kann. Der Vater eines unserer Begleitjäger gilt mit 40 Abschüssen als der größte Bärenjäger Sibiriens. Zweimal wurde er angenommen. Beide Male wollte kein Mensch mehr einen Rubel auf sein Leben verwetten. Er ist einer der wenigen, die einen Angriff überlebt haben, und wohl der einzige, dem das sogar zweimal beschieden war.

Am Baikal-See wird nur im Juni auf Bären gejagt. Fünf bis zehn sind in Sibirien jährlich für Ausländer zum Abschuß freigegeben, der Bestand aber wird auf 6000 oder 7000 geschätzt. Meist wird gepürscht, oft vorher von einem hohen Berg aus die Gegend abgesucht. Wenn ein gutes Mükkenjahr ist, wird auch mit dem Boot das Ufer abgefahren und dann irgendwo der Bär angegangen. Die Jäger dort verstehen ihr Handwerk, auch wenn natürlich manches anders ist als bei uns, auch wenn sie oft laut und so hastig sind, bevor ein Bär in Anblick ist. Und Anblick hat man sicher. In den üblichen sieben Jagdtagen werden doch die meisten Jäger zehn oder sogar dreißig Bären sehen und diesen urgewaltigen und herrlichen Anblick genießen können.

Nach fünf Tagen hatte ich zehn Bären gesehen und den Mittelbären erlegt, der mich nicht gefreut hatte, den ich nicht schießen wollte. Muß man denn immer erst durch Irrtümer zu Erfahrung kommen?

Aber es war einfach schön am Baikal-See. So kam auch die Jagdpassion wieder, die Freude an der Natur und am Leben. Dann zogen wir erneut morgens und abends los. Einen ganz starken Bären wollten wir finden. Wir sahen eine Bärin mit zwei einjährigen Jungbären und noch zwei Mittelbären, aber keinen jagdbaren.

Eines Tages meldete dann ein Sibiriake dem Oberjäger, daß vierzig Kilometer entfernt ein Bär ein Pferd gerissen habe. Mit nur einem Prankenhieb mußte das geschehen sein, nur Pferdehaar lag herum. Dann hatte der Bär das Pferd hochgenommen und ohne Schleifspur achtzig Meter weit bis in den Waldrand getragen. Welch ungeheure Kraft steckte dahinter! Was für ein gewaltiger Schadbär mußte das sein!

Ein paar Tage war das her. Der Riß stank bereits bestialisch. Viel war nicht mehr übriggeblieben. Am frühen Nachmittag hatte der Jäger das Pferd gefunden, und gerade vor ihm mußte der Bär noch dagewesen sein, denn ganz frische mächtige Tritte standen im leicht sandigen Waldboden. Ein, zwei Tage würde der Bär also bestimmt nicht kommen, vielleicht aus Vorsicht überhaupt nicht mehr. Vielleicht würde er auch eine andere Beute finden und reißen.

Was sollten wir also tun? Uns ein paar Stunden dort auf die Erde legen und warten? Hatte das einen Sinn? Wie verhält sich ein alter Bär, wenn er liegende Menschen an seinem Riß ausmachen sollte? Würde er das als Bedrohung auffassen oder als ein Streitigmachen seines Besitzes, seiner Beute? Würde er dann angreifen?

Zwei Tage hatten wir noch Zeit, am ersten würde der Bär nach der Störung aber nicht kommen. Darum pirschten wir nochmal durch eines dieser herrlichen Täler, bis der Unterwuchs zu dicht und wir zu laut wurden, und stiegen wieder einen Berg hoch, bis ganz oben auf den schmalen Grat.

Eine einsame Zeder stand dort, und lilablau blühten ein paar ganz kleine Blumen. Nach den Seiten konnten wir in beide angrenzenden Täler sehen und zurück bis auf den Uferstreifen und auf den Baikal-See, der im Abendlicht silbrig leuchtete. Wir waren schon einmal auf diesem Berg gewesen und hatten ganz kurz im Tal einen aufregend mächtigen Bären gesehen, der dann aber im Unterwuchs verschwunden blieb. An diesem Abend sahen wir nichts.

Auch am nächsten Morgen pürschten wir vergebens. Zogen sich die Bären schon zurück? Das war möglich, es war ein außergewöhnlich schlechtes Mückenjahr, nirgendwo fanden sich dicke Mückenstreifen.

War also doch für den letzten Abend das Luder die beste Chance? Wir wollten es versuchen.

Schon vor 4 Uhr am Nachmittag waren wir auf der halben Berghöhe, wo das Pferd lag. Erst nach 10 Uhr würde es dunkel sein. Bis zu sechs Stunden also würden wir fast bewegungslos dort liegen müssen. Ein 100 Meter breiter und 200 Meter langer Wiesenhang war es, der dort in den Wald eingesprengt lag. Ein paar hohe Zedern standen darauf, und gelbe Blumen leuchteten. Aber darüber wehte der »Duft« des verwesenden Luders. Zunächst lagen wir zu nah daran, es war unerträglich. Und so mußten wir in der Mitte der Wiese hinter einem umgestürzten, modernden Baumstamm in Deckung gehen.

Von wo würde der Bär kommen? Wahrscheinlich von oben, auf jeden Fall doch durch den Wald. Wenn er ans Luder käme, dort in der Waldecke, würde ich ihn gut sehen, würde auf dem Stamm aufgelegt gut schießen können. Wenn er käme! Auf jeden Fall würde ich Zeit haben, mir Zeit nehmen, würde diesen urgewaltigen Anblick genießen, würde vielleicht sein Brummen hören oder knackende Knochen, wenn er am Luder riß.

Aber was denkt man sich nicht alles aus, wenn nichts passiert, wenn man die ganze Umgebung schon zu kennen glaubt, jeden Baum, jeden Strauch und jeden Erdhügel, der später in der Dämmerung vielleicht einen täuschenden Schatten werfen könnte. Einmal flogen zwei Kolkraben über die Lichtung, und ein paar Minuten lang saß ein kleiner Vogel auf einem Strauch. Sonst war nichts.

Nur die Ameisen liefen vor uns auf dem Stamm entlang, auf einer Straße nach rechts, auf einer anderen zurück nach links. Und dort passierte dann etwas. Eine Heuschrecke war auf einer Straße gelandet. Eine Ameise war darauf zugeschossen, hatte die Heuschrecke gepackt, wohl auch gebissen, gelähmt und versuchte nun, sie wegzuziehen. Aber die Flügel der Heuschrecke verhakten sich in der borkigen Rinde. Die Ameise fraß die Flügel auf. Dann klemmten die Beine. Auch die wurden gefressen. Nur der nackte Leib der Heuschrecke blieb übrig, der sich immer noch wand, noch zuckte, dann aber von der Ameise weggezogen wurde.

Eine Viertelstunde hatte dieser Kampf gedauert. Die anderen Ameisen hatten sich nicht darum gekümmert, keine war zur Unterstützung gekommen, sie hatten einfach ihre Straße verlegt, einen Bogen gemacht. Erst als das kleine Drama zu Ende war, liefen sie wieder genau über den alten Weg, als ob nichts geschehen wäre. Was war denn schon geschehen? Es war nur ein ganz kleines Leben zu Ende gegangen, wie es die Natur vorschreibt. Nur?

Das Liegen war furchtbar ermüdend. Nur alle halbe Stunde wagten wir uns zu bewegen, mal auf die Seite oder auf den Bauch zu drehen. Sonst nichts. Kein Laut war zu hören. Die Zeit wurde immer länger. Nach vier Stunden erreichte uns der Schatten der Bäume, nach fünf Stunden war die Sonne wohl untergegangen. Und da knackte ein Zweig. Es war nur ein Hauch von einem Geräusch, und doch wirkte er durchdringend in dieser völligen Stille. Hinter uns im Wald war das gewesen. War es der Bär? Oder nur ein Vogel?

Mit einem Mal war aus der quälenden Langeweile eine nervenaufreibende Spannung geworden. Man traute sich kaum zu atmen, der eigene Herzschlag schien zu dröhnen. Angespannt mit allen Sinnen versuchten wir, noch ein Geräusch aufzufangen oder etwas zu sehen. Die Minuten schlichen dahin, unerträglich langsam, dann war eine Viertelstunde vorbei, eine halbe. Nichts war mehr, gar nichts. Es dauerte zu lange, es konnte doch nichts mehr kommen.

Und doch klang unsere Spannung noch nicht ab, sie vibrierte noch von einem zum anderen. Nur ganz langsam ließen diese Schwingungen nach, und dann kam eine enttäuschte Leere hoch, eine Mattigkeit, ein müdes gedankenloses Abgleiten.

Eine Stunde war schließlich das Knacken schon her. Die Dämmerung kroch aus dem Wald über die Wiese, bizarre Schatten tauchten auf, wo man sie doch nicht erwartete. Ich hatte mich wieder auf eine Seite gedreht, vom Oberjäger abgewandt. Der Rücken schmerzte, und die Beine waren so steif. Warum stieß mich der Oberjäger denn ins Kreuz?

Wie lange dauerte es, bis ich kapierte, bis mein Kopf hochkam? Hinter uns, etwas schräg oberhalb, mitten auf der Wiese, nur 35 Meter entfernt, standen zwei Bären! Relativ klein der eine und hellgelb. Und davor ein riesiger Koloß. Ich sah das nur Sekunden, und doch weiß ich noch alles genau. Schwarz wirkte er, mit seinem feinen Reif über dem Kamm. Klein erschien das Haupt, tief lag es zwischen den mächtigen Schulterpaketen. Regungslos standen die beiden dort, schräg auf uns zu, sie äugten zu uns hin, aber sie äugen ja nur schlecht. Sie hatten uns ausgemacht, aber sie wußten noch nicht, was los war.

Und wir wußten nicht, was zu tun war, ob wir uns noch bewegen konnten. Würden sie angreifen? Oder blitzschnell flüchten? Würde das noch zwei Sekunden dauern oder nur eine? Irgendwie hatte ich mich dann auf die andere Seite gedreht, irgendwie hatte ich auch die Büchse in der Hand, hatte den Schaft an der Schulter und auf der Hüfte vom Oberjäger aufgelegt. Aber da war zunächst nur die Ferse vom zweiten Begleitjäger im Zielfernrohr, dann nur noch der Bär. Wohin sollte ich denn halten? Doch nicht auf das Haupt oder die Schulter. Etwas dahinter – schnell! Was würde geschehen? Da dröhnte der Schuß. Der Bär hob eine Hinterprante, dann warf er sich herum, und schon waren beide drüben im Waldrand verschwunden.

Das war noch nicht zu fassen. Das war noch völlig unbegreiflich. Die Bühne war leer. Und doch war es kein Traum. Ich hatte geschossen, und der Bär hatte auch den Schuß. Aber es war schon alles vorbei. Er hatte im Schuß nicht geschrien, wie es manchmal vorkommt. Wir hatten auch absolut nichts mehr gehört. Kein einziger Zweig hatte geknackt, als die beiden durch den Wald flüchteten. Und es war plötzlich dunkle Nacht geworden. Rot leuchtete schon die Glut der Zigaretten, als wir uns davonschlichen.

Erst allmählich fiel die Spannung ab. Meine beiden Begleiter freuten sich schon wie die Kinder. Sie jubelten und lachten und schlugen mir auf die Schulter. Aber ich wurde plötzlich unsicher. Der Bär hatte so übel schräg gestanden. War ich auch wirklich dicht hinter der Schulter abgekommen? Nur eine Spur Abweichung, dann würde der Schuß auf der Keule sitzen. Warum hatte er die Hinterprante angehoben? Nur eineinhalb Stunden blieben uns zum Schlafen, für mich war es kein Schlaf.

Die ersten Sonnenstrahlen fielen am nächsten Morgen noch nicht ins Tal, als wir den Anschuß untersuchten und die ausgerissenen Wiesenfetzen fanden. Schweiß war natürlich nicht zu sehen, er dringt nicht durch das dichte Haar bei einem Bären. Darum sind auch die Hunde nicht auf Schweiß gearbeitet. Aber sie zogen doch sofort an, schräg hinab ins Tal, in das dichte Gestrüpp.

300 Meter vom Anschuß lag der Bär! Er war in der Fährte zusammengebrochen, der Waldboden war nicht aufgescharrt, die 8 × 68S (KS, 14,5 g) hatte ihn in der Flucht verenden lassen.

Immer wieder strich ich durch das seidenweiche Haar oder nahm eine Prante hoch und maß die Tritte. Was interessieren mich die Wetten, wieviel über 300 kg der Bär wiegen würde! Er war mein, ein alter Bär. Allmählich drang dann der Jubel der anderen auch in mich.

Wir mußten ihn an Ort und Stelle aus der Decke schlagen, zerlegen, zerwirken. Aus dem dichten Gebüsch war er nicht herauszuziehen. Als wir dann im Tal die Decke in der Sonne ausbreiteten, als das Morgenlicht die Farben viel heller, brauner erscheinen ließ, da sahen wir nun erst richtig die gewaltigen Maße. Dann prasselte auch bald ein Feuer, und wir standen mit unseren Wodkagläsern herum und ließen die ersten drei Tropfen in der Glut verzischen, als untertänigen Gruß an die Götter der Jagd, wie es in Sibirien so üblich ist beim ersten Schluck des Tages.

April, April!

Nun steht der 1. April schon wieder vor der Tür. Von so einem kleinen Jüngelchen bin ich mal herrlich reingelegt worden. Ich hab's ihm wirklich gegönnt. Man sollte sich möglichst nur nicht selber reinlegen.

Am Nachmittag habe ich die Bestandesmeldung und den vorgeschlagenen Abschußplan zur Post gebracht. Eigentlich sollte man nun mal einen ruhigen Abend zu Hause genießen. Die Schnepfen streichen nicht mehr (natürlich waren wir doch draußen, denn Schnepfenquorren und Abendstern, Frühlingserwachen, Seidelbast und Sehnsucht, das brauchen wir doch für die Seele!). Auch in den letzten Wochen waren wir so oft im Revier; denn wir haben ja unser Rehwild gezählt. Heute sollte man also mal ein bißchen träumen. Vielleicht von unseren Rehen?

Wie war das noch? Als wir zum erstenmal die wohl richtige Bestandeszahl meldeten, lag sie deutlich höher als in den früheren Jahren. Und das durfte wohl nicht sein. Sie wurde als »überhöht« bezeichnet und reduziert. Im Jagdkreis gab es halt einen Bestand von soundsoviel auf hundert Hektar. Fertig! Sah es nach einem zu großen Schluck aus der Pulle aus? Aber wir wollten gar nicht mehr Böcke schießen als vorher. Wir wollten die Gesamtzahl reduzieren, das Geschlechterverhältnis verbessern.

Das ist nun vorbei, das hat sich geregelt! Jetzt liegen wir wenigstens mit der Gesamtzahl richtig. Die ausnehmend schwachen Stücke kommen kaum noch vor, das Durchschnittsgewicht ist gestiegen, die guten Trophäen sind stärker geworden, mehr Böcke werden stark. Soweit kann man also zufrieden sein.

Sollte man die Böcke nicht mal nach Erlegungsjahren an die Wand hängen? Das erlaubt gut einen Vergleich. Ja, sie sind besser geworden. Aber daneben hängen ein paar »Ausländer«, und die sind viel besser. Warum kommen wir denn nicht soweit? Die Experten sagen, die Rehwildbewirtschaftung hat nicht annähernd das gebracht, was man in 30, 40 Jahren erwarten konnte. Warum denn nicht?

Vielleicht sollte man an diesem Abend doch nicht träumen und erst recht keine Münchhausen-Stunde machen, sondern ganz ehrlich und hart gegen sich selbst nachdenken, damit man sich nicht selber in den April schickt. Nachdenken, aus dem Wissen um das eigene Revier oder die Reviere, die man gut genug kennt. Vielleicht kommen wir von daher zu

Fragen, die wenigstens ein bißchen weiterführen könnten? Und zur besseren praktischen Nutzanwendung von dem, was man sich vom Wissen der Experten zusammengelesen hat?

Früher war es deutlich besser mit dem Rehwild. Hunderte Gehörne aus den dreißiger oder vierziger Jahren vom Vorpächter beweisen das. Sicher, der Lebensraum des Wildes hat sich erheblich verschlechtert. Die Felder sind größer geworden. Sie werden sofort nach der Ernte gepflügt, für den Herbst und den Winter bleibt dort keine Äsung. Knicks und Büsche sind oft weitgehend verschwunden, Flurbereinigung nennt man das. Zahllose asphaltierte Wege sind entstanden.

Im Wald gibt es keinen Unterwuchs mehr. In Extremfällen wird sogar noch der einsamste Waldweg gespritzt, weil das Grünzeug sonst dem Herrn Förster das Auto zerkratzt. Da wird im Herbst auch die letzte Kultur freigeschnitten, damit sich das Gras nicht auf die jungen Fichten legt. So bleibt also gar keine Äsung mehr, und im Frühjahr wundert man sich, warum das Rehwild die Fichten verbissen hat. Ja, was sollte es denn auch sonst beißen?

Sicher, wir haben einiges getan. Wir haben Kalk gestreut. Klee- und Kräutersamen ausgebracht und ein paar Lupinen gesät, wenigstens dort, wo nicht mit der Giftspritze zu rechnen ist. Wir haben stundenlang mit dem alten, starrköpfigen Bauern verhandelt, um seine aufgelassene kleine Waldwiese zu pachten, aus der sich so gut ein kleiner Wildacker machen ließe. Wir füttern dazu.

Aber jetzt ist selbst die Fütterungszeit noch reglementiert! (Es war ja auch schrecklich, daß da noch jeder machen konnte, was er wollte.) So wird verhindert, daß im Herbst gefüttert wird, wo es doch am nötigsten wäre, damit das Rehwild die Kraft für den Winter aufbauen kann, was vom Herzog von Bayern bewiesen wurde. Jetzt ist also diese wildfeindlichste aller Maßnahmen Gesetz geworden, und wir können lediglich auf eine Buchen- oder Eichenmast hoffen, die auch nur alle paar Jahre zu erwarten ist. Aber selbst dann, wo stehen denn noch genügend Buchen und Eichen? Fichten wachsen doch viel schneller. So wird es also immer schlechter.

Nun, wir haben mehr oder minder alles getan, was möglich oder erlaubt ist. Was können wir denn sonst tun? Oder können wir uns nur noch in den Sessel zurücklehnen und sagen: Besser geht es nicht, die Verhältnisse, die sind nicht so?

Sollen wir nur darauf warten, daß mehr Brachland entsteht, auf dem das Wild dann noch Äsung findet? Sollen wir nur darauf warten, daß die Forstwirtschaft irgendwann einmal nicht mehr gezwungen wird, nur in ökonomischen Zahlen zu denken und zu wirtschaften, sondern gezwungen wird, in »Wald und Wild« zu denken? (Was sicher von den echten Forstleuten begeistert aufgenommen würde und wohl auch gar nicht schrecklich unökonomisch wäre.)

Aber wann ist das? Am St.-Nimmerleins-Tag? Und bis dahin?

Nun, wir wollten ja nachdenken, ob wir selber noch irgend etwas besser machen können, was wenigstens ein bißchen hilft.

Mit der Reduzierung des Bestandes haben wir ein kleines Stück gewonnen. Da müssen wir uns nach der Decke strecken!

Aber wie ist es mit unseren beiden anderen Zahlen, mit dem Geschlechterverhältnis und dem Altersklassenaufbau? Sicher, das ist ein alter Hut. Aber hat er bisher richtig gepaßt? Ist er nicht jetzt noch viel wichtiger als früher? Bei schlechterem Lebensraum, bei geradezu wildfeindlich eingeschränkter Fütterungszeit?

Im Jagdkreis besteht ein Geschlechterverhältnis von 1:1,6. Steht zu lesen. Punkt.

Und bei uns im Revier? Sollen wir das wie ein Schulbube vom Klassenprimus abschreiben, damit unsere Angaben nicht als »überhöht« reduziert werden? Höchstens dazu einen kleinen Fehler einbauen, damit es nicht so auffällt? Sicher, vom Verhältnis 1:1 träumt doch kaum noch jemand im grünen Revier. Leider! Aber in den meisten Revieren ist selbst auch 1:1,6 stark geschmeichelt. 1:2 oder gar 1:3 wäre doch wohl in vielen Fällen richtiger. Aber wer meldet das so? Warum meldet man das nicht so, wenn es so ist?!

Natürlich wissen alle, daß ein enges Geschlechterverhältnis sein muß, damit möglichst nur die älteren Böcke zum Beschlag kommen, die in der körperlichen Entwicklung fertig sind, die den Kraftverlust aus der Brunft bis zum Herbst schon ausgeglichen haben und dann die nötigen Kraftreserven für den Winter aufbauen können, soweit das heute noch möglich ist.

Die Böcke der Jugendklasse schaffen doch diesen Kraftausgleich plus körperlicher Entwicklung bis zum Herbst auf gar keinen Fall. Fütterung dürfen sie per Gesetz nicht mehr bekommen, und dann muß doch ein Defizit bleiben. So können sie also auch im nächsten Jahr nicht so viel besser werden als sie könnten. Das ist doch die Krux!

Aber wie ist es denn mit unserem Altersklassenaufbau? Wieviel Böcke haben wir real, die wirklich dreijährig und älter sind, die ausgewachsen sind? Jetzt wird das Spiel mit den Zahlen hart. Rechnen wir mal:

Bei einem Geschlechterverhältnis von 1:2 hätte jeder Bock rechnerisch für zwei Ricken zu »sorgen«. Aber sicher ist doch höchstens die Hälfte dreijährig und älter. Und schon haben die für vier zu »sorgen«. Das wäre ja theoretisch auch möglich. Die Ricken sind drei bis fünf Tage brunftig, so lange bleibt ein Bock bei ihnen, und so käme das in den drei Brunftwochen schon hin.

Wenn die weiblichen Stücke nur der Reihe nach brunftig würden! Den Gefallen tun sie uns aber nicht. Und so schmuggelt sich eben doch mal ein Junger ins Geschehen. Wenn er das macht und dann wieder verdrängt wird, na ja, wer will es ihm mißgönnen? Geht also die Rechnung doch noch ganz passabel auf? Oder schicken uns die Zahlen in den April? Weil wir nur am 1. April rechnen und nicht weiter? Rechnen wir mal genauer.

Wir haben also, ganz ehrlich, sagen wir mal hundert Stück Rehwild gemeldet und (weitgehend ehrlich?) ein Geschlechterverhältnis von 1:2. Dann haben wir also 33 Böcke und 67 weibliche Rehe im Revier. Die Untere Jagdbehörde hat beschlossen, daß wir unter Berücksichtigung von Klima usw. einen Zuwachs von 80 Prozent des weiblichen Wildes haben sollen, der auch als Abschuß gilt, also 54 Stück. Wahrscheinlich werden dann z. B. 24 Böcke und 30 Ricken genehmigt. (Das entspricht zwar auch nicht dem Geschlechterverhältnis, aber so läuft es doch meistens.) 33 Böcke hatten wir, einjährig und älter. 24 sind zu schießen. Wieviel schießen wir denn bis zur Brunft?

Natürlich die Knopfböcke und die schwachen Spießer. Und die schlecht »Veranlagten« (woher wissen wir das eigentlich?). Und dann? Da hat sich doch dieser starke Sechser, den wir schon drei Jahre kennen und auf den wir so stolz sind, weil wir ihn wirklich drei Jahre haben laufen lassen, der hat sich ausgerechnet nahe an die »böse« Grenze umgestellt. Wird der je zurückkommen, wenn er auch nur einmal rüberzieht? Und hat er sich nicht schon genug vererbt? Soll er wirklich nur dazu da sein, die Halbwüchsigen vom Beschlag abzuhalten, damit die ihre Kräfte nicht verbrauchen?

Hand aufs Herz, wer ist vor diesen Gedanken gefeit, wer vor den nachfolgenden Taten? So kommt wieder ein Bruch an den Hut, und bald schon treiben die ersten der letzten Böcke!

Wieviel haben wir denn noch von den 33 vom 1. April? Wieviel von den 24 freigegebenen haben wir schon geschossen? Die Hälfte? Wirklich nur? Haben wir jetzt noch 20 Böcke im Revier? Wir wollen es mal annehmen. Dann haben wir zur Brunft schon ein Geschlechterverhältnis von 1:3,3. Und wieviel Böcke sind jetzt noch dreijährig und älter? Die Hälfte? Wirklich? Dann ist deren Verhältnis zu den Ricken und Schmalrehen, die beschlagen werden müssen, schon 1:6,6. Wird Ihnen auch schon schwindelig?

Wir wollen nun um Himmels willen nicht rechnen, wie es wäre, wenn am 1. April das Verhältnis nicht 1:2, sondern gar 1:3 war. Oder wenn wir mehr als die Hälfte der dreijährigen und älteren schon geschossen haben. Beides käme vielleicht auf dasselbe heraus, aber oft summiert sich das ja auch noch. Und dann könnten wir schnell zur Brunftzeit auf ein Verhältnis von 1:10 kommen.

Dann beschlagen alle Jünglinge und sitzen in den nächsten Wochen völlig ermattet in der Dickung, holen den Kraftverlust bis zum Herbst nicht mehr auf, kriegen auch zudem keine bessere Äsung als das bißchen, was heutzutage in der »Natur« noch ist, und hinken in den nächsten Jahren in der körperlichen Entwicklung nach. Ist das nicht vielleicht auch ein Grund, warum wir beim Rehwild in den letzten Jahren nicht weitergekommen sind? Liegt es weiter nicht an unseren Zahlen, die am 1. April richtig, zur Brunft aber falsch sind? Ist es nicht überhaupt falsch, nur zum 1. April zu rechnen? Ist nicht darum das Ergebnis – ein Aprilscherz?

Nun, wir können ja jetzt das Geschlechterverhältnis zur Brunftzeit wenigstens etwas verbessern, da wir ab 16. Mai die schwachen Schmalrehe schießen dürfen. 20 Prozent vom Abschuß dürfen das sein, nach unserem Rechenbeispiel also zwölf Stück. Das macht immerhin schon etwas aus. Danach sind nicht mehr 67, sondern nur noch 55 Stücke zu beschlagen, falls wir die Schmalrehe auch wirklich bis zur Brunft geschossen haben.

Bei den schwachen Schmalrehen ist es genauso wie bei den Knopfbökken. Sie hatten ihre Mähverletzung auszuheilen oder im Winter vorwiegend ihre Würmer zu ernähren. Und so wird nie etwas aus ihnen. Im Herbst schießen wir sie doch sowieso, falls wir sie dann noch erkennen.

Soll denn so ein schwaches Stück womöglich vom stärksten Bock noch ein halbes dutzendmal am Tag völlig nutzlos beschlagen werden? Ist das denn nicht eine Vergeudung wertvoller Kräfte? Und nur ein paar Hundert Meter weiter wird eine starke Ricke zur selben Zeit von einem Zweijährigen in die Hexenkreise getrieben, von einem Jüngling, der dann den Kraftverlust bis zum Herbst nicht mehr aufholen kann. Ist das sinnvoll?

Aber jetzt können wir die schwachen Schmalrehe frühzeitig schießen, nur (unter anderem) in Nordrhein-Westfalen nicht. Ich habe darüber einige Artikel gelesen und einige Reden gehört. Ich habe sie vielleicht nicht richtig verstanden, aber sie hatten wohl alle den Tenor: Diese Kann-Bestimmung vom Bundesjagdgesetz ist Gott sei Dank aufgehoben, ein großes Unheil ist abgewendet.

Ich habe es wirklich nicht verstanden, um was für ein Unheil es sich handeln soll. Um ein falsches Ansprechen kann es doch nicht gehen. Da werden im Winter doch viel mehr Fehler gemacht. Wer zumindest im Mai und Juni bei der Ricke Stich und Bauch, eingefallene Flanken und das strotzende Gesäuge nicht sieht, dem kann doch auch ein Augenarzt nicht mehr helfen.

Sicher, ab Ende Juni wird es schwieriger. Aber man braucht nicht zu schießen, wenn man sich nicht sicher ist. Das sollte man sowieso nicht. Die Abschußmöglichkeit ist keine Abschußpflicht! Nur, im Mai und Juni kann es keine Zweifel geben, und gerade da können wir das Geschlechterverhältnis etwas verbessern. Aber das interessiert uns offiziell nur am 1. April, und da sind ja die Zahlen noch weitgehend in Ordnung(?).

Und wie ist es bei den Böcken? Sollten wir nicht, um das Geschlechterverhältnis richtig zu gestalten, einige B-Böcke zumindest bis zur Brunft schonen, auch wenn sie dem Hegeziel nicht entsprechen, also dieser Norm, die wir nach unserem Geschmack aufgestellt haben, ohne die Natur zu fragen? Die schwachen Jährlinge sind geschossen, warum schießen wir dann noch 2- und 3jährige? Wie kommen wir dann noch dazu, einen Bock als »B« zu bezeichnen und damit zum Tode zu verurteilen? Nur weil ihm ein Ende zum Sechser und (uns?) also eine Zacke in der Krone fehlt? Ist nur ein Sechser ästhetisch? Ist denn ein Gabler unwürdig, alt und starkstangig zu werden? Wenn er alt und knuffig ist, dann freuen wir uns, aber als 2- oder 3jährigen halten wir ihn für »B« und abschuß»würdig«.

Dabei wissen wir nicht einmal, ob ein Bock vielleicht nur in diesem Jahr aus irgendwelchen Gründen schwach geschoben hat, »B« geworden ist. Ist er deshalb ein schlechter Erbträger? Doch nicht unbedingt, sonst hätte sich in den letzten Jahrzehnten schon viel bessern müssen, denn da haben wir ja früh geschossen, und es hat sich trotzdem nichts gebessert. Die B-Böcke und die Knopfböcke müssen doch nicht unbedingt schlechtes Erbgut besitzen.

Sie haben eine »schwere Jugend« hinter sich, mit langen Zeiten von Hunger, Krankheit und Elend. Daß sie dabei kein »Adonis« mehr werden, ist klar, und daß wir die schwachen Knopfböcke und die schwachen Schmalrehe aus dem Bestand herausnehmen müssen, damit die starken Stücke Platz haben, ist genauso klar. Aber das hat eben nichts mit dem Erbgut zu tun. Warum lassen wir also nicht mehr B-Böcke bis zur Brunft laufen, damit wir dann auch von dieser, der männlichen Seite her ein besseres Geschlechterverhältnis haben, damit in der Brunft die Jünglinge abgeschlagen und zu Zuschauern gemacht werden, damit sie ihre Kräfte behalten und so stärker in den Herbst und durch den nahrungsarmen Winter kommen?

Ob sie nicht so ihre körperliche Entwicklung besser abschließen können und im nächsten und in den weiteren Jahren stärker werden? Und uns dann obendrein auch noch bessere Trophäen bieten? Wenn wir in ein paar Jahren ein gutes Geschlechterverhältnis haben, mit genügend älteren Böcken zur Brunftzeit, können wir ja wieder anders verfahren.

Das wäre sicher eine Möglichkeit, dem Wild zu helfen, stärker zu werden. Anders helfen dürfen wir doch nicht mehr. Per Gesetz! Wir haben der Natur das »Natürliche« genommen und dabei u. a. auch dem Wild die Herbstmast. Aber ausgleichen dürfen wir das nicht mehr. Per Gesetz! Müssen wir darum nicht noch exakter mit unseren drei magischen Zahlen werden, mit Gesamtzahl, Geschlechterverhältnis und dem Altersklassenaufbau?

Dürfen wir diese Zahlen wirklich nur zum 1. April berechnen, ohne zu überlegen, was im Laufe des Jagdjahres daraus wird? Müssen wir sie nicht viel mehr auf die Brunftzeit ausrichten? Legen wir uns sonst nicht selber rein? April, April?

Nun, das sind nicht nur Theorien. Theorien sind etwas für Experten, und das bin ich nicht. Nein, es sind mehr Fragen zum Nachdenken. Vielleicht für einen ruhigen Abend?

Hohes Gericht

»Herr Vorsitzender!« Der Staatsanwalt hatte sich nicht nur erhoben, er zeigte doch tatsächlich mit seinem nackten Finger auf mich. »Herr Vorsitzender, ich klage diesen Jungjäger an, bei einer Treibjagd mit der Kugel einen Hasen beschossen zu haben. Ein verwerfliches Tun, das streng geahndet werden muß!«

Er setzte sich. Und ich war beleidigt. Das war doch auch wirklich unglaublich. Jungjäger hatte der mich genannt. Dabei war ich doch ein ganz – oder zumindest ein fast reifer Mann. Ich war schließlich Student, schon im zweiten Semester. Das ist ja doch was. Meinte ich. Die Zeit der Jugendjagdscheine lag längst hinter mir. Ich hatte mindestens den zweiten vollgültigen Jagdschein. Ich war also ein ganz erfahrener Jäger. Glaubte ich. Und dann einfach so: einen Hasen beschossen. Quatsch, beschossen. Geschossen hatte ich ihn. Und wie! Phantastisch. Ein Meisterschuß war das. Hochflüchtig kam er und rollierte, wie es im Buche steht. Das hätte gelobt werden müssen. Na ja, vielleicht war auch etwas Dusel dabei. Aber wer will das wissen?

Doch ich muß anders anfangen, sonst ist das nicht zu verstehen. Es war die Zeit kurz nach dem Krieg, als wir wieder jagen durften. Darum hatte auch noch nicht jeder wieder eine eigene Flinte. Ich auch nicht. Aber der Jagdherr hatte drei, und davon bekam ich immer eine. Nur an dem Tag keine. Statt dessen gab er mir eine Kleinkaliberbüchse. Ein ganz raffiniertes Büchschen war das. Zwanzig Schuß. Automatik. Auseinanderschraubbar. Ein richtiges Wilderergewehr. Schoß wie Gift. »Wenn mal eine Katze kommt«, hieß es. Ich war natürlich sauer. Katzen konnte ich schließlich auch sonst schießen. »Und dann wirst du jeweils auf der rechten Flanke die Schützen anstellen. Weißt ja Bescheid.«

Das war nun allerdings eine große Ehre. Aber es war auch eine prima Möglichkeit. Ich wußte ja tatsächlich, da und da kommt bestimmt was, da vielleicht, und vor allem wußte ich, da und dort ist noch nie was gekommen. Und genau da kamen zunächst die drei großen Herren hin, die mich bisher wie einen dummen Jungen behandelt hatten. Zwei von ihnen hatten außerdem auch noch die Flinten vom Jagdherrn bekommen, wovon eine mir doch zustand. Nein, die brauchten zunächst eigentlich gar nicht erst zu laden.

Im Laufe des Tages aber merkte ich, daß zwei doch wohl richtig nett waren, und darum bekamen sie die guten Stände. So glich sich das wieder aus.

Es war übrigens ein mieser Tag. Die Hasen liefen nicht, es wurde saumäßig geschossen, die Strecke war erschütternd. Das konnte man dem Jagdherrn doch nicht antun. Da mußte man was tun...

Na, schließlich kam das letzte Treiben. Da mußte ich den einen übrig gebliebenen Fiesling ausgerechnet auf den besten Stand stellen. Es ließ sich einfach nicht umgehen. Der aber sprach immer noch nicht mit mir.

Es war wirklich ein Superstand. Im letzten Jahr hatte ich dort gestanden. Sechs Hasen hatten mich angelaufen. Nach sieben Schuß war nur einer weitergeflüchtet. Mein Schießen war ja noch unverbildet. Nun ja, es stand nicht gerade eine Bronzetafel da: »Hier schoß dann und dann der und der fünf Hasen«. Aber es war dennoch richtig herrlich gewesen. Das konnte ich nicht vergessen. Ausgerechnet dort mußte ich den Fiesling hinstellen.

Daneben blieb schließlich eine Lücke in der Schützenkette. Das war wieder so eine Stelle »wo nie was kommt.« Also stellte ich mich selber dahin. »Wenn mal eine Katze...« Au, den Satz hatte ich den ganzen Tag schon im Kopf.

Dem Fiesling kamen vier Hasen. Einen schoß er vorbei, zwei schoß er prima, der vierte wurde ganz langsam, den holte der Hund. Sonst war nichts los. Nirgendwo wurde geballert. Auch das letzte Treiben mußte bald vorbei sein. Da kam mir der Hase! Mein Gott, war der flott. Da klatschte der Schaft schon an die Backe, ich fuhr mit, der Hase rollierte.

Oh je, was hast du da gemacht, dachte ich noch. Zugegeben, vorher hatte ich ja schon mal an die Möglichkeit gedacht, wenn ich so unbeobachtet vielleicht konnte. Aber in dem Augenblick hatte ich dann wirklich nicht mehr gedacht. Aber jetzt winkte der Fiesling mit dem Hut und rief laut: »Waidmannsheil! Für so einen Kugelschuß gibt es einen Bruch an den Hut!« Na, ich winkte zurück und dachte, sieh mal an, der ist ja gar nicht so fies, der hat ja Humor. Dann lachten wir beide und gingen schließlich auch einträchtig zusammen plaudernd zurück zum Sammeln.

Ja, so war das also gewesen. Und nun war der ehemalige Fiesling der Staatsanwalt und ich wieder »der Jungjäger da«. Das konnte noch heiter werden.

Mein Verteidiger war nun aufgestanden. Er hatte imponierende Gesten. »Hohes Gericht«, sagte er, »Hochverehrter Herr Vorsitzender.«

Tja, der konnte sich richtig fein ausdrücken.

»Wie der Herr Staatsanwalt selber so treffend gesagt hat, dieser Jungjäger hat nichts anderes getan, als einen Hasen beschossen.«

Jetzt fängt der auch noch mit dem Jungjäger an.

»Was hat er denn schon Böses getan. Warum wird er angeklagt? Waren wir nicht auch mal so feurig, so passioniert, so jung?«

Muß der auch noch darauf herumreiten, daß ich so viel jünger aussehe als ich bin?

»Wie mir seine Mutter noch weinend in meiner Kanzlei bestätigt hat, er hat nie dumme Streiche in seinem so kurzen Leben gemacht.«

Oh je, so lügen kann meine Mutter doch gar nicht.

»Sprechen Sie ihn frei, Herr Vorsitzender, verbauen Sie ihm die Zukunft nicht, denken Sie an seine Jugend!«

Allmählich wurde es wohl Zeit, denen mal zu zeigen, daß ich schon lange Hosen anhabe.

»Angeklagter, stehen Sie auf. Haben Sie noch etwas zu ihrer Verteidigung zu sagen?«

»Na und ob, hoher Herr Gerichtshof, und ob! Ich hab den Hasen nicht nur beschossen, ich habe ihn geschossen. Und wie! Der rollierte vielleicht!«

»Wie reden Sie denn mit dem Gericht?«

»Ach so, ich muß mich ja wohl deutsch ausdrücken. Also, rollieren, das sagen die Jäger so. Als ich wirklich noch jung war, haben wir kusselkopp-schlagen gesagt. Rolle vorwärts heißt das wohl auch.«

»Setz dich«, schrie mein Verteidiger.

»Aufstehen«, schrie der Richter.

Ich machte beides. Nacheinander.

»Angeklagter! Im Namen der Waidgerechtigkeit! Ich erkläre Sie für schuldig im Sinne der Anklage und schuldig im Sinne ungebührlichen Benehmens vor Gericht. Wegen Ihrer Jugend kann ich Sie nicht zu einer Runde Schnaps für die Korona verurteilen und auch nicht dazu, selber eine Flasche Schnaps zu trinken. In Anbetracht Ihrer Jugend verurteile ich Sie darum dazu, in der Mitte vom Saal auf einen Stuhl zu steigen und stehend in einem Zug und ohne abzusetzen eine Flasche Sprudel leer zu trinken. Setzen Sie sich. Der nächste Fall, bitte.«

Ich setzte mich nicht. Ich ging hinaus. Das war ja eine ganz große Gemeinheit, die der sich ausgedacht hatte. Platzen sollte ich also. Das Zeug sollte mir nur so raus spritzen. Natürlich mitten im Saal. Die wollten ja nicht unter die Brause. Und ausgerechnet den hatte ich immer auf so gute Stände eingewiesen. Irgend etwas mußte ich mir jetzt einfallen lassen.

Ich ging also den Gang entlang, Richtung Kachelzimmer, und da kam ich an der offenen Küchentür vorbei. Ich sah ein Plakat an der Wand, richtig schön bunt, mit einem Stier darauf, die Vorderbeine vorgestemmt, aus Nüstern und Ohren zischte es heraus. Das war ja das, was mir passieren sollte. Das war ja vorweggenommener splitternackter Hohn!

Und dann sah ich die Kellnerin. Die hatte ich vorher überhaupt nicht beachtet. Sie war weder jung noch prall, warum sollte ich also. Aber halt, dachte ich, jeder Mensch hat doch seine guten Seiten, man muß sie nur herausfinden. Also ging ich in die Küche hinein.

Aber da war nicht nur die Kellnerin, da war noch ein Mädchen, und das war wirklich jung und wirklich prall. Es guckte so nett und es lächelte. Ja, es lächelte mich an. Ich lächelte sofort zurück. Aber dann sagte ich mir: Halt, alles zu seiner Zeit.

Ich zeigte also auf das Plakat und sagte: »Gleich soll ich also auch so platzen wie der Stier da. Ist das denn gerecht?«

Die junge Pralle lachte und meinte: »Wäre schade um den Stier.«

Ich warf ihr einen sehr lieben Blick zu und sagte: »Um mich doch hoffentlich auch?«

Dabei brachte ich es fertig, diesen Blick noch zur Kellnerin hinüberzuretten. Die lachte jetzt auch, und so fand ich ihre erste gute Seite heraus, die mütterliche.

»Was machen wir denn da?« fragte sie.

Ich erklärte es ihr und fragte, was das wohl kostet für einen armen Studenten. Da erkannte ich dann ihre zweite gute Seite. Sie hatte ein wirklich einnehmendes Wesen.

Als nun die große Münze in ihrer großen Tasche verschwunden war, sagte sie: »Ich muß zurück in den Saal, Helena, mach du das mal.«

Wirklich, Helena hieß das schöne Bauernkind. Ich schwöre, ich habe keinen Augenblick an die alten Griechen gedacht! Ihre Backen waren noch roter geworden, und sie guckte so lieb. Sie kam auch sofort mit einer leeren Sprudelflasche an, mit einem Trichter und einer ganz großen Pulle Apfelsaft. Als wir so nebeneinander standen und die Flasche abfüllten, da mußte ich doch einfach um ihre Taille herumfassen und ihren Arm stützen. Dankbar drehte sie auch sofort den Kopf zu mir. Und ich meinen zu ihr. Sie schaute so lieb, und dann machte sie die Augen zu, und ich machte meine auch zu... Wir machten sie beide erst wieder auf, als die Kellnerin kreischte: »Der Apfelsaft läuft ja über!«

Ich sagte dann, ich müßte jetzt wohl wieder rein, ich würde mich später noch darum kümmern. Dabei machte ich so eine vage Handbewegung zum Apfelsaftsee. Dabei meinte ich etwas anderes, und Helena meinte dasselbe. Dann war ich auf dem Flur.

Dort sah ich ein schönes ovales Emailleschild. Eine Faust war darauf, mit ausgestrecktem Zeigefinger, der mich an den Staatsanwalt erinnerte und daran, was jetzt noch kommen mußte. »Zum Saal« stand in geschnörkelter Schrift über dem Finger. Und zum Saal ging ich auch hin.

Eine Lachsalve empfing mich. Die galt aber dem letzten Delinquenten und nicht meinen immer noch roten Ohren. Dann war ich dran. Der Stuhl wurde in die Mitte gerückt. Die Kellnerin kredenzte auf schön gemasertem Preßholztablett die Sprudelflasche. In der Tür stand Helena und lächelte. Ich trank, trank und trank. Dann zeigte ich triumphierend die leere Flasche, sah die völlig verstörten, enttäuschten Gesichter, sah sie schwanken, schwankte selber, der Stuhl brach zusammen, und ich rollte schon am Boden. Ausgerechnet vor dem Richter kam ich aus. Dort konnte ich nur noch sagen: »Hohes Gericht, sowas nennen wir kusselkoppschlagen.«

Im Wind der Gobi

Ewig weht der Wind in der Gobi, die wir die Wüste nennen. Meist heult und pfeift er und zerrt an allem , was im Wege steht. Früher, bis vor 50, 60 Jahren, riß er überall im Land noch Fetzen aus den Gebetsfahnen, da trug er noch den Klang der Schellen und Hörner aus den Klöstern mit sich und das »Om mani padme hum« der Lamas. Dann aber waren es der tosende Lärm der Revolution, das Peitschen der Schüsse, die Schreie in Todesangst...

Jetzt pfeift er nur noch und heult ein farbloses Lied. Im Frühjahr saugt er die spärliche Feuchtigkeit, die nach dem frostklirrenden Winter blieb, aus dem Boden und im Herbst die letzten Tropfen der spätsommerlichen Regenfälle.

Nur die derben krustigen Gräser speichern dann noch ein bißchen vom lebenerhaltenden Naß, so daß die Tiere überleben, die wilden Kamele, die Herden der Schafe und all die Pferde, die wie verloren in dieser unendlichen, unermeßlichen Weite und Einsamkeit der Steppe ziehen.

Im Westen der Mongolei kämpft der Wind mit den Bergen. 4000, 5000 Meter ragen sie auf im Hoch-Altai, nach Nordwesten, zur sibirischen Grenze hin.

Nach Süden zu werden sie flacher, werden zum mittleren Altai, und ganz im Südwesten sind es dann nur noch die vereinzelten bizarren Bergzüge des niederen Altai, des Gobi-Altai, die, wie aus der Ebene herausgebrochen, ohne Übergang 500 Meter hochragen.

Wie riesige Klötze, 30 oder 50 Kilometer im Quadrat, liegen sie hier auf der Hochebene verstreut, wie vom lieben Gott über die Steppe gewürfelt und irgendwo liegengeblieben.

Harte Felszüge sind es, schwarz, braun oder gelb in der Färbung. Dazwischen verästeln sich leere öde Täler, die sich winden wie in einem Labyrinth, die immer wieder gleich aussehen und dabei keine Orientierungspunkte bringen. Überall aber pfeift der Wind.

Zwei Stunden waren wir von Ulan Bator, der mongolischen Hauptstadt, bis in den Südwesten der Gobi geflogen. Es war ein Schweben in Pastellfarben. In zartestem Gelb und einem Hauch von weichem Grün lag konturlos die Landschaft unter uns. Erst in unbegreiflicher Ferne verschwammen diese Farben, mischten sich, wurden bläulich und gingen ganz allmählich irgendwo ohne Horizont in den Himmel über.

Als wir zur Landung auf der Steppe ansetzten und tiefer flogen, sahen wir auch einzelne härtere Farbtupfer, braune weißumrahmte Flecken, ausgetrocknete Wasserlöcher mit kristallischen Salzrändern.

Dann fuhren wir vier oder fünf Stunden mit dem Geländewagen durch diese unendlich leere und eintönige Hochebene nach Westen, wo oft nur auf jedem Quadratmeter ein Grasbüschel wächst, wo das Auge keinen Halt findet und keine Abwechslung, bis die ersten großen Bergzüge auftauchen.

Zwischen zwei solchen Bergzügen, die sicher gut zwanzig Kilometer voneinander getrennt sind, sahen wir dann drei ganz kleine weiße Punkte, die langsam größer wurden, Gestalt annahmen, Jurten wurden, Rundzelte der Mongolen. Als wir sie erreichten, stand dort ein Mann auf, der im Windschatten gesessen hatte, ein Mann mit undurchdringlichem faltigen Gesicht, gar nicht einzuschätzen.

Aber was sollte ich anders erwarten? Ich war in einer fremden Welt, bei Menschen einer völlig unterschiedlichen Rasse, in einem Land, das seit der Zeit nach Dschingis Khan in strikter Abgeschlossenheit gelebt hatte, jahrhundertelang abgekapselt, nur dem Glauben verbunden und von Lamas beherrscht, das nun seit fünfzig Jahren versucht, durch den Kommunismus zu einem Fortschritt zu kommen.

Wie seit Jahrhunderten lebt aber auch heute der größte Teil des Volkes ein einsames, darum vielleicht gerade glückliches Nomadenleben. Wie soll es sich da auf Fremde einstellen? Sollten wir das nicht verstehen, wenn wir uns wirklich überlegen vorkommen? Wir müssen doch nicht mit harter Kritik reagieren, wenn wir eine unbeholfene Bürokratie erleben oder eine Mentalität, die uns wie Dickfelligkeit erscheinen mag. Liegt es nicht auch an unserem Auftreten, wenn die Mongolen zu einer Überschätzung unserer finanziellen Möglichkeiten und zu entsprechenden Preissteigerungen gelangen?

Aber wir kamen nicht als Kritikaster und auch nicht mit überhöhten Ansprüchen. Wir wollten jagen, wollten die sagenumwobenen Argalis sehen und die majestätischen Steinböcke.

Eigentlich ist Argali nur das mongolische Wort für einen Widder, aber es wurde der Sammelbegriff für alle Wildschafe in der unendlichen baumlosen Weite des zentralasiatischen Hochlandes. Die zwölf stärksten und schwersten Schafe der Welt, mit Gewichten von 150 bis 200 Kilogramm sind es, die in der Art *Ovis ammon* zusammengefaßt sind.

Das sibirische Schaf *(Ovis ammon ammon)*, das nur im Hoch-Altai vorkommt, gilt als der König der Könige aller Schafe. Gut 150 Zentimeter lang werden die Schnecken bei einem Umfang von fünfzig Zentimetern an der Basis und einem Gewicht von über fünfundzwanzig Kilogramm. Der »Weltrekord-Widder« hat Schnecken von 177 Zentimetern Länge, die 37 Kilogramm wiegen!

Zu den Argalis gehört auch das berühmte Marco-Polo-Schaf der Pamir-Gebirge, bei dem die Schnecken bis zu 190 Zentimeter lang werden, aber kaum über 40 cm dick. Nur zwei oder drei Handvoll Männer haben bisher erfolgreich auf Marco-Polo-Widder gejagt und die ungeheuren Strapazen überstanden.

Das eigentliche mongolische Schaf *(Ovis ammon darwini)* ist das nächststärkste, mit Schneckenlängen bis 100 oder 120 Zentimetern und einem Basisumfang von vierzig, maximal fünfundvierzig Zentimetern. Diese Relationen ergeben ein ausgesprochen wuchtiges Gesamtbild.

Allen Argalis gemeinsam ist eine dreieckige Schneckenbasis mit flachen Außenseiten, auf denen beim mongolischen Widder gut acht Querfinger Platz haben. Alle asiatischen Schafe haben Schnecken von recht hellem Braun, eine helle, grau-gelbliche Färbung und im Winterhaar einen weißen Nasenfleck und weiße Läufe.

Aus politischen und wohl auch militärischen Gründen kann praktisch nur in der Mongolei auf die asiatischen Schafe gejagt werden, also auf *Ovis ammon ammon* im Hoch-Altai und auf das *Ovis ammon darwini* im mittleren und niederen Altai. Die Mongolen haben eine gute Jagdorganisation aufgebaut, die völlig problemlos funktioniert, sofern man bei einem seriösen Jagdbüro gebucht hat, das ein wirklich eigenes Abschußkontingent hat (und auch seinen Zahlungsverpflichtungen nachkommt); dann ergeben sich keine zeitlichen Verzögerungen.

In den Jagdlagern sind Jurten aufgebaut, in denen es sich gut schläft. Sogar ein umsichtig bemühter Koch gehört zu jeder Jagdgruppe. Es ist auch genügend Mineralwasser zum Trinken und flüchtigen Waschen da.

Mit dem Geländewagen oder zu Pferd durchstreift man das Jagdgebiet und steigt dann auf die Berge, um das Gelände abzusuchen. Die Jagdführer sind wirklich gut und vertrauenswürdig. Sie haben Adleraugen und sind natürlich an das Sehen in diesen ungeheuren Weiten gewöhnt, in denen wir das meiste Wild gar nicht ausmachen würden. Nur in aussichtsreichen Situationen beginnen sie eine Pürsch, und so entstehen keine unnötigen Strapazen. Dabei läßt es sich gut gehen in dem harten, festen Gestein. Trotz der Höhe ist auch die Luft nicht so dünn, daß man dadurch Atemschwierigkeiten hätte.

Mit vollem Recht sind die Jagdführer stolz darauf, daß sie bisher tatsächlich 99 Prozent der Jagdgäste dem Arrangement entsprechend auf Widder und Steinbock zu Schuß und Beute gebracht haben.

Die mongolischen Steinböcke ähneln den Alpensteinböcken. In der Süd-Gobi sind auch die Hornlängen etwa gleich, und die meisten Trophäen haben hier entsprechend auch 80 bis 90 Zentimeter Länge. Nur im Hoch-Altai sind sie mit 110 oder gar 120 Zentimetern wesentlich länger. Der deutlichste Unterschied zum Alpensteinbock aber liegt in der Ausformung der Schmuckwülste, die dort herrlich breit und wirklich wulstig vorragend sind.

Der Wildbestand ist groß. Im Gobi-Altai wird man in den üblichen acht Jagdtagen etwa hundert Steinböcke und auch hundert Argalis sehen. Nur im Hoch-Altai ist der Bestand dünner, weitläufiger verteilt. Überall ist es der typische Lebensraum der wilden Schafe, ein baum- und strauchloses Gelände mit nur ganz spärlichen, kaum erkennbaren Gräsern und Kräutern. Nirgendwo ist es in unserem Sinne »schön«, aber es ist eine gewaltige, eine enorm eindrucksvolle Landschaft.

Es gibt keine Deckung außer dem Fels. So ist Jagen körperliche Leistung, unter Ausnutzung von Wind und Gelände, und der Jagderfolg ist niemals Zufall. Wenn man dann schließlich an einen gestreckten Widder herantritt, wenn man vergeblich versucht, mit beiden Händen eine Schneckenbasis zu umfassen, dann erfüllt jeden Jäger die unsagbare, unbeschreibliche Faszination der Schafjagd.

Von vielen Bergen aus hatten wir schon versucht, Wild zu sehen. Die Pferde oder das Auto hatten wir immer im Tal gelassen und waren auf den höchsten Grat geklettert. Fünf, ja acht Kilometer weit konnten wir dann die umliegenden Berge und Täler übersehen. Fast immer hatten wir bald mehrere Argalirudel von vier oder sogar zehn Stück ausgemacht. Drei- oder viermal waren wir auch schon angegangen, über einige Berge, durch viele Täler oder in einem riesigen Bogen, um gegen den Wind zu kommen, um deckenden Fels zu haben.

Es ist fast unbegreiflich, man muß das erlebt haben, um es zu glauben, wie Argalis noch auf zwei oder drei Kilometer Entfernung nur den Kopf eines Menschen eräugen, wie sie die kleinste Veränderung auf einem Felsenkamm oder eine unbedachte Bewegung erkennen und sofort flüchtig werden. Aber so entgehen sie ihren Feinden, den Jägern oder angreifenden Wölfen. Nur der Schneeleopard überrascht sie mit einem Riesensprung aus einem Felsenversteck an ihren Wechseln, und der Adler reißt ihre Lämmer.

Oben: Scharf äugen die Argali,
Mitte: der mongolische Oberjäger mit einem Gobi-Argali mittlerer Qualität, unten: vor der Rückfahrt durch die Gobi

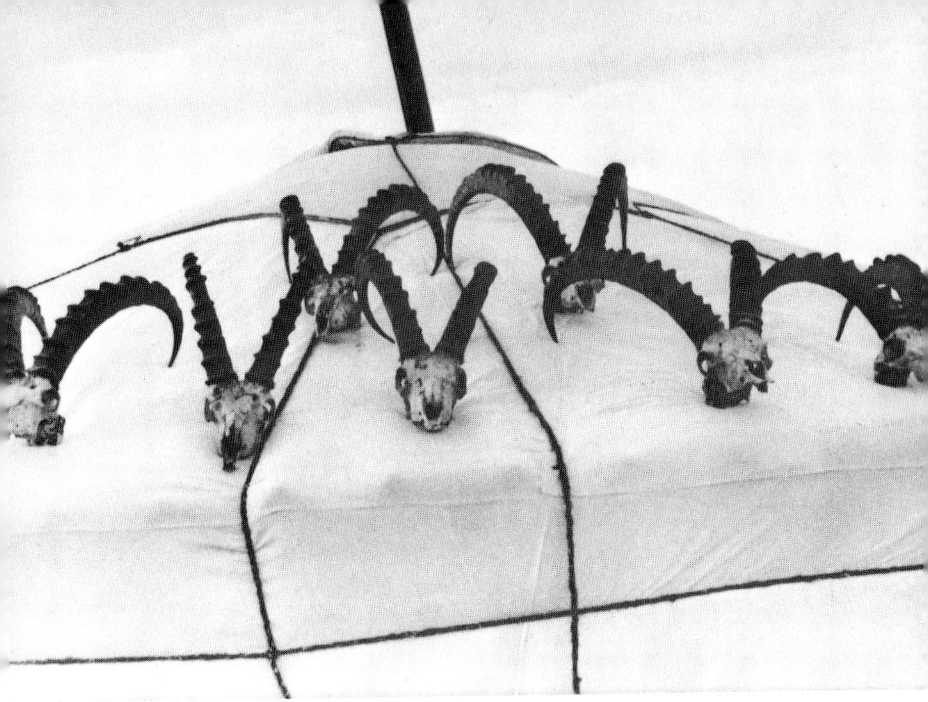

In der Wüste Gobi: Die Steinböcke einer Jagdgruppe auf einer Jurte

Ein recht guter Gobi-Steinbock

Einmal waren wir ganz nah an einem Rudel gewesen. Keiner der Widder war so stark, daß ich schießen wollte, aber welch ein Anblick war es, diese wuchtigen Schnecken zu sehen mit ihrer tiefen Riefelung, mit ihrer herrlichen Biegung und Drehung.

Wieder einmal schoben wir uns dann ganz langsam an einen Grat. Da sahen wir nur einen Kilometer entfernt einen einzelnen Steinbock. Das ist sehr selten. Meist stehen sie in Rudeln von zwanzig bis zu vierzig Stück zusammen und haben dann Wachen aufgestellt. So ist es immer schwer, heranzukommen. Nur alte Böcke gehen manchmal allein.

Dieser war nicht uralt, aber gut und jagdbar war er sicher, und so wollten wir es versuchen, ihn anzugehen. Eine große S-Kurve mußten wir laufen, zunächst zurück, um einen Berg herum, dann tief nach unten, überriegelt durch ein langes Tal und schließlich einen anderen Berg hinauf. Wir schätzten, daß wir auf seinem Kamm in Schußentfernung heran sein könnten.

Wer weiß hinterher schon, wie lange es dauerte, und wie unwichtig ist es dann. Irgendwann robbten wir ganz langsam an den Felsenrand. Nur gut 200 Meter entfernt, über ein Tal hinweg, unter der Kegelspitze des nächsten Berges stand der Steinbock, immer noch ruhig, ohne Bewegung, majestätisch wie ein Standbild. Nur der Wind fächelte seinen Bart. Mächtig erschienen die geschwungenen Hörner, und im Wechsel von Licht und Schatten prahlten die dicken Bänder der Schmuckwülste.

Aber wir waren zu nah, wir durften dieses Bild nicht zu lange genießen. Ganz langsam schob ich die Büchse vor, rückte zurecht, bis es paßte, und drückte die Sicherung hoch. Fasziniert von diesem Bild im Zielfernrohr merkte ich kaum, wie der Finger den Abzug berührte, und auch das Rollen des Schusses ging unter. Ich sah nur, wie der Steinbock plötzlich zusammenbrach. Und dann war keine Bewegung mehr erkennbar. Nur ein kleines Knäuel des schon lockeren seidenweichen Winterhaares wurde vom Wind hochgeblasen und schwebte ganz langsam wie ein kleines Wölkchen den Steilhang hinab.

Bald waren wir dort und saßen lange still in der Einsamkeit. Es war ein herrlicher Ausblick auf die letzten flacheren Hügel des Bergmassivs und auch noch weit hinaus auf die Hochebene der Gobi. Aber davor – da lag mein Steinbock. Es war immer noch wie in einem Traum. Dabei war es doch schon Erlebnis geworden, unvergeßliche Erinnerung.

Zusammengekauert hockten wir im Windschatten eines hohen Felsgrates. Alle Berge und Täler waren leer. Nirgendwo konnten wir Wild ausmachen. Der Wind heulte an diesem Tag. Als wir aufstiegen, war der

Himmel noch klar und blau gewesen. In der unendlichen Ferne hatten wir im Glas auch die schneebedeckten Felsen an der chinesischen Grenze gesehen, die 100 oder 200 Kilometer entfernt sein sollen.

Aber plötzlich waren matt-silberne Wolken aufgekommen. Nach fünf Minuten war der ganze Himmel schon bedeckt. Fauchend fegte nun der Wind und wurde immer noch stärker. Auch die Farben änderten sich, wurden dunkler. Violette Streifen zogen vorbei. Dann war alles umher schwefelgelb. Sand wurde in der Steppe hochgewirbelt, weitergepeitscht. Der Wind wurde zum ohrenbetäubenden Sturm. Ein paar Steine rissen sich neben uns los, rollten den Berg hinab und waren doch nicht zu hören. Eine graue Mauer schwebte in rasender Geschwindigkeit heran, und dann klatschten Hagel und Schnee unerbittlich auf die Felsen und auf uns.

Wir mußten hinunter, irgendwie mußten wir zum Geländewagen. Es waren doch nur 300 oder 400 Meter. Aber der Sturm drückte uns gegen den Felsen und warf uns um wie hilflose Puppen. Wir rutschten und schlugen aufs Gestein. Waagerecht fegte uns der Hagel ins Gesicht. Erst rückwärts gehend, gegen den Fels gestemmt, schaffen wir schließlich den Abstieg und erreichten das Auto. Das aber stand voll im Sturm. Durch alle Ritzen pfiff es, und das Verdeck schlug ein wildes Stakkato wie eine riesige Trommel.

Der Motor sprang nicht an, wir konnten nicht hinter einen schützenden Felsvorsprung fahren. Schnatternd vor Kälte hockten wir so auf den Sitzen. Fast dunkel wurde es, keine zehn Meter weit konnte man noch sehen. Der Sturm heulte und brauste, und in seinen peitschenden Böen schwankte der Wagen und ächzte in den Federn.

Zweieinhalb Stunden dauerte dieses Tosen an, dann wurde es heller und heller. Weiß verschneit zeigten sich jetzt alle Berge und Täler. Steifgefroren waren unsere Muskeln, und naß waren wir bis auf die Haut. Aber dann liefen wir los, gegen die letzten Windböen und gegen die eigene Ermattung ankämpfend. Nach einer Stunde rissen die Wolken auf, und die Sonne kam durch. Als wir die Jurten erreichten, war der Schnee schon getaut, und wohlig warm war es im Windschatten.

In den nächsten Tagen erinnerte nichts mehr an den Sturm. Die Sonne schien wieder aus tiefblauem Himmel, und überall, wo der Wind ihre Strahlen nicht verwehte, spürte man, welche Kraft sie in diesen zwei- bis zweieinhalbtausend Metern Höhe hatte.

Um die bösen Geister des Lamaismus zu besänftigen und die Dämonen der Berge zu vertreiben, legte früher jeder gläubige Wanderer einen Stein auf die Bergkuppen und auch an die Ränder einer Wegscheide.

Nun legt oft irgend jemand den ausgebleichten Schädel eines Widders auf die Spitze eines Hügels. Viele solcher Schädel, viele Skelette werden jedes Jahr gefunden, wenn der Schnee geschmolzen ist und die Opfer freigegeben hat, die der frostklirrende, 40, 50 °C eisige Winter forderte.

In den noch bläulich schimmernden Farben eines frühen Morgens lagen zwei Begleitjäger neben solch einem Schädel und suchten die umliegenden Berge ab. Der eine trug einen Parka, der von einem früheren Jagdgast zurückgelassen wurde, der andere den langen seidigen, mit Wolle gesteppten Mongolenkittel, der auch heute noch in allen Farben getragen wird. Ganz weit entfernt machten sie ein Rudel Argalis aus, das aber nicht anzusprechen war.

So zogen wir weiter, um es an einer anderen Stelle zu probieren. Ein paar Stunden später, als die Sonne schon fast senkrecht herabschien, sahen wir weit entfernt wieder ein Rudel: Fünf Widder waren es, und zwei erschienen in der 60fachen Vergrößerung auch stark. Es lohnte sich, sie anzugehen, ein Anpürschen zu versuchen.

Aber wir mußten uns beeilen. Sie würden nicht lange dort bleiben in der glühenden Mittagshitze. Bald schon würden sie weiterziehen, in irgendeines der verästelten Seitentäler oder hoch über ein paar Berge. Im kühlenden Schatten eines unerreichbaren Felsüberhanges würden sie dann ruhen. So hasteten wir los.

Die Sonne brannte und sengte unbarmherzig, bald schon klebte die Zunge am trockenen Gaumen. Doch wir mußten weiter, schnell, schnell weiter. Wir liefen einen Berghang hinab und stolperten durch ein Geröllfeld. Wir gingen durch ein trockenes Flußbett und kletterten noch zwei oder drei Berge hinauf. An einem Felshang kamen wir vorbei, der weiß gekalkt war. Darüber ragten zwei helle Wollknäuel hoch, und mit ihren stechenden schwarzen Augen verfolgten die beiden Jungadler aufmerksam jeden unserer Schritte.

In einer Rinne machten wir dann Steingeißen hoch. Die Kitze wirbelten durcheinander, suchten ihre flüchtenden Mütter und folgten ihnen in eine fast senkrechte Felswand. In eleganten, atemberaubenden Sprüngen fanden die Schalen Halt auf kleinsten Absätzen, fanden den Stand zu erneutem Absprung, immer höher hinauf. Dann war die Wand schon leer, und wir hasteten weiter.

Wie weit war es denn noch? Wir waren doch mindestens schon fünf Kilometer gelaufen. Endlich wurde mein Begleiter langsamer, und dann tasteten wir uns vorsichtig um einen Felsvorsprung. Nirgendwo war Wild zu sehen. Hier aber mußten doch die Widder irgendwo stehen, hier etwa hatten wir sie doch von drüben ausgemacht.

Hatten sie das Flüchten der Steingeißen vernommen? Oder waren sie ruhig weitergezogen? Wohin? Durch das breite Tal vor uns und dann durch den Einschnitt drüben am Berg zwischen den steilen Hängen? Das wäre verständlich, wenn sie wirklich ruhig weitergezogen waren.

So liefen auch wir wieder weiter, durch das Tal, den Hang hinauf, nochmal durch eine Rinne und wieder einen Felsen hoch. Und da sackten wir plötzlich zusammen. Erschreckend nah waren wir an den Widdern. Das waren nur 80 oder 100 Meter, das konnte nicht gutgehen. Voller Erregung warteten wir schon auf das Klappern flüchtender Schalen, das Rollen abrutschender Steine. Aber alles blieb ruhig. Der Wind war so günstig, und auch die Sonne kam nun schräg von hinten. Selbst die scharfsichtigen Lichter der Schafe würden geblendet sein. Wann würden sie uns erfühlen?

Nur ein paar Meter weiter waren biszarre Einschnitte im Felsengrat mit handbreiten Kerben, und es gelang uns tatsächlich, lautlos dorthin zu robben. Nirgendwo konnte es günstiger sein. Diana mußte sich mit einem gütigen Berggeist vereint haben.

Durch die Kerben im Fels sahen wir alle fünf Widder, fünf der sagenumwobenen Argalis, der stärksten Wildschafe der Welt. Was für ein Anblick! Dann bauten wir mit fünf Steinchen ein Lagespiel entsprechend ihrer Stellung, und beide zeigten wir immer wieder nur auf zwei Steine. Die anderen drei Widder waren eindeutig schwächer. Auch die beiden Starken zeigten nichts »Rekordverdächtiges«. Aber was soll das, was sind denn schon ein paar Zentimeter bei solchem Erleben?

Die hellen Schnecken leuchteten in der Sonne, verloren so an Kontur und Zeichnung. Es konnte kein wesentlicher Unterschied zwischen den beiden Guten sein. Doch wir wollten es genau wissen und suchten immer noch nach Zeichen, nach Jahresringen. Aber wir suchten zu lange. Plötzlich warf einer der jüngeren Widder auf, sofort waren alle in Bewegung, schon waren zwei von ihnen den halben Hang hinab, und die anderen folgten ihnen dicht auf, bevor ich noch die Büchse hoch hatte. Aber da verhoffte einer der beiden Starken für eine Sekunde, das Fadenkreuz tauchte ins Blatt, und der Schuß donnerte durch die Berge. In seinem rollenden Echo brach der Widder zusammen.

Als wir nach Ulan Bator zurückkamen, erlebten wir noch ein seltenes Schauspiel. Das Kloster war geöffnet. Es soll das letzte im Lande sein. Ein hoher religiöser Feiertag war es, ein Treffen der Lamas war erlaubt worden. Aus vielen Ländern waren sie zusammengekommen in ihren roten oder gelben Gewändern.

Trommeln schlugen, Schellen und Hörner erklangen, nicht endende Gebete wurden gemurmelt, und noch einmal trug der Wind das »Om mani padme hum« über die Gobi, über das weite, unendliche Land, über die riesige Steppe zu einsamen Jurten.

Wieviel erschauernde Erinnerung würde der Klang wachrufen? Om mani padme hum.

Verwunschene Kugeln

Meistens muß man gar nicht lange warten. Überall, wo Jäger zusammentreffen, im matten Petroleumlicht einer einsamen Hütte, beim Ausruhen im vollen Sonnenlicht, beim Erwarten der rechten Zeit zu Ansitz oder Pirsch, irgendwann kommt bestimmt die alte und doch immer neue Frage nach der besten Kugel, nach dem sichersten Kaliber. So gerne ich allen Schilderungen jagdlichen Erlebens zuhöre, mit eigenen Erinnerungen vergleiche, mich mitfreue oder mitleide, vielleicht lerne, vielleicht verwerfe, diese Reden scheue ich.

Es gibt kaum ein Gebiet der Jagd, in dem sich so viele felsenfest gefügte, völlig konträre Meinungen gegenüberstehen. Aber sind das überhaupt noch Meinungen? Sind das nicht schon Weltanschauungen? Ein dicker Batzen, eine kleine, aber schnelle Kugel, aufgepilzt oder in kleinste Fahnen zerspringend, da gibt es keinen Konsens. Da geht es um große oder kleine Ausschüsse, um ein viertel Pfund Wildpret also, um leichte oder schwierige Nachsuchen, da gibt es nur schroffe Feststellungen, die keinen Widerspruch dulden. Und – ich muß es gestehen – auch ich habe eine ziemlich feste Meinung.

Nur, wenn es so unterschiedliche, manchmal auch wechselnde Ansichten gibt, da ist der Stein der Weisen noch nicht gefunden. Aber kann er überhaupt gefunden werden, wo es doch um Leben geht, genauer gesagt um sicheres Töten? Und das bei so unterschiedlichen Bedingungen, um Regen und Wind, um Berge und Täler, um gute oder schlechte Schüsse auf hartes oder weiches Wild, in – man soll das nicht unterschätzen – ganz unterschiedlichen Gemütslagen? Doch wir streben nach technischer Perfektion, und das aus gutem Grund, denn wir wollen ja schnell und schmerzlos töten. Aber das gelingt uns eben nicht immer. Vielleicht hat sich das Zielfernrohr verstellt, oder das Herz schlug uns so hoch, vor

Aufregung oder vor Anstrengung nach harter, schweißtreibender Pirsch.

Nun, für solch' krumme Kugeln gibt es dann eine Erklärung. Man kann sich darüber ärgern, aber kann man es begreifen und verstehen?

Manchmal kommt es bei jedem Kaliber und jeder Laborierung zu ganz atypischen Reaktionen, die wir nicht verstehen. Da zeichnet eine Ricke mit idealem Blattschuß wie weidewund, da keilt ein Bock mit durchschossener Lunge hinten aus, als ob ihm das Blei durch die Keulen gefahren wäre, oder es kommt sonst zu erregendem, dramatischem, sogar tragischem Geschehen, obwohl man doch mit blitzartigem Zusammenbrechen und sofortigem Verenden rechnen konnte, zu einem Geschehen, über das man eigentlich gar nicht so gerne spricht, weil es zu sehr anrührt und aufwühlt, zu Fragen führt, zu unangenehmen Fragen, die nie zu beantworten sind und wohl auch nicht beantwortet werden müssen, weil es zu selten geschieht.

Es müssen verwunschene Kugeln sein. Sie finden ihr Ziel, aber ihre Wirkung tritt nur verzögert ein. Bis dahin aber sind wir verwirrt, vielleicht sogar erschüttert, und die Freude über das jagdliche Erleben will sich danach nicht einstellen.

Einige dieser verwunschenen Kugeln habe ich auch erwischt und nichtsahnend in den Lauf geschoben. Noch bei der letzten Blattzeit hatte ich so eine. Sie hatte wohl nicht die ganze Hexenwirkung mitgekriegt, vielleicht hatte sie nur neben einer voll von der Verwünschung getroffenen gelegen, aber das hatte gereicht, mich gehörig zu irritieren.

Die ganz richtige Blattzeit war es eigentlich noch nicht. Hier und da sah man noch Pärchen beisammen, sah sie treiben und beschlagen. Aber es kamen schon wieder suchende Böcke in Anblick, die unruhig mit tiefem Windfang noch eine erregend duftende Fährte zu finden hofften.

An einem Tag des Übergangs von der Brunft- zur Blattzeit war ich zum Welterstein gegangen. Auf einem schrägen Hang lag dort eine große, winklig verlaufende Wiese mit einem kleinen eingesprengten Buschstreifen. Weiter hinten stand Hochwald. Hinter dem Sitz wuchsen Erlen, mit völlig verfilztem Unterwuchs und breitem vorgelagerten Brachlandstreifen. Ich ging nur selten dorthin, obwohl es landschaftlich hier schön war. Aber das Wild stand meist auf der anderen Seite der Erlen. An dem Tag aber war der Wind dort günstig, darum kam mir die Hangwiese gerade in den Sinn.

Es war kein schöner Tag. Graue Wolken verdeckten lückenlos den Himmel. Der Wind war recht kühl, es sah ein bißchen regnerisch aus, es war also kein gutes Brunftwetter. Doch ich sah schon bald in dem entfernten hüfthohen Gras des Brachstreifens etwas Rotes. Lange konnte ich sonst nichts erkennen. Erst ein paar Minuten später ging ein Haupt hoch – Bock. Und schon war wieder nichts mehr zu sehen. War er gut, war er schwach, ich wußte es nicht. Eine Ricke stürmte am Sitz vorbei, in langen Fluchten querte sie die Wiese, verschwand drüben im Wald, wo sie vielleicht ihre Kitze abgelegt hatte. Wieder war alles ruhig. Nur ein Hase mümmelte, Tauben flogen vorbei, sonst war lange nichts.

Es verging sicher eine halbe Stunde, als dann von oben her, zweihundert Meter entfernt, ein Bock langsam auf mich zuzog. Suchend hatte er das Haupt tief, und trotzdem sah ich es handbreit über den Lauschern blitzen. Viele so hohe Stangen gab es sonst nicht in dieser Ggegend. Darum ließ ich ihn auch nicht mehr aus dem Glas. Plötzlich zog er nicht weiter, er verhoffte, stand breit, äugte nach links, nach rechts, nach vorne – und da wußte ich Bescheid. Ein ungerader Sechser war er, eine Hintersprosse fehlte, auch sonst waren die Enden nur recht kurz. Aber dick waren die Stangen unten und gut geperlt. Jagdbar war er bestimmt. Ganz offensichtlich suchte er. War seine Liebe vom Morgen nicht mehr brunftig oder versorgte sie noch ihre Kitze? Zart lockten meine Fiep-Töne – er kümmerte sich nicht darum.

Dann sah ich ihn plätzen. Aufgeregt war er jetzt. Er schlug sein Gehörn in einen Strauch, daß die Fetzen flogen. Plötzlich war der andere Bock wieder da, den ich vorher so kurz gesehen hatte, der sich wahrscheinlich dort niedergetan hatte. Auch er war erregt, auch er plätzte und fegte und wich nicht. Dabei sah ich jetzt, daß sein Gehörn nicht stark war, nur lauscherhoch mit kurzen Gabelenden und recht dünnen Stangen, an denen ich keine Perlung erkennen konnte. Auch im Gebäude war er schwach. Das war ein deutliches Mißverhältnis zum anderen Bock. Ich hatte jetzt beide gleichzeitig im Glas, so nahe standen sie nebeneinander. Sie plätzten jetzt beide, sie schlugen mit den Stangen in den Boden, sie zogen vor und zurück, sie zogen parallel – und dann kämpften sie. Das dauerte sicher zwei oder drei Minuten, mit einigen Pausen dazwischen, dann schlugen sie wieder die Gehörne aneinander und schoben sich hin und her, ohne daß einer den Sieg davontrug. Urplötzlich ließen sie voneinander ab, zogen in verschiedener Richtung auf die Erlen zu, plätzten noch einige Male und tauchten dann im dichten Unterwuchs unter.

Das waren erregende Minuten. Ich hatte nur dem Kampf zugeschaut, dem Imponieren und dem Attackieren. Jetzt erst ging mir so richtig der Unterschied auf zwischen dem starken und dem schwachen Gehörn, zwischen dem starken und dem schwachen Wildkörper. Mindestens drei, vier Kilogramm Differenz waren das. Und doch ging der Schwache nicht zurück, und der Starke ging nicht als Sieger vom Kampfplatz, sondern begnügte sich mit einem Unentschieden. Meist kämpfen doch nur weitgehend gleichalte und gleichstarke miteinander. Nun, einer würde wohl wieder austreten. Beide aber waren sicher richtig und die Kugel wert.

Es dauerte sehr lange, dann war der Starke plötzlich im hohen Gras auf sechzig Schritt neben dem Sitz. Er äste jetzt, er suchte nicht mehr. War er schon erschöpft von der Brunft und vom Kampf? Es dauerte immer sehr lange, bis das Haupt kurz aus dem tiefen Gras hochkam, bis ich das Gehörn wieder bewundern konnte. Längst schaute ich nur noch durchs Zielfernrohr und hingerissen freute ich mich dieses herrlichen Bildes, der tiefroten Rückenlinie über dem blumenübersäten Gras, dieser begehrenswerten Krone, die noch viel besser geperlt war, als ich zuvor gedacht hatte. Dann krümmte sich der Zeigefinger. Ich wußte, daß der Bock im selben Augenblick im Gras verschwunden sein würde, den Knall nicht mehr hören würde.

Aber statt dessen sah ich, fassungslos und wie gelähmt, daß er mit allen vieren krummrückig hoch kam, hoch über das hüfthohe Gras. Dann verhoffte er und – sprang noch einmal hoch, wieder mit allen vieren zugleich und wieder krummrückig. Ich war wie erstarrt. Es war unglaublich, aber er sprang noch ein drittes Mal hoch und stand dann wieder still. Danach zog er langsam und mit krummem Rücken die zwanzig Meter bis zum Erlenrand, tauchte in den dornig verfilzten Unterwuchs ein, nichts war mehr zu hören oder zu sehen.

Ich weiß nicht, wie lange meine Erstarrung anhielt, aber auch danach verstand ich nichts, gar nichts. Ich war felsenfest überzeugt, einen idealen Blattschuß gezirkelt zu haben, und es war auch nicht schwer gewesen. Ich konnte doch gar nicht schlecht schießen in dieser einfachen Situation. Wieso dann aber dieses Zeichnen wie weidewund, wieso dieses dreimalige Hochspringen? Dreimal, das hatte ich noch nie gehört, noch nie gesehen. Das gab es doch gar nicht. Aber jetzt hatte ich es gesehen. Meine Hände zitterten, als ich mir eine Zigarette ansteckte. Schließlich zündete ich die zweite an der ersten an und wurde dabei auch nicht klüger.

Dann hielt ich es nicht mehr aus. Wenigstens den Anschuß mußte ich sehen. Der Wind stand günstig, leise konnte ich dorthin pirschen. Selbst wenn der Bock nahe am Waldrand sich niedergetan hatte, die Schmerzen noch wie Feuer in seinem Leib brannten, hochkommen würde er jetzt wohl nicht mehr.

Den Anschuß konnte ich nicht verfehlen, den brauchte ich nicht zu suchen. Eine einzelne, hohe wilde Spiräe leuchtete dort. Ihr Stiel war rot, hellrot. Lungenstückchen lagen daneben und Schweiß, hellroter Schweiß wie ausgegossen. Aber ich suchte doch noch herum, suchte nach grünen weidewunden Flecken, bis mir endlich wieder einfiel, daß der Bock ja gar nicht schräg gestanden hatte, daß die Kugel nicht durch das Gescheide ausgefahren sein konnte. Es paßte alles nicht zusammen. Als ich den Hund holte, der erwartungsvoll zitternd unter dem Sitz lag, zeigte der mir mit seinem Blick auch noch, daß er mir die Ruhe nicht glaubte, die ich ihm vorspielte.

Die zwanzig Meter Fluchtstrecke auf der Wiese waren nicht zu verfehlen. Es lagen genug siegellackrote Tropfen. Aber dann zog mich der Hund zu einer ganz dicht verwachsenen Stelle in dorniges Unterholz. Jetzt fing ich an zu zweifeln. Ein, zwei Meter daneben war ein freier Durchschlupf, sicher von vielen Rehen immer wieder offen gehalten. Aber der Hund zog ins Dichte, ganz langsam. Er wartete immer, bis ich nachkam, bis ich mich durchgekämpft hatte durch die sperrigen, verfilzten und dornigen Zweige. Es wurde noch enger und keinen Tropfen Schweiß entdeckte ich. Über zwei dünne Bäche zog er mich noch. An den schlammigen Rändern fand ich keinen einzigen Tritt. Wenn der Hund auch nur ein ganz klein wenig unruhig gewesen wäre, hätte ich ihm absolut nicht mehr geglaubt, ich konnte es auch so eigentlich nicht.

Dann, nach weiteren vielen Metern öffnete sich der Unterwuchs. Wadenhoch wuchs hier ein grünes Kraut auf schwarzer, saftiger Erde, auf einer stubengroßen Fläche. Hier blieb der Hund stehen. Ich sah nichts, ich kapierte immer noch nicht. Ich wollte ihn nun endgültig abtragen, neu ansetzen – dann erst sah ich den Bock. Langgestreckt lag er da, mit einem roten Fleck mitten auf dem Blatt.
Es war noch sehr früh am Abend. Erst in zwei Stunden würde es dunkel werden. Ich hatte noch keine Lust, ihn jetzt schon heimzutragen, ich mußte alles noch bedenken.

Ich weiß nicht, wie lange ich da saß. Ich freute mich über die herrliche Krone, eine der besten, die ich in diesem Revier erbeutet hatte, aber es war nicht diese befreiende, glückliche Freude, die es sonst gewesen wäre. Ich war noch nicht fertig mit dem ganzen Geschehen, das nun immer wieder und immer noch einmal vor mir ablief – ich verstand es nicht. Bei solch' einem Schuß dreimal hochspringen und langsam krummrückig abziehen, so weit noch, durch solche verfilzten dornigen Sträucher?

Der Hund stand ab und an auf, leckte noch einmal über den Einschuß und lag dann wieder neben mir, den Kopf auf meinen Beinen. Unter dem hohen Laubdach, zwischen dem verfilzten Unterwuchs fühlte ich mich wie eingeschlossen. Hier wurde es auch schnell dämmerig, es war bedrükkend. Dann war ich endgültig überzeugt: Das, was ich gerade erlebt hatte, war nicht mit rechten Dingen zugegangen. Es gab keine andere Erklärung, das mußte eine verwunschene Kugel gewesen sein. Sicher, es war nichts Schlimmes passiert, aber es war nicht richtig so, es hatte mich auch angefaßt, erschreckt und benebelt. Es hatte die Freude genommen, die diesen Abend gekrönt hätte.

Dann kamen mir andere Erlebnisse in den Sinn, die auch nicht normal gewesen waren, die auch nicht anders zu erklären waren. Sicher vier oder fünf solcher Geschichten waren es. Zwei aber waren ganz besonders dramatisch, eine von einer uralten Ricke und die von dem wilden Bock, den ich den »Raufer« genannt hatte.

Die knochige Ricke kannte ich schon lange. Sie kam an sich immer an derselben Stelle, aber das sah ich nur von weitem. Wenn ich dort saß, bei bester Deckung und auch bei bestem Wind, dann ließ sie sich nie sehen, bis zu jenem Abend, an dem ich sie erlegte.

Es war auch ein so trüber Tag, voll regenschwerer Wolken, mit kaltem Wind und voller Ungemütlichkeit. Lange stand sie im Dickungsrand und äugte sorgfältig in die Umgebung. Dann zog sie langsam heraus mit ihrem schwachen Kitz. Als ich das Kitz geschossen hatte, sprang sie aber nicht zurück in die Fichten, sondern flüchtete geradeaus weiter bis in die hohen Büsche neben meinem Sitz. Ich hatte natürlich sofort repetiert und blieb dann im Halbanschlag. Erst nach fünf Minuten erschien sie flüchtig, ich kam weidewund ab. Ich wußte das, ich war nicht gut mitgefahren. Aber sie lag im Schuß. Sie schlegelte, dann wurde sie ruhig. Aber nur für einen Augenblick. Dann kam sie auf die Läufe, wie hochgeschnellt, mit Riesenfluchten war sie in der Dickung. Im ersten Augenblick überlegte ich, daß ich sie nicht gekrellt haben konnte, ich war doch tief weidewund abgekommen. Dann sah ich zurück zum Anschuß, wo sie gelegen hatte. Ich konnte es nicht fassen. Es war auch unfaßbar. In einem großen Haufen lag dort – das ganze Gescheide, und die Ricke war weg. Ich habe es natürlich sorgfältig untersucht. Es fehlte nur der halbe Pansen, sonst war sie wie fertig aufgebrochen.

Ich fand sie erst nach dreißig Metern in der Dickung. Es lief mir wie ein Schauer über den Rücken, als ich sie sah. Wie war denn so etwas möglich? Sie war völlig leer geschweißt, schon am Anschuß lag viel Schweiß. Und doch war sie wieder hoch gekommen und geflüchtet? Nein, das ging nicht mit rechten Dingen zu, das war eine verwunschene Kugel. Auch daran mußte ich wieder denken, als ich mit dem erlegten Bock wie eingesperrt im Unterholz saß.

Und dann der «Raufer«. Er stand im »Beil«, in der besten Reviерecke, und er war gut. Ein Gabler, nicht sehr hoch hatte er auf, die Stangen waren nicht besonders dick und auch nur wenig geperlt. Aber große breite

Dachrosen zeigte er. Ich sah ihn nie in Ruhe. Ewig zog er durch die Gegend, brachte jedes Schmalreh, jede Ricke auf Schwung, und ein Bock ließ sich dort kaum noch einmal sehen. Zwei junge Böcke hatte er schon bis zur Straße gejagt, wo sie überfahren wurden. Ich mußte ihn bald erlegen, bevor noch mehr Unheil passierte.

Einmal sah ich ihn zusammen mit dem allerbesten Bock, den ich je im Revier hatte, den ich seit fünf Jahren genau kannte und in dem Jahr nun endgültig schießen wollte, was mir dann doch nicht gelang. An diesem Frühjahrstag zogen sie beide parallel nebeneinander her aus der Dickung. Im Stechschritt, fünf Meter voneinander getrennt, zogen sie fast hundert Meter weit in die Wiese. Es war wie bei einer Parade. Da blieb der Raufer ruhig. Kein Angriff kam, bis sie plötzlich beide verhofften. Ich erwartete, daß es jetzt losgehen würde. Aber der Kapitale zog ruhig weiter, nicht mehr im Stechschritt. Er kümmerte sich nicht mehr um den »Raufer«, sondern zog und zog, bis er zweihundert Meter weiter im Wald verschwand. Der »Raufer« hatte noch geplätzt und hinterher geäugt, dann zog er wieder weiter. Hundert Meter entfernt war ein Schmalreh ausgetreten. Das mußte nun seine Wut in einem riesigen Bogen ertragen.

Als die Jagdzeit begann, sah ich ihn noch ein paarmal, aber es war kein Herankommen, er war immer noch wild.

Die Erlegung des »Raufers« war dann eigentlich ganz einfach. Doch sein Ende war voller Urgewalt, voll erregender, geradezu beklemmender Eindringlichkeit. Ich hatte mich auf die Eschenleiter gesetzt, obwohl ich ihn immer nur an der anderen Seite des »Beils« gesehen hatte.

Ich saß auch nur ein paar Minuten, da kam die wilde Jagd schon an. Er trieb ein Schmalreh in höchsten Fluchten vor sich her. Auf fünf Meter kamen sie an dem Sitz vorbei. Ich hörte sie keuchen, und vom Schmalreh hörte ich ganz leise, fast bittende untertänige Fieplaute, wie man sie bei solchen Gelegenheiten nur manchmal und nur aus nächster Nähe vernehmen kann. Dreihundert Meter ging die Jagd noch weiter, dann waren die beiden in einer Dickung verschwunden.

Fünf Minuten später sah ich den Raufer in einer lichten Bestandesecke langsam zurückziehen. Dann trat er vor mir aus. Es war wirklich ganz einfach. Auf sechzig Meter stand er breit. In aller Ruhe konnte ich das Fadenkreuz einrichten. Als ich den Abzug berührte, da wußte ich, daß er jetzt wie vom Blitz getroffen liegen mußte.

Aber er lag nicht. Als er drei große Fluchten machte, sah ich noch fast ungläubig zu, während ich repetierte. Dann wurde er langsam, und ziehend kam er in einem großen Bogen auf den Sitz zu. Nur fünf Meter entfernt zog er weiter. Während der ganzen Zeit, es war unfaßbar, das anzusehen, pulsierten Schweißströme aus dem Einschuß – Schwall auf Schwall, immer wieder, immer wieder. Ich saß fassungslos, unfähig, mich zu bewegen. Er zog noch weiter. Dann verhoffte er, es pulsierte und pulsierte. Immer noch, immer noch. Nun senkte er das Haupt, der Windfang berührte die Erde, das Pulsieren hörte auf, ein dünner Schweißfaden rann noch die Decke herab. Schließlich tat er sich nieder und saß dort wie ruhend. Er hatte das Haupt hoch. Erst später sah ich, das es an einem Ast abgestützt war. Er saß. Er legte sich nicht zur Seite, kein Schlegeln kam. Nichts. Er saß da und war doch schon längst verendet. Nie zuvor hatte ich den Hut so lange in der Hand wie nun, als ich bei ihm stand.

Verwunschene Kugeln sind das, die uns erbeben lassen, die uns die Freude stehlen. Nur gut, daß es so wenige davon gibt. Aber ein paar habe ich doch erwischt.

Alaskanische Jagdtage

Tausend Tränen und Millionen Negerköpfe

Draußen vor dem Zelt floß der Alatna nach Süden und übertönte den Wind und alle Geräusche des Waldes. Stunden und Tage hörte ich nur dieses gleichmäßige helle Rauschen des Wassers, manchmal aber auch ein quirlendes Sprudeln, das ich mir nicht erklären konnte.

Ein kleiner schneller Fluß war der Alatna jetzt schon, obwohl er doch erst 15 Meilen lang war. Drei Tage hatten wir für diese 24 Kilometer gebraucht, drei Tage harter Arbeit. Mit vollbeladenen Kanus waren wir auf dem See an der Wasserscheide der Brooks Range losgepaddelt, mit dem wohlsortierten Proviant für drei Wochen, mit unserem Gepäck und den Zelten und Waffen. Aber unerwartet führte der Ablauf des Sees, der Anfang des Alatna, kaum Wasser, nur ein dünnes Rinnsal quälte sich mühsam durch die Steine. So mußten wir das Gepäck voraustragen, die dickeren Gesteinsbrocken aus dem Bachbett rollen und dann die Aluminiumboote Meter um Meter über den Grund schieben. Am ersten, so harten und mühevollen Tag schafften wir nur zwei Meilen, gut drei Kilometer also.

Am zweiten Tag wurde es besser. Ein paar kleine Bäche mündeten ein. Manchmal ließen sich die leeren Boote schon im Wasser ziehen. Dann floß auch noch ein größerer Bach zu, und da konnten wir das Gepäck einladen und brauchten nur noch stellenweise zu schieben. So schafften wir fünf Meilen bis zum Abend, bis wir die Zelte aufbauten. Konrad wollte mit zwei Begleitjägern dort bleiben und versuchen, irgendwo auf den umliegenden hohen Bergen doch einen der alten weißen Widder zu finden und die begehrteste, die wertvollste Trophäe Alaskas zu erjagen.

Jeff und ich waren darum am dritten Tag alleine voraus, und weite Strecken konnten wir fahren. Nur wenn sich der Fluß in drei oder fünf Arme aufteilte, mußten wir schieben, doch selten noch mehr als dreißig oder fünfzig Meter. Es gab aber auch schon tiefere Stellen, von großen Felsbrocken aufgestaut, und dort standen wir dann bis zu den Hüften im Wasser und wuchteten das Boot hinüber. Sicher, wir mußten noch hundertmal aus dem Kanu aussteigen und schieben, ziehen, heben, aber wir kamen doch gut voran, wir schafften acht Meilen in nur sechs Stunden, und es war ein herrliches Gefühl, daß wir es schafften. So erreichten wir die nördliche Baumgrenze, die so abrupt, so übergangslos verläuft.

Die schlanken alaskanischen Fichten standen noch sehr licht, an den Bergen auch nur bis zur halben Höhe. Dazwischen leuchteten die herbstlich verfärbten Blätter der Blaubeeren wie ein durchgehender roter Teppich, auf den Bergspitzen lag schon Schnee, und die weißen, die roten und grünen Farben strahlten in der Sonne. Hier wurde es landschaftlich so bezaubernd schön, wie wir es im hohen Norden doch vermißt hatten.

Und wir träumten schon von diesem zweiten Teil unserer Jagdreise.

Als erste seit fünfzig Jahren wollten wir das ganze Alatna-Tal hinab jagen, wir wollten die starken Elche suchen, die alten Grislys und die Schwarzbären, die beim Überfliegen immer wieder gesehen wurden. Darum hatten wir doch die Boote so mühsam vorangebracht, wir mußten ja Trophäen und besonders das Wildpret bergen können, das in Alaska unbedingt aus der Wildnis hinausgebracht werden muß. Und ein Flugzeug konnte im ganzen langen Tal nicht landen. Nur so hatten wir als erste seit so vielen Jahrzehnten die Voraussetzungen geschaffen, hier überhaupt jagen zu können.

Aber nun war dieser Traum ausgeträumt. Alles war aus. Das schöne Alatna-Tal würde ich bestimmt nicht mehr sehen. Würde ich überhaupt noch einmal richtig sehen? Mit unerträglichen Schmerzen, mit einem hochgradig entzündeten, völlig zugeschwollenen Auge lag ich schon vier Tage im Zelt und hörte nur den Alatna rauschen, wartete auf den Hubschrauber, der mich rausfliegen sollte, und hoffte nur noch, daß es bald sein würde, früh genug, bevor das Auge erblinden würde, erblinden müßte.

Zu zweit waren sie unterwegs für mich, der Jeff und der Russ, der uns nachgekommen war. 80 Meilen, 130 Kilometer mußten sie im rauschenden, strudelnden Wildwasser mit dem Boot den Alatna hinab, 25 Meilen mußten sie dann noch durch die Wildnis laufen, bis zur herrlichen Lodge am Iniakuk-See. Und dann mußten sie über Funk einen Hubschrauber benachrichtigen, und der mußte ausreichend Sicht haben, das Wetter mußte gut genug bleiben.

Jeff hatte seine wohl längste Rede gehalten, bevor sie losfuhren: »Wir fahren so schnell wie möglich, wir laufen so schnell wie möglich und sind so schnell wieder hier, wie es geht. Wir tun alles für dich, was wir können. Mach's gut!« Was waren das für prächtige Kerle, harte Trapper, die im arktischen Winter jede Woche ihre 100 Meilen lange Trapp-Line ablaufen, ausdauernde, einfühlsame Begleitjäger und selbstlose, hilfsbereite Kameraden!

So lag ich also Stunden und Tage im Zelt und konnte mich nicht rühren, da schon die kleinste Bewegung furchtbar schmerzte. Aber ich konnte mir Gedanken über die sicher seltenen, aber eben doch möglichen unberechenbaren Risiken einer solchen Jagdreise machen, wo man Hunderte von Meilen von der nächsten Siedlung entfernt ist, wo es Tage dauern kann, Hilfe zu holen. Wieviel Risiko kann man eingehen, will man eingehen? Oder will man jedes abenteuerliche, so begeisternd ursprüngliche Jagen aufgeben, weil eine Gefährdung damit verbunden sein kann? Ist denn nicht alles im Leben gefährlich?

Mit gleichmäßig hellem Rauschen floß der Alatna nach Süden, doch ich konnte nichts sehen. Tausend Tränen liefen aus dem unerträglich schmerzenden Auge. Würde also nur die Erinnerung an den ersten Teil der Reise bleiben, an die Jagd auf den weißen Widder? War das wirklich schon Erinnerung? War denn wirklich alles erst ein paar Tage her? Die Zeit war so unbegreiflich, so unfaßbar geworden in dieser unendlichen Einsamkeit.

Aber es stimmte, erst vor 16 Tagen war ich über das ewige Eis am Nordpol geflogen, dann von Norden nach Süden über Alaska und am hohen Mount McKinley vorbei mit seiner breiten Gletscherstraße. Erst vor 16 Tagen hatte ich im Flughafen von Anchorage in den riesigen Glaskästen die Präparate aller großen alaskanischen Wildarten bewundert. Was war ich doch klein gegenüber einem Yukon-Elch.

Dann war es zu den ersten Gesprächen mit Fischern und Jägern gekommen, zu den Fragen in der ungezwungenen, freien und freundlichen Art der Amerikaner: »Was willst du jagen?« »Elch, Bär, Wolf und Dall-Widder.« Aber nur über den Widder wurde dann noch gesprochen, und es wurde geschwärmt, ein paar andere wurden gerufen: »Er will den weißen Widder jagen!« Sie wußten, was das bedeutet, ich sollte es erst noch erleben und »erleiden« müssen. »Es wird sehr hart werden, aber der weiße Widder ist das Größte, der Traum des Jägerlebens, die Erfüllung. Wir haben es leider nie geschafft. Viel Glück für dich!«

Und dann kam der Weiterflug nach Fairbanks, wo Bernd, mein Jagdführer, schon wartete. Wie wichtig es ist, einen guten Guide zu haben, und wie gut Bernd ist, das merkte ich erst später. Dann war Konrad dazugekommen, und Bernd hatte uns mit seiner Cessna nach Norden geflogen, über den lehmgelben Yukon, dann irgendwo über den Polarkreis bis zum Iniakuk-See. Alaskas Master-Guide Nr. 1 hatte kurz vor seinem Tod Bernd diesen Besitz übergeben und damit den seriösen Nachfolger gefunden, den er sich gewünscht hatte. Bernd hatte an dem zehn Kilometer langen See eine wunderschöne Lodge gebaut.

Aber wir blieben nicht lange dort, wir flogen durchs Alatna-Tal noch weiter nach Norden zum See an der Wasserscheide, wo Bernd sein nördlichstes festes Lager hat mit einer geräumigen Blockhütte und einigen Vorratsschuppen. Gut 500 Kilometer waren wir jetzt schon von Fairbanks entfernt und schon nördlich der Baumgrenze, aber auch hier jagten wir noch nicht, wir flogen noch mal fünfzig Meilen weiter in die nördlichsten Berge der Brooks Range, wo die Täler schon weit werden, wo Tausende von Karibus ziehen und auch ein paar Wölfe jagen, denn nur hier, irgendwo auf den einsamen Höhen, stehen die wirklich alten Widder, die sich von dem tobenden Jungvolk, den Schafen und auch von den Rudeln der jüngeren Widder abgesondert haben. Nur hier haben sie 20, 30 Berge, 20, 30 Meilen weit ihren ungestörten Einstand, wo sie, dabei meist nur noch von einem jüngeren Adjutanten begleitet, ihren unberechenbaren, einsamen Wechsel ziehen.

Würden wir in dieser unendlichen Weite einen Widder finden, würden wir herankommen? Nur etwa jeder dritte Jäger schafft es.

Dann flogen wir noch fünfzehn Meilen durch ein vier oder fünf Kilometer breites Tal. Rötlich leuchteten hier die riesigen Flächen, wo die Zwergbirken wachsen und die verfluchten Negerköpfe. Ein breiter Fluß glitzerte im Sonnenlicht, der sich oft wie ein riesiges Filigranmuster in hundert Arme auffächerte, und auf den eingeschlossenen kleinen Inseln standen die struppigen, sperrigen, schon herbstlich gelb verfärbten Weidenbüsche. An beiden Seiten aber ragten steil die braunen, grauen und schwarzen Berge 700 oder auch 1000 Meter hoch.

Bevor dann das Tal in die weite Ebene der Tundra auslief, setzte Bernd seine Cessna zwei Meter vom Ufer entfernt auf einen ganz kleinen See, gerade lang genug, um bei gutem fliegerischen Können wassern und vor allem wieder starten zu können. Und hier blieben Konrad und ich dann mit unseren beiden Begleitjägern allein. Es war eine begeisternde Einsamkeit.

Als wir am nächsten Morgen aus den Schlafsäcken und den Zelten krochen, stand am jenseitigen Ufer ein Elchtier mit Kalb, und dahinter zogen Karibus über die weite rote Fläche. Dutzende sah ich zunächst, dann immer mehr und mehr, und dann zählte ich 250 gleichzeitig. Tausende sah ich in den nächsten Tagen.

Aber wir durften sie nicht bejagen. Wie alljährlich hatten die Eskimos alarmierend geringe Bestandeszahlen gemeldet, die nie stimmen, aber durch die Weltpresse gehen und emotional gefärbt werden, doch später immer auf das Zehnfache korrigiert werden müssen (und dann nicht mehr in der Presse erscheinen!). Bei der unvorstellbaren Nachgiebigkeit der Regierung den Eingeborenen gegenüber aber wird auch immer zunächst die Jagd verboten.

Nur die Eskimos knallen weiter im Blutrausch ab, was sie kriegen. Gerade in diesen Tagen schossen sie eine Herde von weit über hundert Stück zusammen, bis sie keine Patronen mehr hatten, nahmen die zwei mit, die sie brauchten, und ließen die anderen liegen. Der Wildhüter fand sie beim Überfliegen und zählte sie. Sowas kommt immer wieder vor, aber bestraft werden diese »Jäger« dann doch nicht.

Nun, wir durften nicht jagen, aber später war ich nicht traurig darüber. Es ist keine Jagd. Man kann sich auf einen Hügel setzen und die Herden an sich vorbeiziehen lassen wie die Kühe auf der Weide, kann warten, bis ein starker Bulle mit seinem bizarren und eigentlich unschönen Geweih kommt, und dann auf 70 oder 100 Meter den Finger krumm machen. Ohne Anstrengung, ohne Einsatz hätte ich so leicht auch ein Dutzend starke Karibuhirsche schießen können, aber keine Freude wäre aufgekommen, kein Erinnerungswert wäre geblieben. Das ist keine Jagd. Aber wir freuten uns an den ziehenden Herden und an den einzelnen neugierigen Schmaltieren, die uns auf unseren langen Märschen immer wieder auf 30, 40 Meter anliefen, um zu sehen, was wir wohl für komische Figuren wären.

Ja, lang und beschwerlich waren unsere Märsche. »50 Meilen muß man laufen für einen weißen Widder«, sagt man in Alaska, und nur Luftlinie wird gerechnet. Und was heißt schon laufen? In den Tälern stehen die Negerköpfe, wadenhohe struppige Grasbüschel, auf die man nicht treten kann, weil man sonst umknickt. Nur immer dazwischen kann man treten, in die Zwergbirken mit ihren herbstlich roten Blättern und in das quat-

Alaska. Jeff mit dem alten Elch

Das Bergen der Beute ist harte Arbeit! Ein kleiner Elch

Alaska. Alle 20, 30 Berge steht ein weißer Widder

Der weiße Widder, die begehrteste Trophäe Alaskas, full curl und noch 1,2 Zoll mehr

schende Moos, in dem man nicht selten noch mal zehn oder gar zwanzig Zentimeter einsinkt.

Bei jedem Schritt muß man den freien Fuß bis zur Kniehöhe anheben, über den nächsten Negerkopf hinüberheben, den Zwischenraum finden, den nächsten Schritt ausbalancieren und dann weiter, immer weiter. Dabei ist die Luft so klar und die Sicht so weit, man merkt kaum, daß man vorankommt. Und die arktische Sonne brennt so heiß wie im tiefen Süden, und die Büchse wird immer schwerer und auch der Rucksack, mit den Bergstiefeln, den warmen Sachen für den Abend, mit Fernglas und Photoapparat.

Aber weiter muß man, noch hunderttausend Negerköpfe weiter, dann kann man auf den nächsten Berg sehen. Ist dort ein weißer Fleck? Aber im Spektiv ist es dann doch wieder nur ein Stein, der in der Sonne weiß aufleuchtet. Weiter, wieder eine Million Negerköpfe. Und dann kommt ein tiefer, breiter Bach, endlich kann man vom klaren Wasser trinken und eine Pause machen. Dann zieht man die Gummistiefel hoch bis zu den Hüften, watet durchs Wasser, und wieder geht es noch ein paar zigtausend Negerköpfe weiter. Aber auch auf dem nächsten Berg ist kein so sehr erträumter weißer Fleck.

Ob dahinter Widder stehen? Am Fuß des Berges wechselt man dann die Gummistiefel mit den Bergschuhen und steigt steil in einer Rinne hoch, 500 Meter, 800, 1000. In den harten, kantigen Steinen finden Hände und Füße guten Halt, aber rasend klopft das Herz, und keuchend geht der Atem. Und ganz oben kommt dann versöhnend der berauschende Blick über die unzähligen Berge, über die unendliche Weite und diese ungestörte, diese absolute Einsamkeit.

Überall wachsen auf den Höhen zwei, drei Querfinger hoch kleinste Farne und Kräuter und Flechten, alle Farben sind schon rötlich, herbstlich, Indianersommer ist es ja schon. Seit sechs, acht Wochen liegt kein Schnee mehr, und der Boden ist einen halben Meter über dem Permafrost aufgetaut. In zwei, drei Wochen wird alles wieder in Eis und Schnee und Frost erstarren, erst neun Monate später wird die Natur im arktisch-kurzen Rausch wieder aufleben.

Und dann sucht man die Berge ab und sieht wieder keinen Widder, dann wird es Zeit, umzukehren zu den Zelten, den Berg hinab und über die Negerköpfe. Und am Abend zählt man auf der Karte die Meilen. Waren es acht, waren es zehn? Dann war es eine gute Tagesleistung. Aber fünfzig Meilen muß man laufen für einen weißen Widder!

Am zweiten oder dritten Tag gibt dann ein Drittel aller Jäger auf, erschöpft, resigniert, erschüttert. Ein weiteres Drittel läuft die 50 oder auch 80 Meilen und findet doch keinen jagdbaren Widder mit seinen 100 kg und dem »¾ curl«, dem ¾ Kreisbogen der Schnecke, deren Ende dann nach vorne zeigt. Und der Traum von dem »full-curl« Widder? Nun, hier in den nördlichsten Bergen der Brooks Range erfüllt er sich manchmal. Aber so hart ist das.

Wir hatten schon alle Berge in der erreichbaren Umgebung unseres Zeltlagers abgesucht, aber wir hatten keinen Widder gesehen. Es war keine Hoffnung mehr, hier am auslaufenden Tal. Konrad wollte nur noch fischen. Er hatte ja auch vor zwei Jahren schon einen sehr guten Widder erbeutet. Oder ahnte er, daß er im Alatna-Tal noch einen finden würde, wo er dann so gefährlich stürzte?

Jeff und ich aber, wir packten unsere Sachen zusammen, Verpflegung für ein paar Tage, ein kleines Zelt und den Benzinkocher, den Sack für die Abfälle (kein noch so kleines Abfallstückchen bleibt liegen, alles wird im Flugzeug mitgenommen), und dann marschierten wir weit ins Tal hinein. Zehn Meilen liefen wir. Wie viele Negerköpfe waren das? Wie oft habe ich mich einen Vollidioten genannt, so was zu machen? Völlig ausgepumpt war ich dann, es fiel mir schwer, noch beim Zeltaufbau zu helfen. Jeff aber war nach ein paar Tassen Kaffee und ein paar Steaks wieder munter, er wollte noch »ein bißchen nachsehen«. Im Glas sah ich zu, wie er noch zwei, drei Meilen lief und dann noch einen steilen Berg hochstieg. Auch wenn wir dort einen Widder gesehen hätten, ich wäre nicht mehr in der Lage gewesen, dort hinauf zu folgen.

Es war schon fast dunkel, als Jeff wiederkam, und er strahlte vor Freude. »Ich habe die Widder gefunden!« Vier Widder standen zusammen. Ganz selten kommt das vor, daß sich zwei Alte mit ihren Adjutanten zusammentun. Jeff hatte sich sogar auf 150 Meter heranpürschen und sie genau ansprechen können. Ein Widder war full-curl, einer hatte sogar noch ein oder zwei Inches (Zoll) über den vollen Kreisbogen hinaus! Und ein »full-curl«-Widder ist der Traum jedes Alaska-Jägers, nur ganz wenige kriegen überhaupt einen zu sehen. Und hier standen gleich zwei zusammen. Es war fast unglaublich. Sollten wir es tatsächlich schaffen, sollte ich sie wenigstens sehen? Es war zu spät, weit würden sie nicht mehr ziehen, höchstens zwei oder drei Berge weiter würden sie morgen sein. Jeff hatte die Widder gefunden!

Am nächsten Morgen liefen wir dann los, durch den Fluß und über die Negerköpfe und stiegen den Berg hoch, 700 Meter waren es, und es war sehr steil. Aber oben hatten wir einen Blick, so unsagbar schön, so weit, so einsam. Und dann liefen wir weiter über den Kamm, hinter dem nächsten Berg hofften wir die Widder zu finden, aber da waren sie nicht.

Plötzlich sahen wir sie dann in völlig entgegengesetzter Richtung. Drei Berge weiter ruhten sie auf einem hohen Plateau dicht beieinander, jeder in eine andere Richtung. Erst in der 60fachen Vergrößerung des Spektivs konnten wir das erkennen, aber schon dieser Anblick war so erregend, so phantastisch schön und unvergeßlich.

Und dann überlegten wir, wie wir herankommen könnten. Es gab nur eine Möglichkeit. Wir mußten weiter, dann 600, 700 Meter in ein enges Tal hinab, dort den Berg umgehen, auf dem die Widder saßen, und dann an seiner Rückseite wieder hochsteigen. Wieviel Stunden würden wir brauchen? Vier oder fünf? Würden die Widder so lange dort bleiben? Und dann hasteten wir los, schnell kamen wir ins Tal, doch hart und steil war der Anstieg. Auf halber Höhe hörte ich plötzlich kreischend grelle Schreie. In rasendem Sturzflug stürzte ein Adler auf mich zu, mit vorgestreckten Fängen und angewinkelten Schwingen, ich konnte nur mit den Armen rudern. Höchstens drei Meter über mir drehte er ab, aber er griff noch zweimal an, erst dann gab er Ruhe, doch in hohen Kreisen beobachtete er uns gut eine Viertelstunde lang.

Oben am Berg machten wir eine längere Pause. Hinter jedem Grat konnten ja die Widder sein, Atmung und Puls mußten zur Ruhe kommen. Und dann tasteten wir uns langsam vor, dann konnten wir das kleine Plateau übersehen, und im selben Moment war meine Hoffnung dahin. Drei starke Karibu-Hirsche standen jetzt dort, sie hatten die Widder gestört und vertrieben. Wo sollten wir sie suchen, wo waren sie jetzt? Auch nur einen einzigen Berg weiter würden wir ihnen nicht mehr folgen können, wenn wir noch rechtzeitig im Hellen zum Zelt finden wollten. Und den Rückmarsch durch unwegsames Gelände im Dunkeln anzutreten, wäre unverantwortlich.

Aber Jeff glaubte nicht, daß sie weit gezogen seien, es war noch zu warm in der Sonne. So krochen wir über die Berghöhe und versuchten, alle Steilhänge hinabzusehen. Doch wir fanden sie hier nicht und dort nicht. Nur die Karibus äugten zu uns hin.

Aber es blieb dann doch noch eine Stelle. Fünfzig Meter tiefer ragte eine Felsplatte weit vor, hier konnten wir durch eine Einkerbung hinabsehen. Und da fanden wir sie! 150 Meter ganz steil unter uns hatten sie sich niedergetan, und jeder äugte wieder aufmerksam in eine der vier Himmelsrichtungen. Schneeweiß strahlten die Decken, hellgelb erschienen die dicken Schnecken in der grellen Sonne. Vor allem die beiden reifen, sicher zehnjährigen Widder, mit ihren 100 kg schweren, muskelbepackt wuchtigen Figuren und den enorm starken Trägern, waren ein unvergeßlicher Anblick.

Eine unglaubliche Faszination aber ging von den breiten, etwas bulligen Häuptern aus, von ihrem leicht mißmutigen, herablassenden, dabei trutzigen und herrischen Ausdruck. Erst jetzt verstand ich so richtig, warum für die Alaskaner der weiße Widder die höchste, die begehrteste Jagdbeute ist, warum sie für einen Full-curl-Widder ein Dutzend Elchschaufler und noch dazu einige Grislys stehenlassen würden.

Wir konnten uns nicht satt sehen. Unter uns im steinigen Hang die weißen Widder, ganz tief das weite rötlich leuchtende Tal mit dem glitzernden Fluß und all die vielen hohen Berge in dieser unendlichen Einsamkeit. Wir lagen sicher eine Viertelstunde da oben, und jede Minute war beglückend und berauschend.

Doch welcher Widder war nun der beste der beiden sehr guten? Es war schwer, das zu entscheiden. Und wie nun schießen? Ich wagte es nicht, mich auf die Felsplatte zu legen, und später sahen wir auch, daß sie nur dünn und nirgendwo abgestützt war. Aber schließlich hatte ich mit dem Rucksack auf den Beinen die Stellung gefunden, in der es gehen mußte. Der ganz starke Widder stand plötzlich, es blieb keine Zeit mehr zum Genießen. Zwei, drei Gänge weiter, und er wäre hinter einem Grat verschwunden.

Und da war der Schuß raus. Taumelte der Widder? Er zog einen Schritt vor, da sah ich einen wackelnden Vorderlauf. War ich zu tief abgekommen? Wer weiß das bei so steilen Schüssen? Noch bevor sich die Schulter ganz oben neben der Wirbelsäule rot färbte, hatte ich repetiert und noch mal geschossen. Und da stürzte er, rutschte weiter, und tief unten blieb er liegen. Mein Widder lag, mein weißer Widder. Full curl und noch ein, zwei Inches mehr. Alle Schinderei war vergessen. (8×68S, 14,5 g KS-Geschoß.)

Die anderen waren hochgeschnellt, flüchteten mit leichten federnden Bewegungen bergauf, verhofften 20, 30 Meter neben uns kurz, wußten nicht, was los war, und dann waren sie über die Berghöhe verschwunden.

Am nächsten Tag, als wir die zehn Meilen zurückliefen, in der heißen Sonne und über die Millionen Negerköpfe mit all unserem Gepäck und den sicher 50 kg Wildpret, mit dem wuchtigen Haupt und der leuchtenden Decke, da waren wir doch manchmal am Rande der Erschöpfung. Aber wir hatten einen weißen Widder, full curl und noch ein, zwei Inches mehr.

Ja, so war das. Doch nun lag ich im Zelt und hörte nur den Alatna rauschen, konnte mich nicht rühren, und tausend Tränen liefen aus dem unerträglich schmerzenden Auge.

Wann würde endlich der Hubschrauber kommen?

Im Tal der Elche

Es war schon recht kalt, und es würde sicher wieder frieren in der Nacht, aber wir saßen noch vor dem Zelt, der Jeff und ich, und konnten uns nicht trennen von dem Glanz und dem Lichterspiel der untergehenden Sonne. Weiche, matte Strahlen überfluteten das ganze Tal mit einem goldenen Licht, das von den gelben Blättern der Pappeln noch reflektiert und verstärkt und so noch leuchtender, noch güldener wurde. Das Wasser im kleinen Nebenarm des Flusses war jetzt dunkelblau, und auf den Höhen ringsum strahlte das warme, tiefe Rot der Zwergbirken und der Beeren.

Ganz allmählich wurde der Horizont rötlich. Die rote Scheibe der Sonne sank hinter die hohen schlanken Fichten an der Flußbiegung und spiegelte sich in dem völlig ruhigen klaren Wasser. Dann verlöschten alle Farben und alle Lichter. Nur ein blaßgelber Streifen ließ den Horizont noch erahnen. – So begann für mich die letzte Nacht in der arktischen Wildnis. Am nächsten Morgen wollten wir uns ein paar Stunden lang mit dem Boot den Fluß hinabtreiben lassen, bis zu dem kleinen Bach, der als Ablauf des Iniakuk-Sees einmündet, wollten hier die drei oder vier Meilen das Boot aufwärts ziehen und am Abend in der Lodge, der Hütte, sein. Dann waren die alaskanischen Jagdtage endgültig zu Ende und, ja, nun doch viel schöner, als es vor knapp zwei Wochen schien, als ich viereinhalb Tage so krank am Alatna im Zelt lag und auf den Hubschrauber wartete.

Nur zwei Tage hatten Jeff und Russ damals für die achtzig Meilen Wildwasserfahrt auf dem Alatna und für den langen Marsch durch die Wildnis gebraucht. Sie hatten keine Pause gemacht, nur in der tiefsten Dunkelheit hatten sie etwas geschlafen, dann waren sie weitergehastet. Es war eine unvorstellbare, eine unglaubliche Leistung. Und so hatten sie mir das Auge gerettet, nur einen Tag später wäre nichts mehr zu machen gewesen. Genauso uneigennützig und wie selbstverständlich hatten die anderen weitergeholfen, der Hubschrauber, der mich zur Iniakuk-Lodge brachte, und Bill, ein Fleischjäger, der einen Elch schießen wollte und mich nun zum Yukon flog, von wo ich mit einer Chartermaschine nach Fairbanks gebracht wurde.

Zwei Tage war es noch unklar gewesen, ob alles gut würde. Aber dann gingen die Entzündung und die Schwellung zurück. Die Hornhaut verheilte, ich hatte keine Schmerzen mehr. Ich konnte noch nicht sehen mit dem Auge. Jedoch die Recidiv-Gefahr war nicht mehr sehr groß. Deshalb wollte ich wieder raus. Auch Bernd war nach Fairbanks gekommen, um nach mir zu sehen, und er wußte ein Tal, nur fünfzehn Meilen von der Lodge entfernt, wo er zwar noch nie gejagt, aber beim Überfliegen oft Elche gesehen hatte. In nur einem Tag könnten wir von dort nach Fairbanks zurückkommen, falls noch etwas passieren sollte. So flogen wir also wieder nach Norden und nahmen dabei Bill mit, der seinen Elch noch nicht erbeutet hatte.

Es war eine völlig andere Landschaft hier an den südlichen Ausläufern der Brooks Range, wo nur weit entfernt schneebedeckte Bergspitzen hochragten. Hier waren es drei oder auch fünf Kilometer breite Täler, von nur 200 oder 400 Meter hohen langgestreckten Höhenzügen begrenzt, die wild und unruhig bewachsen wirkten. Breite Flüsse schlängelten sich mit unzähligen Windungen durch diese Täler, und Hunderte von toten Nebenarmen endeten in kleinen verschilften Seen, in Sümpfen oder an knüppeligen Biberdämmen.

Dazwischen standen übermannshohe Pappeln und Weidengebüsche, oft undurchdringbar verflochten. Dann kamen Stellen mit hohen schlanken Fichten oder auf weiten freien Strecken flache Negerköpfe in schwankendem, morastigem Boden. Überall war es schwer zu gehen in diesem Gebiet.

Da ich nun zunächst nur mit einem Auge sah, mußte ich bei jedem Schritt sehr vorsichtig sein. Besonders im Gestrüpp der Pappeln und Weiden durfte kein zurückschnellender Ast das Auge treffen. Aber wir mußten es auch bald aufgeben, im Tal zu laufen, wir sahen ja nicht weit genug und waren zu laut. Wie sollten wir da einen Elch finden?

Auf der halben Höhe der Berge pürschten wir dann, in den Blaubeeren mit den kirschkerngroßen Früchten und in den Zwergbirken. Vereinzelt standen hier die schlanken Fichten, und nur kurze Gestrüppstrecken waren zu durchbrechen.

Einmal liefen wir eine Meile weit durch einen verbrannten Wald. Kohlschwarze rissige Stämme ragten noch hoch, astlos und gespenstig. Nur ganz wenige Gräser wuchsen im verrußten Boden. Schon vor zehn Jahren war der Brand gewesen, Bernd wußte es genau, denn es war einer der letzten seiner fast hundert Löscheinsätze als Feuerspringer gewesen. 20 Jahre braucht die Natur hier, 70, 80 km nördlich vom Polarkreis, um bei der kurzen Vegetationszeit solche Narben zu überwuchern.

Von der halben Höhe hatten wir immer einen weiten Blick auf das Tal, konnten oft in Wälder und Sümpfe hineinsehen und auf die sandigen Ufer des gewundenen Flusses. Dicht neben dem Fluß, im Rand der Fichten, sahen wir plötzlich einen Elch ziehen, langsam und bedächtig und auch mal verhoffend. Gewaltige, grau-weiße Schaufeln leuchteten auf, mit unzählbaren Enden, mit einer unfaßbaren Auslage und großen breiten Vorschaufeln. Es war ein überwältigendes Bild, ein kapitaler Elch in dieser urigen Wildnis. Aber es schienen gut 300 Meter, und kein Baum war in der Nähe, an den ich hätte anstreichen können. Wegen meiner Sehbehinderung durch das erkrankte Auge konnte ich nicht schnell genug laufen, eine Auflage zu finden, um diese sagenhafte Chance sofort zu nutzen. Bald war der Elch auch schon in den Fichten verschwunden.

Wir hasteten los, um ihn vielleicht an der nächsten Flußbiegung wieder zu sehen. Wir liefen und keuchten und warteten. Aber der Elch kam nicht. So stiegen wir höher auf den Hang, um besser den Wald einsehen zu können.

Da sahen wir ihn. In einer kleinen verschilften Lücke hatte er sich niedergetan und döste vor sich hin. Die Brunft war noch nicht so recht in Gang, ein, zwei Tage würde er wohl weiterhin so träge sein.

Doch was war das für ein unvergeßliches Bild, dieser gewaltige, fast schwarze Wildkörper mit den riesigen hellen Schaufeln im gelb-grünen Schilf. Der umgebende Wald aber hatte dichten sperrigen Unterwuchs. Alles Überlegen half nichts. Es gab keine Möglichkeit, ihn anzugehen. Wir mußten warten, warten, bis er weiterziehen würde, hoffen, daß er zum Fluß käme oder wir ihm irgendwo den Weg abschneiden könnten.

Und so saß der Schaufler dort im Schilf. Wir lagen 500 Meter entfernt auf der anderen Flußseite am Hang und warteten eine Stunde, zwei Stunden. Es war kühl, der Himmel hatte sich bezogen. Der Wind wehte durchs Tal. Nach drei Stunden stand der Elch plötzlich, und alle Spannung, die Erregung und die Hoffnung erfaßten mich. Aber wieder tat er sich nieder.

Und erneut warteten wir und sahen durchs Spektiv, genießend und auch begehrlich. Bernd schätzte die Auslage der Schaufeln auf 1,70 Meter oder gar 1,80, unwahrscheinlich für den hohen Norden Alaskas, wo eine Auslage über 1,50 Meter doch selten ist. Nur auf der Peninsula, ganz im Süden Alaskas, findet man Elche mit Auslagen von 1,80, sogar bis 2 Meter. Vom sechsten bis zehnten Jahr sind sie Schaufler, im elften Jahr setzen sie meist ganz abrupt zurück und schieben dann klobige, aber noch vereckte Stangen.

Wohl eine Stunde mußten wir warten. Dann stand der Schaufler endgültig auf und zog zum Fluß. Ich lief schon los. Aber der Elch drehte ab, und langsam und bedächtig verschwand er zwischen Seen und Sümpfen, in den Pappeln und im Schilf. Wir haben ihn nicht mehr wiedergefunden in den nächsten Tagen. Zwei Wochen später schoß ihn ein anderer deutscher Jäger nach langer Pürsch, und die Maße der Schaufeln stehen nun ganz hoch im Rekordbuch. Wir hatten ihn ausgemacht. Nur ihn zu sehen, war bereits ein unvergeßliches Erlebnis.

In den nächsten Tagen aber fanden wir dann überhaupt kein Wild. Der Himmel blieb grau und verhangen, und das Tal war wie ausgestorben. Wir pürschten täglich so viele Meilen und saßen stundenlang an guten Aussichtspunkten, dabei hatten wir doch beim Einfliegen in das Tal, bevor wir auf einem kleinen Nebenarm des Flusses gelandet waren, neun Schaufler und zwei sehr starke Grislys gesehen. Und nun gab's nichts mehr. Auch Bill war nicht auf Wild gestoßen. Doch war es herrlich, so frei und unbegrenzt in dieser völligen Einsamkeit zu leben, zu laufen und die unberührte Natur zu genießen.

An einem Abend waren wir lange auf einem Hügel geblieben. Wir hatten Zeit, bei lediglich einer Stunde bis zum Zelt, und nur für die halbe Wegstrecke und die Flußüberquerung brauchten wir Licht, dann konnten wir am Ufer entlanggehen. Während ich das Tal beobachtete, suchte Bernd mit der 60fachen Vergrößerung des Spektivs den gegenüberliegenden Höhenzug ab. Sechs oder acht Kilometer war er entfernt, aber man kann ja so unsagbar weit sehen in dieser klaren Luft im arktischen Norden. Einen Grisly fand er, der in den rotleuchtenden Blaubeeren zog, und dann drei Elche, zwei Schaufler mit einem Tier.

Endlich war also die Brunft in Gang gekommen, endlich würden sie jetzt ziehen und in Bewegung sein. Aber es war auch die Frage, ob sie sich auf die Höhen dort drüben umgestellt hatten, heraus aus dem Schilf und den Sümpfen im Tal. Am nächsten Tag wollten wir es versuchen und auch Bill mitnehmen, der nur noch zwei Tage Zeit hatte, für seine Familie die Fleischration fürs Jahr zu schießen.

Es wurde ein wunderschöner Tag. Die Wolken hatten sich verzogen. Der Himmel war wieder tiefblau. Die roten und gelben und grünen Farben leuchteten. Im Tal glitzerten die Seen und die Flußbiegungen. Mit allen Farben und aller Wärme prahlte der Herbst noch einmal, bevor schon bald die ersten Stürme Schneeflocken durchs Tal wirbeln würden.

Am Abend hörten wir einen Elch schreien. Es klingt nicht schön, es ist kein mächtig dröhnender Rothirschschrei, herrisch und erregend. Es klingt hölzern und hohl, rülpsig, abgehackt und eintönig. Und doch war auch dies erregend. 150 Meter vor uns in einem Dickicht schrie ein Elch! Dann sahen wir ein Tier am Rand, das die Zweige herunterzog und die Blätter abstreifte. Und wieder rief der Elch, doch wir sahen ihn nicht. Wie würde er sein? Stark, dann sollte ich schießen; schwach, ein »Fleischelch«, dann sollte er für Bill sein. Immer wieder schrie der Elch in großen Abständen, und wir hörten, wie er die Schaufeln ins Gebüsch schlug, doch wir sahen keine Bewegung. Fast eine Stunde ging das so. Aber der Elch zog immer noch nicht zum Tier, bedächtig, fast träge erscheint seine Brunft.

Es blieb nicht mehr viel Zeit, zwei Stunden würden wir für den Rückweg brauchen, und vielleicht hätten wir ja noch einen Elch aufzubrechen. Und so hielt es Bernd nicht mehr bei mir, er lief los, er wollte einen Bogen machen und dann versuchen, ihn zu lancieren. Bill war das gar nicht recht. Er hatte seit einem Jahr nicht mehr geschossen, überhaupt noch nie flüchtig geschossen. Und sehr fördernd ist doch schon das Ziehen eines Elches mit seinen langen Läufen. Dazu kam die Schwierigkeit, ihn anzusprechen. Wenn ein Elch flüchtet, hat er die Ramsnase hoch, die Schaufeln liegen neben dem Träger, so sieht man nur eine und die nur seitlich. Auslage und Breite sind nicht zu beurteilen, wenn man nicht von oben einsehen kann.

Bill wollte, daß ich auf jeden Fall schießen solle, ob der Elch dann für ihn oder für mich wäre, könnten wir später entscheiden. Da kam schon das Tier. Ich sah, wie schnell es war und wie kurz die freie Strecke, auf der man schießen konnte. Dann kam der Elch, ich sah die Schaufel und zog mit. Der Schuß krachte, und der Elch brach zusammen.

Zum erstenmal stand ich vor einem gestreckten Elch. 500 kg unter grauschwarzer Decke, die weißen Läufe, das wuchtige Haupt mit der langen Ramsnase, die Symmetrie der Schaufeln mit den langen Enden, eine breite geschlossene Vorschaufel und eine gegabelte, wer kann sich da satt sehen? Ich war überwältigt.

Im Zelt wartete Jeff auf uns, der mit dem Boot den Fluß heraufgekommen war. Bernd und Bill wollten ja am nächsten Tag zurückfliegen. Und dann sagten sie mir, der Elch sei zu »klein« für mich, darum hätten sie Bills Wildmarke schon angebracht. 1,25 Auslage, das sei doch nichts, das sei doch ein Fleischelch. Ich müßte einen stärkeren jagen, einen viel stärkeren, und sonst würde Bill mir die Schaufeln schenken. – Sie haben sie mir später mitgeschickt.

Am nächsten Tag mußten die vielen Zentner Wildpret ins Tal getragen werden. Ich saß derweil oben im Hang am »Kill«, wartete aber vergeblich auf einen Bären oder einen Wolf. Herrlich war der Blick auf diesen wildbewachsenen Hang und auf das weite lange Tal mit den Flußbiegungen und Seen.

Am Abend flogen Bernd und Bill zur Lodge. Jeff und ich, wir saßen lange vor dem Zelt und konnten uns nicht trennen von all dem Glanz und dem Lichterspiel der untergehenden Sonne. Die Natur leuchtete und strahlte noch einmal mit aller Kraft und Eindringlichkeit, und es war auch ein bißchen Abschiedsstimmung dabei.

Stille und Besinnung, das Erleben von Natur und Wild, all das, was uns das Jagen bringt, wird in solcher Landschaft eben durch diese Unberührtheit, die ungestörte Freiheit und den Reiz der unendlichen Weite vervollständigt. Sicher, es gibt viel weniger Wild als bei uns. Man muß viel mehr leisten, um es zu sehen, und erst recht, um Beute zu machen. Aber das leichte Erbeuten ist ja auch nicht das erlebnisreichste.

Am nächsten Morgen lag ein wenig Rauhreif auf allen Blättern und Gräsern. Unsere langen Gummistiefel waren steifgefroren, und wir mußten sie erst über dem Feuer erwärmen, bevor wir das Zelt abbauen und unser Gepäck im Boot verstauen konnten. Der Himmel war grau verhangen, tiefe Wolken verhüllten die Berge. Dann fing es ganz leicht an zu nieseln, bald war es ein feiner Regen, schlecht für Bären, aber gut für Elche.

Bedächtig trieben wir mit dem Boot den Fluß hinab. Nur ganz langsam zog die Landschaft an uns vorbei, Wälder und Weiden, Pappeln und Schilf. Hier war eine hohe Uferböschung eingebrochen, hatte Bäume und Steine mitgerissen, dort kamen weite Sandbänke, darüber sanft ansteigende Hügel, übersät mit rotem Beerenlaub. Dann schwamm ein Biber vor uns her, ließ sich einholen. Erst dicht neben dem Boot klatschte er mit der Kelle aufs Wasser und tauchte. Wieder war stundenlang Stille und Ruhe, nur das Wasser gurgelte manchmal, und auch der Regen plätscherte ein wenig.

Doch plötzlich schreckten wir beide hoch. Ein Elch schrie im Ufergebüsch, und wir hörten den hellen Klang der Schaufeln, das Splittern der Pappeln, das Brechen der Äste. Und wieder ein Schrei, so kehlig und hölzern, und dann waren wir vorbei! Erst 300 Meter weiter zogen wir leise das Boot ans Ufer und pürschten zurück. Die Böschung war nicht steil, es wäre leicht, hinaufzukommen, aber dicht standen dort die Pappeln, hoch und undurchdringlich.

Doch wir brauchten nicht lange zu überlegen. Wir hörten den Elch kommen. Wir sahen ihn. Schon war er im Fluß und wollte ihn queren. Hoch hielt er das Haupt, nur die Rückenlinie ragte aus dem Wasser. Und wieder sahen wir nur eine Schaufel und waren uns nicht sicher. Der Elch stieg drüben aufs sandige Ufer, verhoffte, halb schräg von uns fort, und so zeigte er die enorme Breite einer Schaufel und die Länge. Schnell saß ich in den Ufersteinen, hatte die Ellenbogen neben den Knien, und der Schuß brüllte durch die Stille. Sofort folgte der zweite.

Der Elch stand. Er rührte sich überhaupt nicht, kein Zucken kam, kein Zittern, nichts. Da hörte ich Jeff: »Der zweite Schuß war nicht nötig, der erste war schon richtig. Jetzt gib ihm Zeit, er braucht ein paar Minuten.«

Ich verstand das nicht, sowas kennen wir nicht. Ein Stück bricht zusammen oder flüchtet, so ist es bei uns. Aber völlig ruhig stand der Schaufler, manchmal drehte er sein Haupt in diese oder die andere Richtung – sonst nichts.

Ich fand das gar nicht schön und war überhaupt nicht zufrieden, wollte nochmal schießen. Aber Jeff sagte, daß das wirklich nichts bringen würde. Acht, ja sogar zehn Schüsse hatte er schon erlebt. Kein Elch registriert sie mehr, das Empfinden ist schon ausgeschaltet, wenn der erste Schuß tödlich war. Nur wenn die Kugel die Wirbelsäule faßt, kommt es zum sofortigen Zusammenbrechen.

Dann endlich sah ich roten blasigen Schaum am Äser, endlich konnte ich sicher sein. Und doch kam noch eine Bewegung in den Schaufler, er drehte sich langsam, stellte sich breit, zeigte das andere Blatt. Und da hielt es mich nicht mehr, ich schoß nochmal. Im Schuß brach der Elch zusammen.

Als ich durch den Fluß gewatet war, stand ich vor einem wirklich guten und vollreifen Schaufler. Majestätisch, gewaltig und friedlich lag er da. Auch Jeff war nun sehr zufrieden, nachdem er sein Maßband angelegt und die Auslage ermittelt hatte. Aber was besagen schon die Zentimeter bei solchem Erleben. Gerne hätte ich noch eine letzte Abschiedsstunde dort gesessen, geschaut, geträumt, erinnert. Aber es half nichts. Wir hatten noch viel Arbeit vor uns und auch einen weiten Weg bis zur Iniakuk-Lodge.

Relativ wie Goethe

Die schönen Märchen beginnen ja alle mit: »Es war einmal«. Das ist auch immer ein guter Anfang. Wenn ich aber nun schreiben würde: »Es war einmal ein Hund«, so wäre das ja auch ein guter Anfang, aber das geht nicht. Aus zwei Gründen geht das nicht. Zum einen, weil der Hund noch lebt. Und das ist das Schönste an der Geschichte. Zum anderen aber weiß ich nicht, ob es eine schöne Geschichte ist. Das kann man aus den verschiedensten Gründen bezweifeln. Die guten Hundeführer werden die Geschichte auf jeden Fall nicht nur bezweifeln, sondern sie werden sie auch bestreiten. Darum wäre es sicher besser, wenn sie erst gar nicht weiterlesen würden. Denn Streit führt zu nichts. Der Hund bleibt doch da, wo er ist. Solange er lebt.

Ich muß also anders anfangen:

»Es war einmal ein schöner Welpe«. Das geht. Denn ein Welpe war er einmal. Natürlich. Und schön war er auch. Das fand nicht nur sein erster Herr, das fand auch sein zweiter Herr. Und der dritte und letzte meint das heute noch. Ein paar andere Leute meinen das auch.

Übrigens: Der erste Herr des Welpen war der zweite seiner Mutter. Und der zweite Herr des Welpen war der erste Herr seiner Mutter.

Nein, halt, das darf ich auch nicht schreiben, das macht ja völlig konfus. Also noch anders:

»Es war einmal ein Züchter«, der gab 0,1 Welpe an einen anderen Züchter und sprach: »Wenn die wölft, kriege ich einen Welpen zurück, 0,1, ausgesucht und schön!« Jetzt alles klar?

So kam also dann 0,1 Welpe zu seinem zweiten Herrn. Und der hatte Großes mit ihm vor. Väter haben ja auch immer Großes mit ihren Kindern vor. Aber wie das so geht im Leben, letzten Endes werden doch nur wenige wie Beethoven oder Goethe oder Einstein. Es ist ja auch die Frage, ob es angenehm ist, so zu werden. Ich meine, es ist angenehmer, Beethoven zu hören, als Beethoven zu sein. Bei Einstein mag das anders sein, aber den versteht sowieso keiner, zumindest relativ gesehen.

Auf jeden Fall, der zweite Herr wollte also aus 0,1 Welpe so etwas wie Goethe machen. Und das ließ sich recht gut an: denn das kleine Kerlchen konnte von Anfang an sehr gut lesen. Mit der Nase natürlich, wie denn wohl sonst. Auch wenn es beim Laufen plötzlich so etwas ganz Herrliches mit der Nase zu lesen gab, dann blieb das Fräulein immer stehen. Der zweite Herr nannte das Vorstehen und träumte wieder von Goethe. Darum gab es jetzt öfter etwas zu lesen. Und bald ging es sogar zum Vorlesen. Da waren noch andere Jugendliche da. Aber die waren alle nicht so schön, wie das Fräulein unserer Geschichte. Und beim Lesen stotterten die zum Teil. Nein, aus denen würde niemals ein Goethe. Unser Fräulein las fließend, manchmal auch laut. Ob sie nun im Laufen oder im Stehen vorlas, alle verstanden sie. Darum wurde sie sehr gelobt. Ihr zweiter Herr bekam das schriftlich und sie selber mündlich. In Form einer Wurst. Das war auch viel besser.

Als aber aus unserem kleinen Mädchen dann ein junges Fräulein wurde, da war sie mit ihrem zweiten Herrn gar nicht mehr so einverstanden. Der träumte, wie gesagt, von Goethe, und dieser Herr muß wohl sehr viel gelernt haben, bevor er zum Goethe wurde. Darum wollte der zweite Herr, daß sie auch so viel lernte. Vor allem sollte sie immer genau das tun, was er gerade wollte, und das auch noch sofort. Das fand sie gar nicht schön. Da sprach dann ihr Herr mit Goethe: »Und bist du nicht willig, so brauch ich Gewalt«. Doch da zeigte sich schon, daß unser Fräulein so außergewöhnlich empfindsam war, wie es heute kaum noch eine keusche Jungfrau ist. Sie reagierte nach dem Motto: Aus Liebe alles, ohne Liebe nichts. Ihr Herr merkte das auch und dachte, vielleicht wird sie auch ohne Klingel gut, aber ob sie zum Goethe wird? Von da an trug sie wieder so ein schickes schlankes Halsband und nicht mehr so ein ordinäres mit den zwei elektrischen Klötzen daran. Sie lernte auch so. Eigentlich prima sogar, nur mit dem Hören war das so eine Sache. (Merken Sie, warum die guten Hundeführer nicht weiterlesen sollen?) Das Fräulein bildete sich jetzt auch verschiedenes ein. Vielleicht auf das schicke Halsband, oder ihre Schönheit, wer weiß? Auf jeden Fall wurde sie eingebildet und damit ungnädig zu anderen Hunden. Denen ging sie immer zur Begrüßung zunächst an den Hals, um zu zeigen, daß sie doch etwas Höheres sei, zu Goethe geboren, sozusagen. Beim Herumlaufen danach, störte es sie aber dann nicht mehr, wenn die anderen Hunde hinter ihr herliefen und sich leiten ließen. Die merkten nämlich, daß unsere junge Dame immer etwas zum Lesen fand, auch da, wo andere nichts gefunden hatten.

Eines Tages, als die Blätter schon herbstlich wurden, nahm ihr zweiter Herr sie wieder zum Vorlesen mit. Das hätte er besser bleiben lassen sollen. Unsere junge Dame fühlte sich nämlich gar nicht wohl. Sie hatte schlecht geschlafen. Die ganze Nacht hatte eine Horde Dorfköter vor ihrem Zwinger gejohlt und geheult. Kurz – wie man so sagt – sie hatte Kopfschmerzen. Ausgerechnet an dem Tag sollte sie also das alles wieder vorlesen, was sie doch längst auswendig konnte. Zu blöd fand sie das. Entsprechend benahm sie sich auch. Sie war nicht wiederzuerkennen. Sie ratterte die Gedichte nur so runter, ohne jede Betonung, ohne Ausdruck, richtig widerwillig. Es war gar keine Freude und schon gar kein Gedicht. Als dann auch noch so junge Burschen mit ihren nassen Nasen bei ihr hinten dran wollten, da wurde es ihr endgültig zu bunt. Sie warf sich hin und blieb liegen. Basta.

Ihr zweiter Herr meinte zwar, sie möge doch nur noch ein Gedicht vorlesen, nur ein einziges noch. Aber nein, sie wollte nicht. Er redete mit Engelszungen auf sie ein, dann fing er an zu schreien. Dann schrien noch andere Herren. Endlich hatten sie sich wohl geeinigt. Ihr Herr zog sie am Strick bis zum Auto. Gott sei Dank, jetzt konnten sie nach Hause fahren.

Der zweite Herr träumte nun nicht mehr von Goethe, eher von Einstein, so nach dem Motto: Relativ gesehen, hätte das ja sein können. Als er dann aber auch noch feststellte, das unser Fräulein die Katzen nur auf die Bäume jagte, anstatt ihnen ans Fell zu gehen, da war es ganz aus, da mochte er sie überhaupt nicht mehr leiden und sprach von Scheidung.

An dieser Stelle kommt der dritte Herr ins Spiel. Aber hier muß ich zunächst etwas weiter ausholen.

Dieser Herr durfte zu Hause keinen Hund halten. Das war gemein. Dafür hatte er einen halben Hund. Die andere Hälfte gehörte einem Förster, und bei dem lebte der Hund. Aber er mochte den Förster nicht leiden. Am Wochenende hing er immer nur an seinem geliebten anderen halben Herrn. Nun wurde der Förster traurig, dann eifersüchtig und schließlich böse. Jetzt fuhr der halbe Herr nicht mehr zum Förster.

Er bekam nun auch ein eigenes halbes Revier. Für das sehr große ganze Revier aber war ein Hund vorhanden, sogar einer mit Meisterbrief. Aber das besagt ja nicht immer etwas. Mancher besitzt auch einen Doktorbrief... (Sehen Sie, das dürfen die guten Hundeführer nicht lesen, und die Doctores auch nicht...) Also, meisterlich war an dem Hund gar nichts mehr, und deshalb kam er nur noch dreimal im Jahr ins Revier, zweimal, um ein krankes Stück Rehwild zu hetzen, und einmal zur Hasenjagd. Dadurch wurde er erst recht nicht besser. Nun, eines Tages hatte er mal wieder ein laufkrankes Kitz niedergerissen. Das war sein letztes Erfolgserlebnis. Am nächsten Tag war er tot. Der neue halbe Herr im Revier war jetzt an der Reihe, einen neuen Hund zu kaufen. Die Pachtzeit lief aber nur noch zwei Jahre, keiner wollte weiterpachten, also: Ein Goethe mit Meisterbrief war nicht nötig.

Und so kam das junge Fräulein zu ihrem dritten Herrn.

Man muß es eingestehen, es war bei beiden Liebe auf den ersten Blick. Zunächst allerdings noch eine sehr schüchterne Liebe, so nach der Art: Es kann ja doch nichts daraus werden.

Am ersten Abend ging der dritte Herr mit dem Fräulein ins halbe Revier und setzte sich auf eine kleine Bank zwischen zwei Bäumen. Das Fräulein lag daneben. Als zwei Hasen und drei Rehe auf der Wiese waren, zuckte ihre Nase ununterbrochen, sie zitterte überall. Aber sie blieb dennoch ganz ruhig. Als die Wiese schließlich wieder leer war, stand das Fräulein einfach auf, schob sich bei ihrem neuen Herrn zwischen die Beine, setzte sich und sah ihn an, mit einem Blick...

Verständlicherweise hätte der nun denken können: Schönes, dunkles Auge, und hätte sagen müssen: »Ablegen«. Aber er sagte es nicht, sondern dachte: Mein Gott, was für ein Liebesbedürfnis spricht aus diesen Augen. Damit war er fast schon verloren. (Merken Sie, warum die guten Hundeführer nicht weiter lesen sollten?) Er wehrte sich noch ein bißchen, er ließ sich mehrfach vorlesen, er tat alles, um Gründe zu finden, die gegen seine Liebe sprachen. Er fand nichts. Im Gegenteil. Er glaubte zwar nicht auch an Goethe, aber doch so relativ an Goethe. In maßloser Selbstüberschätzung dachte er auch, mit dem Hören wird das schon noch besser. Ja, und eines Abends, draußen im halben Revier, da gestand er dem Fräulein seine Liebe und machte ihr einen richtigen Antrag. Das Fräulein hatte wohl darauf gewartet, es sprang sofort hoch, hatte schon die Pfoten auf seinen Schultern, wollte ihm das Gesicht ablecken und – na, wie das so geht im Glückstaumel, beide sagten dann: Wir bleiben zusammen, bis daß der Tod uns scheide.

Dann gestand der dritte Herr das auch seiner Frau. Die hatte wohl auch schon damit gerechnet. Andere merken eine junge Liebe ja immer viel eher, als die Liebenden selber. In diesem Fall hatte sie auch nichts gegen ein Dreiecks-Verhältnis.

Es waren aber noch ein paar Vorbereitungen nötig. Der dritte Herr besorgte mit List und schönen Worten die Genehmigung: Freunde bauten dann sofort einen Zwinger. Die junge Dame zog wieder um und – heulte den ganzen Tag. Ihr neuer Herr, der doch große Liebe geschworen, war immer wieder weg, und sie wußte doch nicht, ob er wiederkommen würde. Kam er, freute sie sich. Ging er, heulte sie. Die Nachbarn fanden das gar nicht rührend.

Da machte das Fräulein den ersten großen Fortschritt. Sie zog um, auf den Balkon, ganz nah zu ihrem Herrn. Ein schöner Balkon. Dreißig Quadratmeter, mit angrenzender Veranda, zehn Quadratmeter. Glasdach. Herrlich. Sie blieb ruhig.

Der dritte Herr fuhr nun mit dem Fräulein ab und an weg und lernte, wie er sich ihr gegenüber zu benehmen hatte. An den anderen Tagen ging er oft mit ihr in das Revier, das er jetzt noch vor seiner Haustür hatte. Die Liebe wurde immer größer.

Aber wie das so ist im Leben, große Liebe hat immer ihre Neider. Zu trennen waren Herr und Hund nicht mehr, darum starteten die Nornen des Neides einen ersten Angriff auf das Leben der jungen Dame. Eines Mittags war sie vom Balkon verschwunden, Kratzspuren an der Brüstung zeigten, daß sie sechs Meter tiefer zerschmettert liegen mußte. Der dritte Herr rang nach Haltung, seine Frau heulte, beide liefen nach unten, suchten in den Büschen und fanden nichts. Wie irre liefen sie wieder nach oben, da war vorher schon nichts. Dann liefen sie wieder nach unten. Und da – saß die junge Dame am Auto vor der Haustür und zitterte und jaulte. Dann sprang sie ihren Herrn an, um zu zeigen, daß nichts gebrochen war. Dann zitterten alle drei und heulten alle drei, dann kotzte das Fräulein, schlich mit nach oben in die Wohnung, machte einen Satz und – lag auf dem Sofa, auf dem ihr Herr seinen Mittagsschlaf zu halten pflegte. So machte sie ihren zweiten großen Fortschritt. Der Mittagsschlaf war fortan zu zweit, ihr Herr besaß noch weniger Härte. (Wissen Sie jetzt, warum die guten Hundeführer nicht weiterlesen sollten?).

Von da an ging es auf und ab. Beide fuhren noch einmal zum Vorlesen. Nun bekam der dritte Herr einen Zettel, sie wieder eine Wurst. Das war also ein »Auf«.

Ein paar Tage später kam schon wieder ein »Ab«. Sie gingen zu einem Wäldchen. Aber sie waren nicht allein, es waren noch zwei Freunde dabei. Das war schön. Wenn sie mit ihrem Herrn alleine war, mußte sie wohl oder übel immer dicht bei ihm bleiben. Nicht weil er es so wollte, sondern um ihm zu zeigen, wo es etwas zu lesen gab. Er kapierte es selber nie. Wenn aber die Freunde dabei waren, dann konnte sie das ganze Gelände zwischen denen ablaufen. Dann konnte ihr Herr rufen oder pfeifen, da hörte sie einfach nicht hin. Sicher, zwischendurch lief sie auch mal zu ihm, um zu sehen, ob er noch da war, oder um ihm einen Hasen oder eine Taube zu bringen, die sie gefunden hatte. Die apportierte sie seinen Freunden nicht. Ihr Herr trug so gerne einen schweren Rucksack, er freute sich doch immer so, wenn sie ihm etwas brachte. Wenn es aber nirgendwo etwas zu lesen gab, dann lief sie zu ihm und legte sich. Hier ist nichts, sollte das heißen. Der dritte Herr brauchte reichlich lange, bis er kapiert hatte, daß es dann wirklich nirgendwo mehr knallte.

An dem Tag hatte es oft geknallt. Sie hatte meistens Hasen oder Karnickel bringen können. Aber zu Hause kam sie kaum noch die Treppe hoch. Oben legte sie sich auf den Rücken, jaulte jämmerlich. Da sah ihr Herr, daß eine Keule innen auf Handflächengröße aufgerissen und völlig verdreckt war. Er war erschüttert, daß sie das vorher nicht gezeigt hatte. Auch sie war erschüttert und konnte ab sofort nicht mehr laufen. Der dritte Herr mußte sie zum Onkel Doktor tragen.

Als sie wieder wach wurde, war ihr ein Malheur passiert, die Decke war naß. Da schämte sie sich fürchterlich. Ihr Herr aber schimpfte nicht mit ihr, darum zeigte sie sich so dankbar. Zu Hause legte er sie auf eine alte Matratze vor dem Sofa, schlief selber da und hatte die ganze Nacht eine Hand auf ihrem Kopf. Wenn sie trotz ihrer Müdigkeit mal wach wurde, weil es hinten so böse zwickte, leckte sie ihm auch immer die Hand. Sie liebte ihn doch – immer mehr.

Dann kam wieder ein »Auf«. Ihr Herr hatte einen Hasen beschossen, viel zu weit. Als sie schließlich merkte, daß er sie wirklich brauchte und dann zum Anschuß kam, lagen da nur etwas Wolle und ein einziges rotes Tröpfchen. Das war ein interessantes Gedicht, ein ganz schweres! Sie lief dreimal darum herum, dann wußte sie, wo die Zeilen weiter zu lesen waren. Zunächst ging es unter einer Reihe aufgestapelter Äste durch, das heißt, eigentlich ging es gar nicht durch. Sie mußte sich ganz dünn machen und noch richtig stark drücken. Noch so eine sperrige Astreihe hatte sie zu nehmen, aber dann konnte sie laufen, heißa. Über vierhundert Meter weit. Dabei mußte sie sehr gut aufpassen, denn die Buchstaben waren kaum zu lesen. Schließlich fand sie den Hasen. Daß sie dann mit dem Hasen auf demselben Weg unter den Astreihen wieder zurückkam, fand ihr Herr so schön. Er streichelte sie lange und murmelte etwas von – relativ wie Goethe.

Das sagte er auch ein paar Tage später, als sie in dem kleinen Wäldchen einen beschossenen Fuchs fand, den sie natürlich sofort brachte. Er freute sich, weil er nicht lange warten mußte, oder freute er sich nun über den schweren Rucksack? Wer weiß das schon.

Einige Tage später aber kam schon wieder ein »Ab«. Sie hatte wirklich nur das Karnickel gesehen und nicht den Stacheldraht, der ihr die Haut über dem Stich zehn Zentimeter weit aufriß. Da mußte sie doch einmal kurz aufheulen, so weh tat das. Jetzt zeigte sie ihre Verletzung ihrem Herrn sofort. Der wollte mit ihr weggehen und wurde böse, als sie schnell noch in einen Ilexbusch sprang, in dem ein Karnickel steckte. Daß der das nicht selber gemerkt hatte...

Dann kam eine blöde Zeit. Ihr Herr schleppte nur Säcke in den Wald, und sie mußte sich irgendwo hinlegen und durfte nicht zusehen, wohin der sie brachte. Nur ab und an konnte sie wenigstens nachts mit ihm hinaus. Meistens war ja nichts los, aber manchmal konnte sie ihm einen Fuchs bringen. Früher, als sie noch ein Mädchen war, genierte sie sich davor. Aber jetzt tat sie es gerne. Relativ wie Goethe, sagte dann der dritte Herr.

Auch diese Monate vergingen. Sie lag jetzt wieder oft unter einem Hochsitz. Oder sie saß neben dem Herrn in einem Schirmchen, und das war viel schöner. Wenn nichts zu sehen war und auch der Wind ihr nichts erzählte, dann konnte sie sich so herrlich an seinen Beinen anlehnen und dann kraulte er sie immer. Ach, davon kann man doch nicht genug bekommen.

Endlich schoß ihr Herr auch wieder einen Bock. Sie bekam natürlich das Herz, das stand ihr ja schließlich zu. Aber es war ihr viel zu klein.

Eines Abends, als sie noch einen Freund vom Ansitz abholten, merkte sie gleich, daß irgend etwas nicht in Ordnung war. Darum stellte sie sofort ihren Behang hoch. Sie verstand nicht alles, aber »Anschuß« verstand sie und »kein Schweiß«, sonst nichts. Ihren Herrn verstand sie viel besser. Der holte die ganz lange Leine, und sie wußte sofort, daß es jetzt ein schönes Gedicht zu lesen gab. Aber dort, wo sie suchen sollte, da war nichts. Sie blieb auch einfach stehen und sah ihren Herrn so an, daß er sie sofort verstand. Er nahm ihr die Leine wieder ab, und erst am nächsten Morgen gingen sie wieder an den Platz.

Der Freund wollte unbedingt wieder an derselben Stelle suchen und schwor Stein und Bein, daß es richtig wäre. Ihr Herr schimpfte über den Regen, der die ganze Nacht gefallen war. Nun konnte sie ihm noch einmal sagen, daß es dort wirklich nichts zu lesen gab. Er ließ sie jetzt ganz langsam am Kornfeld entlang suchen. Plötzlich gab es ihr einen Ruck. Sie fand einen Buchstaben, einen einzigen nur. Sie zeigte ihn gar nicht erst: den konnte ihr Herr sowieso nicht lesen. Darum zog sie sofort ins Korn. Sie mußte sehr gut aufpassen. Hier gab es nur ganz wenige Buchstaben, sie waren auch völlig farblos. Es war auch alles so unangenehm naß, sie mußte sich richtig schütteln. Aber eine Strecke weiter lag der Bock. Ihr Herr freute sich ganz toll. Er sagte auch wieder: »Relativ wie Goethe« und streichelte sie

Als sie dann endlich das Herz bekam, war das auch noch ganz zerrissen. Es war gar nicht mehr viel davon übrig. Sie meinte, sie hätte mehr verdient. Später gab der Freund ihr immer ein Stück Filet, wenn sie ihn besuchten. Als Entschädigung sozusagen.

Der Sommer ging dahin. Sie bekam noch ein Dutzend Herzen und dann durfte sie wieder schwimmen. Das war schön. Da flogen immer die großen Vögel, bei deren Anblick sie ganz verrückt werden konnte. Manchmal lagen nach der Knallerei acht oder zehn auf dem Wasser, die sie holen durfte. Am schönsten aber war es, wenn sie vom Rand des Teiches aus noch so einen Vogel entdeckte, der dann wegflog und doch sofort wieder ins Wasser fiel, und sie ihn schließlich apportieren konnte. Herrlich war das, richtig aufregend. Ihr Herr sagte dann wieder: »Relativ wie Goethe« und trocknete sie auch ab. Überhaupt, er war so lieb zu ihr, und sie liebte ihn so sehr. Sie zeigte es ihm auch.

Eines Tages hörte die Dame, wie ihr Herr in das Zimmer ging, in das sie nicht hineindurfte, in das er sonst nur nachts ging. Sie wartete sofort vor der Tür und wartete, mit welcher Waffe er wieder kommen würde. Bei der einen mußte sie immer unter dem Hochsitz liegen oder ihm ganz langsam folgen. Dann freute sie sich nicht ganz so sehr. Darum sprang sie auch nur halb so hoch wie sie konnte. Aber diesmal kam ihr Herr mit der anderen Waffe. Sie roch es sofort und sprang so hoch sie konnte, immer wieder. Hasen würde sie holen dürfen oder Tauben. Es würde ein herrlicher Tag. Glaubte sie. Und ihr Herr glaubte es auch.

Sie fuhren lange mit dem Auto. Dann wurde geblasen und geredet und nochmals geblasen. Die anderen Hunde jaulten, sie nicht. Dann ging es endlich los. Und da war was los. Sofort fiel ein Fasan vom Himmel, sie brachte ihn. Sie brachte ein Kaninchen und noch einen Fasan. Aber plötzlich fiel sie um. Sie schrie vor Schmerzen, es wurde ihr schwarz vor Augen, sie zuckte und weinte und konnte nicht hochkommen. Überall war es rot. Sie rappelte sich hoch, aber da mußte sie wieder schreien, so weh tat das. Den einen Lauf konnte sie überhaupt nicht aufsetzen. Herr, wo bist du, rief sie und Herr, hilf mir doch. Sie humpelte los, um ihren dritten Herrn zu suchen. Sie konnte nicht anders, sie mußte ununterbrochen schreien. Es waren so furchtbare Schmerzen. Der rote Saft spritzte aus zwei Läufen, ununterbrochen.

Dann war sie bei ihm und er bei ihr. Sie fiel wieder um. Es wurde ihr wieder schwarz vor Augen. Sie konnte nur noch wimmern. Ihr Herr drückte auf die beiden Stellen, aus denen es so rot spritzte. Er drückte ganz fest und so lange, bis es nicht mehr spritzte. Dann nahm er sie in die Arme und trug sie zum Auto.

Ihr Herr fuhr dann zu den anderen Jägern, die langsam ankamen, und er fragte: »Wer hat auf meinen Hund geschossen?« Einer sagte: »Och, war das Ihrer? Da konnte ich nichts zu«. Sonst sagte er nichts. Gar nichts! Da wurde ihr Herr böse! Nein, so hatte die Dame ihn noch nie erlebt.

Es kamen furchtbare Stunden und es kamen schlimme Tage. Zwei Wochen lang konnte sie nicht gehen. Ihr Herr mußte sie immer in den Garten tragen, damit sie ihr Geschäft machen konnte. Es dauerte Wochen, bis sie wieder laufen konnte, es dauerte fast ein Jahr, bis sie nach dem Laufen keine Schmerzen mehr hatte.

Aber dann lief sie wieder, auch wenn andere Jäger dabei waren, lief sie wieder so weit wie früher, ohne zu hören. Sie brachte ihrem Herrn alles, was sie fand, sie las ihm wieder Gedichte vor oder zog ihm einen Fuchs aus der Röhre.

Und ihr Herr? Der hörte auch kaum hin, wenn gute Hundeführer die Fehler der Dame kritisierten. Dann sagte er immer nur: »Fehler hat jeder. Relativ ist sie doch wie Goethe.«

Die Laufkranken und Cäsar

Eine Laune war's, die mich nach ruhiger Vormittagspirsch noch zu der stillen Wiese nahe am Grenzbach führte. Dabei war nichts zu erwarten dort. In enttäuschend langen Ansitzstunden hatte ich erkennen müssen, daß hier im Sommer nur äußerst selten ein Reh austrat. Der Sitz, den ich an einer Ecke gebaut hatte, versprach nur an stürmischen Wintertagen Anblick, wenn die Fichtendickung und die hohen Erlen den Wind abhielten.

Sonst aber wurde diese so einladend scheinende Wiese vom Rehwild gemieden. Warum sollte also zu dieser sommerlich warmen Mittagszeit Wild dort stehen? Aber irgend etwas trieb mich, halt mal nachzusehen. Wer weiß schon, warum einem solch ein Gedanke gerade kommt.

Das Gras war noch nicht gemäht, fast hüfthoch wiegte es sich in der leichten Brise. Plötzlich aber wirbelte der Wind wohl, die Halme bogen sich für ein paar Sekunden lang an einer Stelle auseinander, und gerade in dieser Lücke sah ich zwei dunkel-schwarze Dreiecke. Das konnten nicht die Lauscher eines Rehs sein, dazu waren sie zu spitz, zu kurz. Waren es etwa die Gehöre von einem Fuchs? Um diese Zeit? Das wollte ich natürlich enträtseln. Irgendwie mußte ich also auf den Sitz kommen, um Einblick in das hohe Gras zu kriegen.

Der Wind ging so günstig, wie es nur sein konnte, und der schmale Erlenstreifen, an dem ich vorbei mußte, gab auch genügend Deckung. So schaffte ich es wirklich, die Leiter zu erreichen, ohne erkennbar Wild zu vertreten.

Ein paar Sprossen war ich nur hinaufgestiegen, da sah ich tatsächlich einen Fuchs. Weiter konnte ich jetzt nicht mehr, schon die kleinste Bewegung mußte mich verraten. Er war nicht weit. Es war diese dumme Entfernung, wo man nicht recht weiß, ob es für die Schrote schon zu fern oder für die Kugel zu nah ist. Irgend etwas aber mußte schnell geschehen. Auch wenn er mich noch nicht eräugt hatte, bald würde er mich erfühlen.

Und da machte ich den Fehler, riß den Drilling hoch und schoß aus der Rechtsdrehung gegen die Hand, unterschoß ihn zuerst mit der Kugel und jagte dann dem Flüchtenden auch noch Schrote nach, die nur blühende Gräser stäuben ließen.

Ich kam nicht dazu, mich über die so unsinnig auf der Leiter stehend abgegebenen Schüsse zu ärgern, denn nur ein paar Meter vor mir knackten trockene Zweige, und aus den Erlen, an denen ich doch gerade erst ganz dicht vorbei gepürscht war, flüchtete ein Reh. In einem hohen Sprung überfiel es den Graben, war mit einer schlüpfenden Bewegung schon durch den Zaun, flüchtete quer über die Wiese und verhoffte dann kurz drüben am jenseitigen Erlenrand.

Unwahrscheinlich schwach war es. Sah ich nicht etwas zwischen den Keulen? Ein Gesäuge? Oder Kurzwildpret? Ich kam nicht mehr dazu, es sicher zu erkennen.

Am Abend war ich natürlich früh auf diesem Sitz. Es war immer noch warm, als die Sonne den Horizont schon erreichte und ein paar dünne Wolkenstreifen rotgold aufleuchten ließ. Es wurde dann ein fesselndes changierendes Farbenspiel mit kupfernen Tönen zwischen grauen und dunklen Streifen. In dieses langsam wogende Bild zog noch ein Flugzeug einen weißen Kondensstreifen, ein Bussard kreiste davor, und mit schwerem Flügelschlag flog dann auch noch ein Reiher zu seinem Nachtquartier.

Als ich wieder mal auf die Wiese sah, stand in ihrem Rand, nur zwanzig Meter vor mir, das schwache Reh. Spindeldürr war der Rücken, und bei jedem Atemzug zeichneten sich die Rippen unter der Decke ab. Das konnte keine Ricke sein, höchstens ein Schmalreh. Aber was hatte ich denn dann am Morgen zwischen den Keulen gesehen? Plötzlich glaubte ich, winzige, ganz blank gefegte Knöpfe über der dunklen Stirn zu erkennen.

Oder sah ich das falsch? Waren das nur helle Wirbel in der Stirnlocke? Das Stück war schon weitergezogen, durch den Zaun und in das hohe, nun völlig verdeckende Kräuterzeug am Grabenrand. Dann überfiel es den Graben und zog nur zwei Meter neben der Leiter auf die Erlen zu.

Ja, jetzt wurde es eindeutig, es waren Knöpfe, so klein, wie es kleiner wirklich nicht geht. Schon tauchte das kümmernde Böckchen am Erlenrand in die tiefhängenden Zweige. Aber der Hals war noch ganz frei, und da peitschte der Schuß.

Da lag es nun, neun Kilo »schwer«, mitten im Sommer. Ein Hinterlauf war oberhalb vom Sprunggelenk hart und fast faustdick angeschwollen. Das kannte ich. Das Röntgenbild zeigte später auch wirklich einen alten Bruch, der unter starker Verschiebung und Verkürzung fest verheilt und von einer überschießenden unregelmäßigen Knochenmasse umgeben war.

Aber was war vorher gewesen? Wie viele Wochen voller Schmerzen, voller Leid, Hunger und Elend mußten das gewesen sein! Kann man sich das überhaupt vorstellen? So konnte nur ein Kümmerling aus ihm werden. Ein ganzes, sehr langes Leben hätte nicht ausgereicht, diese Notzeit auszugleichen, eine gestörte Jugendentwicklung nachzuholen.

Vielleicht hatte er eine gute Erbmasse, er stand immerhin in der besten Revierecke, wo die stärksten Böcke heranwachsen. Aber nach dieser Verletzung hätte er sein Leben lang von anderen Böcken eben nur Prügel bezogen, wäre immer auf die schlechteren Einstände abgedrängt worden, wäre ängstlich, vorsichtig und heimlich geblieben, so wie ein anderer Kümmerling, den ich einmal nur zweihundert Meter entfernt geschossen hatte. Schon im April hatte ich ihn ausgemacht, schon da war er so schwach. Sein Bastgehörn zeigte nur rechts eine unvereckte Stange, links war lediglich ein kirschgroßer Wulst. Lange hatte ich ihn vorgehabt. Als ich ihn vier Wochen später wiedersah, hatte er sich die Decke am linken Vorderlauf verletzt. Schweißrot war hier ein zehn Zentimeter langer Streifen an der Vorderfläche, wie von einem Stacheldraht aufgerissen. Das würde schon verheilen, glaubte ich.

Zwei Wochen später war auch wirklich nichts mehr zu sehen. Aber da schonte er schon ein wenig. Er hatte nun gefegt. Vier Querfingerhoch war die eine dünne Stange geworden und aus dem Wulst war eine ganz krummbogige, nach hinten liegende, nur zwei Querfinger lange entstanden.

Dann sah ich ihn ein paar Wochen nicht mehr. Durfte er sich nicht mehr herauswagen? Wurde er zu sehr gejagt?

An einem frühen Abend im Juli stand er dann plötzlich im Dickungsrand. Er trat nicht aus, aber zwei Minuten später war das Blatt zwischen den Ästen frei, und da schoß ich ihn. Die Wunde am Vorderlauf war wirklich verheilt. Aber der Knochen darunter war jetzt stark vereitert. Er mußte furchtbare Schmerzen gehabt haben. Ich freute mich auch über das schwache Gehörn, das ja schon vor der Verletzung so ungleichmäßig entwickelt war.

Als ich mit solchen Gedanken im letzten Abendlicht bei diesem Kümmerling saß, da kam auch die Erinnerung an das Jahr, als ich die Laufkranken und Cäsar bejagte. Oh je, wie lang ist das schon her!

Damals hatte ich nur ein kleines Begehungsrecht. Ich durfte zwar im Jahr einen oder zwei Böcke schießen, aber vorwiegend wurde ich immer noch abgeführt, an einer ganz langen Leine zwar, kaum spürbar und ganz behutsam, aber doch sehr konsequent. Wie gut einem das tut, das weiß man zwar auch dann, aber erst später würdigt man es richtig. An eines dieser Jahre mußte ich also denken. Aber eigentlich fing diese Geschichte an einem Hasensilvester an.

Es war ein ganz ungemütlicher Tag gewesen, naß, feucht, voller Schneematsch, windig und kalt, ein Tag, an dem man zu Hause bleiben sollte. Aber es war eben Hasensilvester, und zwei oder drei Gäste waren auch da. So zogen wir also doch los und wollten in einer Reviercecke noch ein bißchen stöbern.

Wir sahen gar nichts. Pappiger Schnee lag knöchelhoch im Wald. Es wurde dann kälter, und den Teckeln hingen bald dicke Eisklumpen im Rauhhaar. Dabei hatten sie sowieso schon keine Lust mehr, es passierte ja nichts, und es würde auch nichts mehr los sein, das wußten sie bei ihrer reichen Erfahrung ganz genau. Wir wußten das natürlich auch, aber es war doch das letzte Mal im Jagdjahr. Und dann war auch noch dieser Satz gefallen:

»Wer jetzt noch einen Hasen schießt, zahlt eine Flasche roten Sekt.« Da muß man doch weitermachen.

Eine letzte Dickung wollten wir schließlich noch nehmen. Drei oder vier Hasen lagen immer dort. Auch das wußten wir, obwohl es an sich eine ganz einsame, fast unzugängliche Revierecke war. Aber genau hier hatte sich natürlich eine alte Ricke mit ihren beiden Kitzen eingestellt, und darum hatten wir x-mal irgendwo im angrenzenden hohen Holz hinter einem Baum angesessen, um vielleicht wenigstens das eine äußerst schwache Kitz schießen zu können. Es hatte nie geklappt. Doch so kannten wir eben die Hasen.

Aber wenn nun die Ricke mit den Kitzen käme? Da war auch schon dieser gefährliche, verführerische Gedanke, der sich nicht mehr verdrängen ließ, der weitergesponnen werden mußte. – Ja, wenn sie also kommen, wenn das schwache Kitz genau anzusprechen ist, wenn es wirklich sicher zu schießen ist und wenn, wenn, wenn... nun, dann darf in Huberti Namen geschossen werden.

Es wäre ja ein Segen, eine Erlösung. Das Kitz kann nicht durch den Winter kommen, und wer weiß, ob wir es in den letzten vierzehn Jagdtagen noch erlegen können. Natürlich war ein ungutes Gefühl bei all diesen Reden, wie immer, wenn man für eine Entscheidung so viele Gründe und Begründungen braucht, mit so vielen Wenn und Aber.

Es kam kein Hase aus der Dickung. Aber das Rehwild kam. Und natürlich kam es dem Ungeübtesten, dem Unerfahrensten von uns. Und dann fiel ein Schuß. Als wir zusammentrafen, fing es zu regnen an, auch ein paar matschige Schneeflocken waren dabei, noch kälter wurde es. Am Anschuß lag ein Splitter vom Röhrenknochen – Laufschuß! Auch das noch! Die Hunde waren naß und müde, sie zitterten. Die Dämmerung kroch schon durch den Wald. Und selbst die alte Teckeline, die doch so erfahren und hervorragend auf Schweiß war, kam nicht mehr weit. Wir mußten abbrechen.

Am nächsten Morgen lag hoher Neuschnee, und es hatte stark gefroren. Der Hund arbeitete die Fährte noch 200 Meter, aber dann faselte er. Wir setzten ihn nochmal an und nochmal. Schließlich mußten wir aufgeben. Es schneite und schneite und schneite. In den nächsten Wochen sahen wir weder die Ricke noch die Kitze. Wie viele heimliche Schwüre waren es, nie mehr Rehwild beim Treiben oder Stöbern freizugeben?

Fast drei Monate waren dann vergangen, und ich war nun wieder draußen, so oft ich konnte. Wie war das Wild durch den Winter gekommen? Wo stehen die Böcke? Was haben sie auf in diesem Jahr? Wer fegt als erster, wer verfärbt zuerst? Eine interessantere Zeit gibt es doch kaum. Überall zieht das Wild aufs frische Grün. Die Sprünge haben sich schon weitgehend aufgelöst, aber immer wieder stellen sie sich noch einmal zusammen. Überall kann man vergleichen, kann die ersten Einstandskämpfe erleben. Es gibt keinen Ansitz ohne Anblick. Und der Frühling ist da! Täglich ist neues Grün zu sehen, die ersten Blumen blühen, die Natur lebt wieder auf und wir doch mit.

An einem Abend wollte ich auf einen Sitz an einer ganz langen Wiese, die büchsenschußbreit in den Wald einsprang, an drei Seiten von hohem Holz oder von Dickungen begrenzt. Nur eine Längsseite ging in ein weites Feld über, und einen Kilometer entfernt, schon im Nachbarlichen, sah man dann die große Fernstraße. Es war nur schlecht anzugehen dort, nur von einer Schmalseite aus war es möglich. So mußte man sehr früh hinaus, mußte die halbe Wiese queren, wollte man nicht das Wild vertreten, solange es noch in den Einständen bummelte.

Als ich an dem Tag an die Wiesenecke kam, sprang 50, 60 Meter neben mir schon ein Stück ab. Es war keine Zeit mehr, durchs Glas zu sehen. Aber auch so sah ich das Bastgehörn, auf der einen Seite eine lauscherhohe Stange und daneben nur einen Stummel. Vor allem aber sah ich eine ganz atypische Flucht. Das war ein Hochschnellen vorne, dann ein Sprung wie von einem Känguruh, ein ganz niedriges, einknickendes Abfedern beim Aufsetzen und wieder so ein Hochschnellen. Dann war der Bock auch schon wieder in der Dickung, und ich machte, daß ich auf den Sitz kam.

Schwach war er gewesen, ein Jährling? Verfärbt hatte er noch nicht. Und dieses Hochschnellen? Da mußte eine Verletzung an einem Vorderlauf sein. Ja, und da war sie wieder, die verdrängte Erinnerung: der Hasensilvester, der patschige Schnee, der Splitter vom Röhrenknochen, die frierenden, müden Hunde, die vergebliche Nachsuche. War das also doch kein weibliches Kitz gewesen, sondern ein Bockkitz? Oder war es gar ein ganz anderes Stück gewesen, das nur zufällig bei der Ricke stand? Vielleicht ein Jährling? Ihr vorjähriges Kitz?

Eine Stunde später hatte ich sechs Stück Rehwild vor mir. Eine Ricke mit einem weiblichen und einem Bock-Kitz waren zuerst ausgetreten, dann ein jüngerer Bock und ein beschlagenes Schmalreh, die beide schon zu färben anfingen. Schließlich war auch noch ein Bock nachgezogen, bedächtig und etwas steif in den Bewegungen. Seine Decke war noch glatt, das Winterhaar nirgendwo struppig, aber er hatte schon gefegt. War er fünfjährig?

Das sah ich alles, aber dann hing ich mal wieder viel zu lange an seinem Gehörn fest. Zwei, drei Querfinger hoch über Lauscher hatte er geschoben. Spieße waren es mit blanken und mörderisch spitzen Enden. Halt, auf der einen Seite war doch eine ganz kleine, kaum abgrenzbare Vordersprosse. Sonst aber wirklich nichts. Doch unten war Masse, das war nicht durch eine dicke Perlung vorgetäuscht.

Er äste dicht bei den anderen Rehen, aber doch immer mit einem bißchen Abstand. Als der jüngere Bock einmal näherzog, machte er eine kurze Attacke, die auch sofort respektiert wurde. Dann stand er leicht schräg, und jetzt erst sah ich, daß das Handgelenk am linken Vorderlauf verdickt war und auch nicht bewegt wurde. Darum war mir sein Ziehen so staksig vorgekommen. Das war nicht nur das Alter. Es standen wirklich zwei Laufkranke auf dieser einen Wiese.

Beide wurden mir freigegeben, beide durfte ich erjagen. Mehrfach hatte ich dann noch dort angesessen, hatte mir den Alten besehen. Nur der Junge war nicht mehr zu finden. Aber das beunruhigte mich nicht sehr. Er hatte doch den Winter überstanden. Konnte man da nicht annehmen, daß er die Verletzung ausgeheilt hatte? In den letzten Wochen vor der Jagdzeit aber machte ich dann große Bögen um diese Revierecke. Jede unnötige Störung wollte ich vermeiden. Wie leicht würde sich sonst der Alte umstellen?

Erst am 15. Mai hielt es mich nicht mehr. Jetzt wollte ich wissen, was los war. Waren die beiden Laufkranken noch da? Auf welchem Wechsel würden sie kommen? Als ich beim Angehen um die Waldecke bog, standen zwei Stück Rotwild mitten auf der Wiese, zweihundert Meter entfernt. Hirsche waren es. Der eine hatte ein gutes Stück Geweih geschoben, die Augsprosse vorgetrieben und zur Mittelsprosse gegabelt. Bei dem anderen sah ich nichts zwischen den Lauschern.

Die beiden waren bekannt in der ganzen »rotwild-unerwünschten« Gegend. Seit zwei Jahren waren sie unzertrennlich. Der eine war ein Mönch, der andere hatte im vorigen Jahr ein schwaches Sechser-Geweih getragen. In allen umliegenden Revieren waren viele hoffnungsvolle Stunden darauf angesessen worden. Jetzt, außerhalb der Jagdzeit, standen sie hier in der hellen Nachmittagssonne. Doch der Wind war nicht gut. Schon warfen sie auf und flüchteten in die nächste Dickung.

Wieder war ich nur eine halbe Stunde allein, dann zogen ein Schmalreh und eine beschlagene Ricke auf die Wiese und ästen ruhig vertraut im ersten Abendlicht. Plötzlich stand auch ein Bock vor dem Waldrand, schlank, dünner Hals, jung. Links eine unvereckte Stange, nicht ganz lauscherhoch, rechts nur ein Stummel. Gefegt hatte er, zweijährig mußte er sein. War das etwa der Laufkranke? Ich konnte es zunächst nicht ausmachen, er stand so, daß sich die Läufe verdeckten.

Die Ricke hatte aufgeworfen, war starr und steif geworden, und kurz darauf zog sie im Stechschritt auf ihn zu. Der Bock wartete nicht, bis sie heran war. Er wurde hinten niedrig, schnellte vorne hoch, und dann sah ich diese Känguruh-Sprünge wieder. Vier, fünf machte er, blieb stehen, mußte wohl neue Kraft schöpfen, sich erholen, und wieder ging es weiter, viermal, fünfmal und wieder halt. Es war ein erbärmliches Bild. Den linken Vorderlauf setzte er nicht auf, hielt ihn leicht angewinkelt hoch. Fast faustdick war das Handgelenk angeschwollen.

Die Ricke blieb starr stehen, und auch ich saß da wie betäubt, sah dieses Drama, diese Tragödie und wußte nicht, was ich machen sollte. Der Bock war weit, er stand immer schräg, und es war doch erst der 15. Mai, zwölf Stunden vor der Jagdzeit. Ich kann das nicht vergessen. Vor lauter Schwanken, Zweifeln und Überlegen kam ich zu nichts, kam zu keinem Entschluß, und bevor diese Gedanken alle abgespult waren, war der Bock in der Dickung verschwunden.

Ich hatte die Leiden dieser gequälten Kreatur nicht beendet, nicht einmal zu beenden versucht. Ich hatte versagt. Heute würde ich anders reagieren. Ich würde schießen, sobald ich nur könnte, egal auf welche Entfernung, egal aus welchem Winkel. Dann würde ich den Lauf photographieren, würde noch jemand holen, der sich das ansieht, und dann sollte es mal irgendwer wagen, die Leiden einer armen Kreatur für unwichtiger zu halten als eine festgesetzte Jagdzeit.

Aber damals war ich noch nicht so weit... Ich hoffte natürlich auch, ihn am nächsten Morgen wiederzusehen, ihn schießen zu können. Und dann konnte man ja auch wirklich sagen, daß es nicht zuviel war, diese zwölf Stunden noch zu warten. Aber ist nicht jede Stunde solchen Leidens zuviel? Und konnte ich denn sicher sein, daß er am nächsten Morgen austrat?

Noch in tiefer Nacht stieg ich wieder die Leitersprossen hoch. Bis zur ersten Dämmerung sollte das Wild jede Störung vergessen haben. Von der völligen Dunkelheit geborgen, konnte es mich ja auch ruhiger passieren lassen. Aber ich wartete vergeblich. Alle Rehe, die ich dann sah, waren längst schon wieder in ihre Einstände zurückgezogen, aber der kranke Bock war immer noch nicht da. Selbst am Abend blieb die Bühne merkwürdig lange leer.

Vor einer seitlichen Dickung äste dann ein Zukunftsbock. Plötzlich warf er auf, die Figur war gestrafft, spürbar war seine Erregung. Was war los? Wind konnte er von mir nicht haben. Er hatte auch zurück in die

Dickung geäugt. Ein Liebespaar? Ein älterer Bock? In hohen Fluchten verschwand der junge Sechsender.

Es dauerte zehn Minuten, dann trat ein Bock aus. Die Figur war stark, aber mehr konnte ich zunächst nicht ausmachen. Lange stand er in den Randbüschen, die auch sein Gehörn verdeckten. Ganz langsam zog er schließlich auf die Wiese, spitz auf mich zu. Und da war es klar, es war der alte starkstangige Spießer mit dem verdickten und versteiften Vorderlauf, den ich schießen durfte.

Aber wie sollte es gehen? Ich mußte mich völlig nach rückwärts umsetzen, rittlings auf die Sitzbank. Der Wind ging nun schräg von mir fort. Wenn der Bock so weiterzog, würde er wohl nach fünfzig, sechzig Metern in meinen Wind kommen. Bis dahin mußte er sich breit stellen. Würde das klappen?

Es dauerte erregend lang, aber nach vierzig Metern tat er es, und da riß ihn der Schuß von den Läufen. Er hob noch einmal den Kopf und schlegelte noch einmal, dann war er verendet. Er war noch älter, als ich gedacht hatte, und bis heute habe ich keinen stärkeren Spießer erlegt. Dabei hatte er soviel durchgemacht. Das Handgelenk war wirklich versteift. Darunter war der Lauf gering und darüber deutlich verdickt, wulstig aufgetrieben.

Das Röntgen-Bild zeigte einen gut knöchern verheilten Schrägbruch, der von einem Unfall herrühren konnte, und einen verheilten Schußbruch mit kleinsten Geschoßsplittern und den Zeichen einer ausgeheilten Knocheneiterung. Man kann es kaum fassen, daß die Natur solche Heilkräfte aufzubringen vermag. In seinem sechs- oder siebenjährigen Leben hatte dieser Bock also einen Laufbruch und einen Schußbruch mit Knocheneiterung überstehen müssen. Dabei war sein Gewicht völlig normal, und sein Gehörngewicht lag sogar über dem Durchschnitt braver Sechser-Böcke dieser Gegend.

Er war sicher schon ausgewachsen gewesen, als ihn dieses Schicksal traf, und andererseits war es wohl auch so lange her, daß er wieder genügend überschüssige Kraft hatte, um ein solches Gehörn zu schieben.

So oft meine Gedanken in den nächsten Tagen auch um den Känguruh-Bock kreisten, es nützte nichts, ich kam nicht zum Jagen. Erst dann konnte ich mich freimachen. Sogar eine ganze Woche nahm ich mir nun Zeit, denn der Teufel ist ein Eichhörnchen. Aber was er mir jetzt auch mit schlechtem Wetter, küselndem Wind, raschelnden Igeln oder lärmenden Spaziergängern antun würde, diese Tage müßten reichen, den leidenden Bock zu schießen.

Am ersten Abend sah ich ihn nicht. Dabei war es ein herrliches Wetter, und nirgendwo war eine Störung. Aber er kam eben nicht. Am nächsten Morgen dagegen war es kühl und feucht. In der ersten Dämmerung zogen ein paar wallende Nebelschwaden über die Wiese, und zunächst sah ich nicht einmal einen Hasen. Als es dann aber hell genug war, fiel mir ganz weit im Nachbarlichen ein grauer Fleck im grünen Gras auf, und ein paar Minuten später stand dort ein Reh.

Es war viel zu weit, um es ansprechen zu können. So beobachtete ich zunächst mehr die nähere Umgebung. Aber irgendwann sah ich ja doch wieder hin, und da sah ich – ein paar Känguruh-Sprünge. Da war er also. Weit im »Feindlichen«, wie es so unschön heißt (und manchmal leider auch so ist). Was nun? Da draußen auf der deckungslosen Weite würde er sicher nicht bleiben. Erstaunlich war, daß er sich überhaupt so weit gewagt hatte. Oder war nur dort Ruhe für ihn gewesen? War er von anderen Rehen gejagt worden?

Er machte immer wieder ein paar Sprünge, äste dann ein bißchen oder stand sichernd ruhig, dann wieder ein paar Sprünge. Es dauerte unsagbar lange, bis zu erkennen war, daß er wirklich über »meine« Wiese in die bergende Dickung wollte. Aber wo? Vom Sitz aus war es nach beiden Seiten über zweihundert Meter bis zu den umfassenden Waldrändern. Würde er in den Bereich meiner Büchse ziehen?

Im Nachbarlichen war noch ein Weidenstreifen, und darin stand eine Kanzel. War sie besetzt? Dann würde der Bock nicht mehr bis zu mir kommen. Aber der Nachbar war schon alt, und es hieß, er käme nicht mehr gut aus den Federn. Nun, ich konnte nur warten, schauen und warten.

Ganz langsam nur kam der Bock voran, obwohl er es jetzt offensichtlich eilig hatte. Er äste nicht mehr, aber nach ein paar Sprüngen mußte er sich immer wieder erholen. Ganz nah kam er an dem Weidenstreifen vorbei, doch alles blieb ruhig. Gesegnet sei der Schlaf der Nachbarn.

Dann zog er über die Grenze. Es war noch viel zu weit, um an einen Schuß zu denken, das waren gut 250 Meter. Aber wenn er diese Richtung einhielt ... In etwa tat er es, und irgendwann war es dann soweit. Als er wieder eine Pause machte, da hatte er ausgelitten, ohne den Knall noch zu vernehmen. Langsam ging ich hin, und als ich an den faustdick aufgetriebenen Vorderlauf faßte – da stank es bestialisch. Grüner Eiter spritzte heraus. Ich hatte eine wirklich arme, gequälte Kreatur erlöst. Aber überhaupt keine Freude war in mir, nur Mitleid, ein erbärmliches Mitleid.

Eine furchtbare Knocheneiterung hatte zu erheblichen Zerstörungen geführt, kleinste Geschoßsplitter fanden sich darin und ausgesprengte Knochenteile. Es war ein Wunder, daß die Eiterung noch nicht auf den ganzen Körper übergegriffen, noch nicht zu einer Sepsis geführt hatte. War das gnädig von der Natur, oder war es grausam?

Der linke Vorderlauf war also zerstört, und am Gehörn war rechtsseitig nur ein Stummel. Das entspräche der Theorie einer Gehirnreaktion, die durch Fehlbelastung einer Seite dann (bei Überkreuzung der Nervenbahnen) zu einer Gehörn-Minderentwicklung auf der anderen Seite führen soll. Aber stimmt das? Bei dem alten Spießer war keine Seitendifferenz. Sicher, hier war auch die Fehlbelastung durch den versteiften Lauf vielleicht nicht so wesentlich, und die eigentlichen Verletzungen waren sicher schon länger her. Aber es kommen doch öfter Gehörne mit deutlicher Seitenungleichheit vor, ohne daß Laufveränderungen vorliegen.

In den nächsten Tagen hatte ich nun Zeit, um »Gäste-Böcke« auszumachen. An einem Vormittag stieg ich auf eine Leiter, die wir eigentlich schon vergessen hatten. Es war ein herrlich einsamer Sitz gewesen, von Zweigen überdacht. Er stand vor einer dreieckigen hektargroßen Lichtung, die von Dickungen und hohem Holz umgeben war. Nur über eine durchnäßte, aufgewühlte Schneise war er erreichbar. Dann aber entstand eine Ahornkultur, die gegattert wurde. So war es vorbei mit der Äsungsfläche, und darum gingen wir nicht mehr hin.

An so einem sonnigen Vormittag aber war es doch möglich, daß ein Bock mal am Gatterrand bummeln würde, vielleicht um seinen Einstand zu kontrollieren oder auch um ein paar schmackhafte Gräser zu äsen.

Es blieb alles ruhig. Nur ein Eichelhäher kreischte einmal, und für ein paar Minuten baumte ein Bussard auf einem starken Ast am Rand vom hohen Holz auf. War es schon zu warm oder stand hier kein Reh, so tief im Wald, so weit von den guten Äsungsflächen entfernt? Eigentlich war das doch genau das Richtige für einen Einsamen, Heimlichen.

Ich wollte noch das Mittagsläuten abwarten. Der Wind mußte den Klang vom entfernten kleinen Dorf herübertragen, genau in die Schneise hinein, durch die ich gekommen war, in der 300 Meter entfernt mein Auto noch zu sehen war. Genau beim ersten Glockenton sah ich zufällig dorthin und bemerkte ein Reh dicht vor meinem Wagen. Viele Sekunden stand es fast unbeweglich, als ob es sich für die Wagenmarke interessiere. Es war ein Bock, das war ansprechbar. Aber ich machte nur eine Stange aus, wohl etwas nach innen verdreht, leicht geflammt, unvereckt. Genau beim letzten Schlag der Turmuhr zog er in die Dickung.

Einige Tage später wußte die ganze Gegend von dem »Einstangigen«. Wie alle Nachbarn es erfahren hatten, das wußte niemand. Interessant war er natürlich für viele, denn gar nicht weit von der Stelle, an der ich ihn ausgemacht hatte, stießen vier Revierecken aufeinander.

In den nächsten Wochen wurde der Bock sicher ein halbes dutzendmal an verschiedenen Stellen gesehen, aber immer nur über eine Schneise ziehend oder flüchtend, nie in Ruhe, nie auf einer Wiese oder im kräuterreichen Brachland äsend. Niemand erjagte ihn, keiner konnte sich über seine Erlegung freuen oder sich damit brüsten. So wurden die Berichte allmählich spärlicher, aber auch mystischer. Der Bock bekam eine Aura von unerreichbar, heimlich, schließlich sogar von unverwundbar. Hatte bereits eine sicher gewähnte Kugel ihr Ziel verfehlt?

Wochen verstrichen, Monate. Die Gäste hatten ihre Böcke geschossen, die Jagdzeit ging schon ihrem Ende zu. Aber ein Bock war noch frei. Der Einstangige durfte geschossen werden.

An einem Morgen hatte ich ein schwaches Kitz erlegt. Zur Bummelzeit am Vormittag hoffte ich nun noch eins zu finden, und so stieg ich auf einen Sitz, der auf einem langen Feuerschutzstreifen zwischen hohen Dickungen stand. Davor ging eine drei Meter breite Strichschneise durch die Fichten.

Ich hatte den Mantel auf die Bank gelegt, die Büchse abgestellt und suchte dann mit dem Glas das hohe, schon herbstlich grau-bräunliche Schmielengras ab, aber es saß kein Wild dort. Als ich das Glas herunternahm und mich gerade setzte, da aber stand ein Bock vor mir auf der engen Schneise, stark, wuchtig, rot und - mit nur einer hohen unvereckten Stange. Und dann ging alles furchtbar schnell. Das Glas weg, die Büchse hoch, entsichert, Schuß – der Bock war weg. Um 180 Grad hatte er sich herumgeworfen, war in der Dickung verschwunden.

Diana hilf, wie war das denn gewesen? Ich war doch gut abgekommen?

Es war ja alles schon vorbei, aber jetzt kam die zitternde Erregung und das Rasen der Gedanken. Hatte ich ihn wirklich geschossen, höchstens eine Minute nachdem ich auf den Sitz geklettert war? Kam, sah und siegte? Ein Cäsar-Bock? Ich mußte mich zur Ruhe zwingen, zum klaren Überlegen. Es konnte ja ein Herzschuß sein. Stimmte aber mein Gefühl, dann war ich weidewund abgekommen. Also warten, warten, warten. Es wurde mir so hart.

Schließlich ging ich in die Schneise und suchte den Anschuß. Aber ich fand ihn nicht. Ich suchte herum, wurde nervös. Die Erregung war sowieso noch nicht abgeklungen. Dann erst fing ich an, weiterzugehen. Wie oft war es mir schon passiert, daß der Anschuß doch weiter entfernt war, als ich geglaubt hatte. Und da fand ich ihn. Hellrot und dunkelgrün. Schräg hatte der Bock also gestanden, und weit konnte er nicht sein.

Nach ein paar Metern in der Dickung hatte er sich mit den Vorderläufen in einem tiefen Ast verhakt. Nur der Rücken lag frei. Ein fingerbreiter schwarzer Querstrich war darüber, eine brennendheiße Kugel hatte ihn dort gestreift und gesengt.

Als ich ihn auf die Schneise gezogen hatte, sah ich, daß er gar kein Einstangiger war. Links hatte er die gut über lauscherhohe geflammte und etwas nach innen gebogene Stange und rechts doch noch eine kleine, nur drei querfingerhohe, die der anderen dicht angelagert war. Das hätte man nur spitz von vorn oder hinten ansprechen können. Je länger ich dann bei ihm saß, um so größer wurde auch meine Freude.

Drei interessante Böcke waren es also gewesen in dem Jahr. Zunächst der starkstangige Spießer, bei dem die verheilten Laufwunden zu keiner Gehörnveränderung geführt hatten. Dann der Känguruh-Bock mit der stark eiternden Schußverletzung am linken Vorderlauf, der rechts nur einen Gehörn-»Stummel« und links eine knapp lauscherhohe Stange geschoben hatte; und nun der Cäsarbock, der keine Laufverletzung hatte, nach dem Gehörn aber unbedingt der Vater vom Känguruh-Bock sein konnte.

Sprach da noch etwas zwingend für die Theorie, daß eine Laufverletzung zu einer Minderentwicklung der gegenseitigen Gehörnstange führen soll? Zwingend, das heißt unterscheidbar vom Formenreichtum des Gehörnwachstums? Das ist sicher nicht mit drei oder vier Beispielen zu beweisen oder zu widerlegen, nur: Es gibt eben sicher Böcke mit stark ungleichseitigen Gehörnen ohne Laufverletzung, es gibt Böcke, bei denen schon eine ungleichseitige Gehörnentwicklung bestand, bevor es zu einer Laufverletzung kam, und es gibt Böcke mit einer Minderentwicklung auf derselben Seite der Laufverletzung. Und alle diese Fälle widersprechen der Theorie.

Ja, diese Geschichten kamen mir wieder so in den Sinn, als ich bei meinem schwachen Knopfbock mit dem verheilten Laufbruch saß. Es ist ja auch so schön, in Erinnerungen zu träumen.

Krassnyj Less, Gospodin . . .

Der Flughafen von Krassnodar ist klein, alt und staubig wie ein Dorfbahnhof der Jahrhundertwende. Die Hitze staut sich in den dunklen Gängen, und zu den Abflugzeiten schieben sich dort die Menschen mit ihrem

Handgepäck, den Netzen voller Melonen oder Tomaten, mit Kisten voller Hühner.

»Ja, schau nur Gospodin, nicht zum grauen Markt wollen wir, nein, zu Freunden in den großen Städten. Nun gut, sie zahlen für die Waren. Der Flug ist ja nicht teuer. So bleiben für uns ein paar Rubelchen. Das ist viel, Gospodin, wenn man 150 Rubel im Monat verdient, wie jeder normale Mensch.

Sicher, in Sibirien könnten es 200 Rubel sein, aber wer will nach Sibirien? Hier ist es warm, wir haben drei Ernten im Jahr, die Arbeit läßt sich ertragen, und man kennt doch alle, auch die Funktionäre. Und selbst den Popen, aber darüber spricht man nicht. Es läßt sich leben hier.

Das Restaurant suchst du? Ach so, für die großen Herren und die Ausländer. Da, im nächsten Haus findest du es. Gut werdet ihr essen, das gehört sich so zur Begrüßung von Fremden. Eine Borscht werdet ihr haben, sicher, und Kaviar und Salate. Und Sekt wird es geben, ja, und Wodka natürlich. Da, das ist die Dolmetscherin, ich kenne sie, zu ihr mußt du gehen, Gospodin, sie sucht dich schon.«

Später dann die Fahrt nach Krassnyj Less. Flimmerndes Licht über weichem Asphalt. Kilometerlange Felder, Sonnenblumen, die Köpfe in eine Richtung geneigt, auch Korn- oder Reisfelder, im warmen Wind schaukelnd. Ab und an eine Kolchose. Hunderte von Kühen an den Wasserstellen. Schwärme von Krähen. Mal ein flatternder Falke. Sonst nichts, woran sich das Auge festhält, nur Weite, auf zweistündiger Fahrt durch sommerreifes, gelbes Land.

Hier soll das weltbeste Hirschrevier sein? In dieser Wärme sollen Hirsche schreien? »Warte es ab, Gospodin. Ich hoffe, du hast einen festen Schlaf, sonst wirst du keine Ruhe finden in der Nacht.«

Endlich ein kleiner Hügel am Horizont, grau-grün, verschwommen noch. Das ist schon der Wald, das ist Krassnyj Less.

Krassnyj Less. Schöner Wald, heißt das, oder auch roter Wald. Aber schön ist er nicht, und rot habe ich ihn nie gesehen. Später im Jahr mag er rot sein, wenn das Laub sich färbt an den krüppeligen Eichen, vielleicht auch an den unterwüchsigen dornigen Sträuchern, die wir nicht kennen. Jetzt, im September, ist er grün, wenn man ihn von den eingesprengten Wiesen aus sieht, und dunkel, wenn man darinnen pirscht, wo trockenes Laub raschelt oder die saftige schwarz-graue Erde unter den Füßen quatscht, wo die Äste und Seitentriebe sich verflechten und den Durchblick rauben.

Nur ganz wenige alte Bäume wachsen hier, ein paar umgeknickte modernde Stämme, sonst zehn Meter hohes Knüppelholz auf 5000 Hektar großer, ebener Fläche, eine grüne Insel im unendlichen Gelb der Felder, das ist Krassnyj Less.

Mitten darin ein großes Haus, zweistöckig, weiß, mit rotem Dach, wie ein Herrenhaus auf einem großen Gut. Das ist das Gästehaus, für jagende Minister und devisenbringende Ausländer. Davor ein lang gestreckter See, mit einem Steg auf Pfählen, der vom Ufer zu einer Laube über dem Wasser führt, in der der Krimsekt schmeckt nach erfolgreicher Pirsch. Und 800 Stück Rotwild. Achthundert! Mit Hirschen, die nicht reif sind, wenn sie nicht zweihundert Punkte haben, mit zweien oder dreien in jedem Jahr, die mehr als 230 oder 240 Punkte bringen. Lebenshirsche, die ans Herz gehen und das Portemonnaie auszehren, jedoch nicht so sehr wie in anderen Ländern, wenn sie dort überhaupt zu jagen sind. Ja, das alles ist Krassnyj Less. Aber wie soll man das glauben, wenn man nicht dort war.

Dort warten die Begleitjäger in ihren blauen Uniformen, mit den viel zu großen Mützen mit grüner Biese. Aber sie bleiben respektvoll zurück, denn jetzt kommt der Oberförster, der Alexander. Ja, der da, mit dem braunen verknitterten Anzug und grauem Hemd. Er sieht nicht nach Oberförster aus? Aber schau ihm ins Gesicht und in die Augen, dann spürst du die Ruhe und das Wissen, dann weißt du, wer hier der Souverän ist. Und pirsche mit ihm, dann spürst du seine Demut vor den Königen von Krassnyj Less, dann malt er dir die Punktzahl der Hirsche in die Hand. Plus minus fünf. Mehr nicht. Und sieh zu, wenn er ein Geweih bewertet, mit welcher Ehrfurcht er die Stangen umfaßt, wie sein Blick sie bewundert, mit welcher Liebe seine Finger über die Perlung gleiten.

Er hat dieses Revier aufgebaut, seit 1960, als der Wald wieder wuchs, der zerstört war. Mit 24 Stück Rotwild aus dem Kaukasus und aus dem Naturpark am Don hat er angefangen. Er hat sie gehegt, hier unter den allerbesten Lebensbedingungen. In den Feldern stehen sie sonst, wo sie großen Schaden machen, aber in der Brunft ziehen sie sich alle im Wald zusammen. Viele wollen hier jagen, auch Wilderer. Alexander weiß das. Zwei Tage lang haben sie seinen einzigen Sohn gesucht, bis sie ihn fanden. Erschossen. Ja, dieses Revier ist sein Leben, seine Liebe und sein Schicksal. Aber das alles wird er nicht erzählen. Frag ihn auch nicht danach.

Wir begrüßten uns wie alte Freunde, der Alexander und ich. Wir hatten zusammen gejagt, so wird man zu Freunden, oder zu Feinden. Wir hatten zusammen einen Hirsch geschossen, einen starken, alten, mit weiter Auslage, mit einer 5er und einer 3er Krone. Eine Augsprosse war ihm über das Licht herab gewachsen. Es war ein sehr starker Hirsch. Es war der falsche Hirsch! Alexander hatte sich vertan, der große Alexander!

Wir hatten den Hirsch schon einmal eine halbe Stunde vorher in

Anblick. Wir hatten ihn einige Male anstoßen gehört und waren ihn angegangen. Er stand neben einer Suhle und döste. Über fünf Minuten lang standen wir vor ihm, haben ihn betrachtet und bewundert. Ich sollte ihn nicht schießen, und ich wollte es auch nicht. Ich hatte einen Grund gefunden, mir einen noch stärkeren zu gönnen. Das kann man sich weitgehend aussuchen in Krassnyj Less.

Alexander wußte, welchen ich schießen wollte. Er kannte den Hirsch und hatte versprochen, mich an den Hirsch zu führen. Ich hielt das für kühn, doch damals kannte ich ihn noch nicht.

Aber dann kam uns der Hirsch, den wir vorher beobachtet hatten, in einer ganz vertrackten Situation. Die Sonne blendete, der Hirsch blendete. So passierte es, was nur alle paar Jahre einmal passiert: Alexander ließ sich blenden.

Es war der stärkste Hirsch, den ich je erbeutet habe. Ich freute mich so unsagbar, obwohl wir ihn nicht gewollt hatten. Aber Alexander freute sich nicht. Als er eine Laufverletzung entdeckte, wollte er, daß mein Schuß als Fangschuß gelten sollte. Ich sollte den Hirsch dort lassen und den anderen jagen, den ganz starken. Das konnte ich nicht. Das wollte ich auch nicht.

Am nächsten Morgen haben wir dann wieder gepirscht. Wir hörten einen Hirsch mit ganz markanter, rauher und tiefer Stimme. Alexander hob den Zeigefinger: Das ist er, sollte das heißen. Wir sind ihn angegangen, unsagbar langsam im raschelnden Laub und im dornigen Unterwuchs. Als wir ihn sahen, waren wir nur noch zwanzig Meter entfernt, mir stockte der Atem. Einen solchen Hirsch hatte ich noch nie in Anblick gehabt. Es waren wirklich unterarmdicke Stangen, vier unterarmlange Enden hatte er in jeder Krone, blinkende Kerzen. Es war ein Geweih von unfaßbarem Ebenmaß, voller Wucht und Stärke, voller ergreifender Schönheit. Viele Minuten lang stand er dort, äugte umher, schrie, schlug sein Geweih in die Äste. Dann zog er auf fünf Meter an uns vorbei, durch tauglitzerndes Unterholz, vom morgendlichen Sonnenlicht umstrahlt.

In diesem Augenblick wäre ich mir untreu geworden, wenn ich die Büchse mitgehabt hätte. Ich hätte geschossen, wenn ich noch die Wahl gehabt hätte. Ich hätte den anderen zurückgelassen, ihn schnöde abgegeben. Ich hätte ihn verraten, hätte meinen bisher stärksten Hirsch gegen den noch stärkeren verschachert. Wie erbärmlich hätte ich gehandelt. Aber ich hätte es getan, ich muß es zugeben. Und ich weiß nicht, ob ich mich noch schämen soll, oder ob ich es mir verzeihen darf. Monatelang habe ich mich abends an meinem so starken Hirsch erfreut und nachts von dem noch stärkeren geträumt.

Nun sahen wir uns wieder, Alexander und ich. Er führte mich auch wieder. Wir sprachen nicht von der Erinnerung, er sagte mir auch nichts von dem Hirsch, den er jetzt suchte, nur, daß er einen ganz starken wüßte. Drei Tage lang fanden wir ihn nicht.

Es ist ja nicht so, als ob die Hirsche in Krassnyj Less angebunden wären, als ob es kein wirkliches Jagen gäbe. Es ist sogar oft nicht leicht, zu jagen. Das Wild ist hier so aufmerksam wie überall. Das Laub raschelt, der Unterwuchs versperrt die Sicht oder das Schußfeld. Man kommt vielleicht einem Rudel in den Wind, das man gar nicht gesehen hat, während man ein anderes angeht. Dann prasselt das eine davon und nimmt das andere mit. Aber weit gehen sie dann nicht. Wo sollen sie auch hin? Überall steht Wild, 800 Stück auf 5000 Hektar.

Ich habe es erlebt. Ein Hirsch war beschossen, aber wurde nicht gefunden. Hunde gibt es hier nicht. Es wurde eine lange Kette gebildet und ein riesiges Waldstück einfach durchkämmt. Man stelle sich das vor! In einem Rotwildrevier, mitten in der Brunft! Aber am Abend standen genau in diesem Teil wieder drei Rudel! Doch die Schakale heulten an anderer Stelle, wo der Hirsch verendet war. Nein, einfach ist das Jagen nicht, aber unbedingt erfolgreich. Es gibt ja so viele reife alte Hirsche, und einer wird passen, wenn man sich nur nicht auf einen bestimmten versteift, wie ich es getan habe.

Drei Tage fanden wir den Hirsch nicht. Es waren herrliche Tage, voller erregender, aufwühlender, begeisternder Situationen. Unsagbar viele Hirsche sahen wir, dösende, schreiende, suhlende, treibende, beschlagende, kämpfende. Hirsche in vollem Sonnenlicht, vom Morgennebel umwallt, Schemen in der Dämmerung. Es gibt sicher viele gute Reviere. Sie alle aber bringen in einer ganzen Brunftzeit nicht so viel Erleben wie Krassnyj Less an einem Tag.

Wir sahen auch drei Böcke der immer für unmöglich gehaltenen Kreuzung zwischen sibirischen und europäischen Rehen. Imponierende Gehörne waren das mit sibirischen Höhen von über 30 Zentimetern und europäischer Perlung. Aber nur nach europäischer Wertung werden sie für den Erleger abgerechnet. Und das ist viel, bei Gewichten um 600 Gramm, und unsagbar viel war es bei dem Spitzenbock mit 995 Gramm. Aber wir suchten ja einen bestimmten Hirsch, und als wir ihn fanden, da war Diana nicht bei mir.

Es war sehr spät und sehr dämmerig. Der Mond schien schon, wir gingen bereits zurück. 300, 400 Meter entfernt, hinter einer Eichenkultur, hörten wir einen Hirsch schreien, mit Trenzern und Sprengruf. Es war keine gute Stimme. Sie klang so, als ob sich ein Beihirsch verlustierte, weil der Platzhirsch noch nicht zum Rudel getreten war. Da kam ein einziger Schrei aus den Eichen. Ein Schrei, von so unsagbarer Gewalt, so hart, so drohend, so herrschend. Das Herz stockte uns. Es riß uns herum. Der Beihirsch verschwieg, die anderen Hirsche in der Umgebung verschwiegen. Es herrschte dann eine vor Spannung knisternde Ruhe. Dabei war doch alles klar. Irgendwo in den schulterhohen Eichen, da war der König, der absolute Herrscher.

Wir pirschten an der Dickung entlang, dahin, wo der Beihirsch geschrien hatte. Da stoppte uns ein einzelner Brummer. Und dann sahen wir ihn. Nur 30, 40 Meter entfernt hatte er sich im Jungwuchs niedergetan.

Es war schon dämmerig, es blieb auch keine Zeit zum lange verweilenden Betrachten, aber er trug ein unglaublich starkes Geweih. Wieviele Enden in den Kronen waren, konnte ich so schnell nicht zählen. Aber das ist ja auch nicht so entscheidend. Die Aug-, die Eis- und die Mittelsprossen waren gleich lang, doch wenn ich sagen würde, wie lang, das würde mir keiner glauben. Und wenn ich sagen würde, wie dick die Stangen waren, dann würde mir das erst recht keiner glauben. Man muß so etwas gesehen haben, um voller Ehrfurcht zu begreifen, was es für Könige gibt.

Der Hirsch hatte uns bemerkt. Mit einem Ruck war er hoch, und stand nun schräg zu uns hin. Ich riß die Büchse hoch, ich sah den Trägeransatz im Fadenkreuz. Aber der verschwand im gleichen Augenblick, als ich den Finger krümmte. Nun stand der Hirsch schon spitz, ich schoß an ihm – vorbei.

Was dann geschah, das erzähle ich nicht, Gospodin. Aber seitdem träume ich nicht nur von dem einen Hirsch, den ich im Morgenlicht so nahe gesehen hatte. Seitdem sind da zwei Hirsche in meinen Träumen, zwei Könige der Hirsche. Sie schreien sich an, sie paradieren voreinander, sie kämpfen miteinander. Und ich stehe daneben, ich zittere und möchte die Hand nach ihnen ausstrecken. Aber dann lösen sie sich auf in ein Nichts, und ich wache auf und bin in Schweiß gebadet.

Wer das nicht versteht, Gospodin, fahre nie nach Krassnyj Less. Er wird es nicht würdigen können, einem solchen König zu begegnen, er ist dann auch einen solchen Hirsch nicht wert.

Ich habe doch noch einen Hirsch geschossen, und, nach diesem Erleben, sogar genau den richtigen, einen uralten Hirsch. Ich habe einen neuen Rekord für Krassnyj Less aufgestellt – einen Minus-Rekord.

Was sonst hätte auch nach diesem großen Erleben gepaßt, ohne Bruch, ohne Bitterkeit. Welch' neues Erleben sonst hätte nicht zwangsläufig zu Vergleichen geführt, zu Vergleichen, die doch nur zu einer Herabsetzung geführt hätten, die kein Hirsch verdient. Nein, nur ein Minus-Rekord konnte als neues Erleben gewürdigt werden.

Es wurde wirklich ein befreiendes, ein beglückendes, ein befriedigendes Erleben. Wir standen an einer Schneise. Schon von weitem hörten wir ein Rudel und sahen es dann über die Schneise flüchten. Der Hirsch kam natürlich zuletzt. Ich hatte viele schon gesehen, und erkannte beim ersten Blick, daß er schwach und uralt war. Ich fuhr mit, die Kugel faßte sein Leben. Als ich die Todesfluchten ausgegangen war, da war sie auch wieder da, diese Mischung aus Ehrfurcht und Freude, ohne Vergleiche, ohne Bitterkeit.

Dann kam die Fahrt zurück durch sommerreifes Gelb, durch flimmerndes Licht über weichem Asphalt. Noch ein Zurückschauen, Gedanken, Erinnerungen, Dankbarkeit. Eine Borscht dann, Kaviar und Salate, und Sekt, ja, und Wodka natürlich. Das alles gehört dazu. Das alles ist Krassnyj Less, Gospodin.

Beglückende Tage

Es war reiner Wahnsinn. Wir brauchten 17 Stunden und fuhren die ganze Strecke an einem Tag. Trotz Hitze und trotz Verkehr. Als ob wir noch dreißig wären. Als wir ankamen, waren wir nicht mehr müde. Wir hatten den Punkt überschritten. Wir waren hellwach, aber die Muskeln vibrierten. Wir wohnten bei dem Förster in einem der fünf kleinen Höfe, drei Kilometer von der Asphaltstraße entfernt. Es war das typische Bild polnischer Einsamkeit, zwei alte Häuser, aus Balken gebaut, drei neue, mit unverputztem Ziegelstein, Lattenzäune um sandige Hofplätze, unzählige Hühner, schnatternde Enten, ein paar Kühe an Ketten im Straßengraben. Und zwei Hunde, verfilzt und verlaust, ein bißchen Fox, sonst undefinierbare Melange, liebebedürftig und sauscharf.

Es war auch die übliche Begrüßung, voller Herzlichkeit und Gastfreundschaft, mit vollen Tischen und selbst gebrannten Wässerchen. Aber es gab anfängliche Zurückhaltung, wegen der letzten Erfahrungen, wegen der letzten Deutschen, die nicht zu fein waren, dort zu jagen, aber zu fein, mit ihnen zusammenzusitzen.

Die Höfe lagen schon im Revier. Nur ein paar Hektar Felder schlossen sich noch an, Kartoffeln und Getreide zum Eigenverbrauch, dann Tabak, den der Staat aufkauft, und wofür er mehr bezahlt als ein übliches Jahresgehalt.

Das Gelände war flach, bei teils sandigem, teils feuchtem Boden. Laubholzwälder mit fast undurchdringlichem Unterwuchs wechselten mit riesigen Wiesenflächen, die von breiten Gräben begrenzt wurden. Es waren Wiesen, wie wir sie nicht mehr kennen. Es wuchs dort auch Gras, aber sonst nur Klee, Kräuter und rote, weiße und gelbe Blumen. Die Luft war prall voll vom Summen der Bienen und vom süßen, herben und würzigen Duft.

Am ersten Morgen schoß ich zwei Böcke. Es war ein herrliches, ein freies Jagen. Wir liefen viele Kilometer weit über sandige Wege, am Wall der Gräben, am Rand der Wälder. Wir sahen die Grenze nicht. Wir sahen keine Menschen und keine Reiter. Wir hörten ein Flugzeug, aber keine Autos. Bussarde zogen ihre hohen Kreise, ein paar Störche stakten durch anmoorige Senken, ab und an schrillte ein Fasanenschrei durch die Stille, Tau glitzerte und flimmerte über allem Grün, und ganz feine dünnseidige Nebeltücher schwebten in den Wiesenecken.

Wir sahen viele Rehe, Ricken mit dicken Bäuchen und Böcke mit weißen Gesichtern, alte wie junge. Es gab keine bunten Gesichter, keine Brillen, keinen Muffelfleck. Nur weiß schimmerte es zwischen Äsern und Lauschern. Starke, großrahmige Wildkörper waren es, zwanzig Kilogramm und mehr. Es hielt schwer mit dem Ansprechen.

So vieles muß man vergessen, wenn man in der Fremde jagt, so viele Zeichen, die zu Hause fast heilig sind und doch nicht immer stimmen. Vieles muß man neu lernen oder umlernen. Man muß aus der Schablone heraus, aus dem Festgefügten, aus dem Erstarrten. Man muß wach werden und wieder aufnahmefähig.

Das Gras der Wiesen war schon hoch gewachsen, weit bis über die Knie klebten die nassen Hosen an den Beinen, oft ragten nur Häupter hoch, nur spielende Lauscher wedelten über dem grünen Meer. Es hielt schwer mit dem Ansprechen.

Wir pirschten am Waldrand entlang, auf einen Buschstreifen zu. Rot schimmerte es plötzlich dahinter. Allein mußte ich weiter.

Fünfzig Meter sind das noch. Das müßte doch gehen. Schön bücken. Ruhig. Vorwärts. Halt. Das Stück wirft auf. Weiter. Noch dreißig, noch zwanzig Meter. Noch ein paar Schritte. Nur langsam, nur leise. Halt, schauen, riechen. Ja, der Wind ist gut. Es müßte gehen. Weiter. Das ist ein Bock. Was für einer? Er zieht näher. Jetzt ist er verdeckt. Los, schnell jetzt, fünf Schritte voran. Vorsicht. Nur ein knackendes Ästchen zerreißt die Stille. Nicht so laut atmen. Ganz ruhig bleiben. Noch zwei Schritte. Was hat der denn auf? Ach, diese Blätter. Wo ist eine Lücke? Der wird ja ganz flott. Das sind nur noch zwanzig Meter. Hoch hat er auf. Sechser? Wieder verdeckt. Schnell einen Seitenschritt. Ja, hier ist Durchblick. Ganz ruhig bleiben. Er äst. Jetzt, er wirft auf. Klee baumelt unter dem Äser. Eine ganz tiefe Vordersprosse, sehr lang. Eine Stange ist ja krumm. Stark. Der paßt. Er zieht. Jetzt aber schnell, sonst ist er weg. Es sind nur noch zehn Meter. Ein Ruck muß das sein. Ist gestochen? Sicherung vor. Los jetzt. Hochreißen und schießen. Jetzt! Er ruckt. Er zeichnet. Der überfällt ja noch den Graben! Er ist im Busch. Wo? Schnell repetieren. Da steht er. Fünf Meter. Waffe hoch. Halt. Er zittert. Er fällt. Er liegt! Er liegt!

Dann saßen wir im nassen Gras und pafften ein paar Zigaretten in der abklingenden Erregung. Wir redeten und verstanden doch kein Wort. Wir zeigten uns immer dasselbe, die gute hohe Sechserstange, und die krumme, breite, mit der langen tief angesetzten Vordersprosse und dem Loch darunter, das durch eine Blutung unter dem Bast entstehen soll. Wir redeten und freuten uns. Wir verstanden kein Wort. Aber wir verstanden uns.

Die Sonne stand nun hoch, und als wir heimgingen, glaubten wir nicht, noch einen Bock zu sehen. Und dann sahen wir doch noch einen. Weit entfernt am Waldrand stand er. Wir liefen, so schnell wir konnten. Ein stubengroßer, stubenhoher Haufen gab uns Deckung. Zusammengelesene Steine waren das, aufgeschichtet, von Brennesseln überwuchert. Eine einzelne krüppelige Kiefer wuchs darauf. Es war noch weit von dort, aber ansprechen konnten wir ihn. Ein wirklich ganz Alter. Gar keinen Zweifel gab es. Nur lauscherhoch waren die Stangen, ganz steil und enggestellt. Eine einzige kleine Vordersprosse sah ich. Aber unglaublich breit und dick mußten die Stangen über den Rosen sein. Das prahlte nicht, das erschlug! Wie aber sollte ich schießen? Im Knien sah ich ihn nicht. Im Stehen konnte ich nicht bei weit über hundert Meter. Da war ich schon unterwegs und stieg den Hügel hoch. Die Brennesseln reichten mir bis zu den Schultern. Der Bock stand noch am Waldrand, als ich oben war, als ich die Mündung durch die Äste schob und noch ein paar Brennesseln abknicken mußte. Dann fiel der Schuß. Er hörte ihn noch. Er lag, aber weidewund war ich abgekommen. Er verendete erst, als wir zu ihm traten. Es schmerzt, das zu sehen. Aber dann jubelten wir.

Er war noch stärker, als wir gedacht hatten. Die Stangen waren nicht hoch, sie paßten zwischen gestreckten Daumen und Zeigefinger. Sie waren flach, aber fast drei querfingerbreit. Eine Rose hatte 16 Zentimeter Umfang, und darüber ging nach hinten eine einzelne, fingerbreite Perle wie ein atypisches Ende ab. Es war ein Morgen mit viel Jubel.

Der Freund jubelte dann mit. Er hatte nicht geschossen. Aber das heißt nichts bei uns. Wir tranken die Böcke tot, und ich erzählte x-mal, wie alles gewesen war. Am Abend schoß er zwei Böcke und ich keinen. Da jubelten wir wieder, genauso.

Wir blieben fünf Tage, wir schossen noch viel. Wir schossen zwei falsche Böcke. Gut waren die Gehörne, aber zu jung waren die Böcke. Die Stangen glitzerten naß vom Morgentau, und sie blinkten und blendeten in der Sonne. Wir ließen uns blenden. Sie waren zu jung, um ein oder zwei Jahre. Die Förster glaubten das nicht. Wir wußten es.

Aber auch das waren aufregende Erlebnisse, mit hartem Anpürschen, mit schneller Entscheidung oder weitem Schuß. Solche Erlebnisse können nicht von einem Griff in den Äser getrübt werden und sollten es auch nicht.

An einem Abend pirschten wir auf einem Wall entlang. Wir hatten schon einen Bock vertreten, einen hochinteressanten, abnormen, den wir in den nächsten Tagen noch sahen und doch nicht erlegen konnten. Nun wurden wir noch vorsichtiger.

Der Förster erkannte die Bewegung zuerst. Ein Bock zog durch die Wiese. Wallendes Gras sahen wir nur, sonst zunächst nichts. Dann Lauscher, dann Stangen, kurz vereckte, schwarze, handspannenweit ausgelegte. Ich kniete schon. Wo war eine Lücke? Es kam keine. Der Bock war nicht mehr weit. Wo war der Rücken? Ich ahnte ihn. Ich schoß. Er lag.

Er lag, und ich zitterte nachträglich und vor Angst, weil ich jetzt erst kapierte, wie weit die Kugel durchs Gras mußte, schräg von oben zwar, aber doch mit diesem Risiko. Aber er lag, und ich war mehr dankbar und erleichtert als froh.

Wir pirschten dann weiter. Nach zwei Kilometern sah ich zuerst eine Bewegung, nicht in der Wiese, an der anderen Seite vom Wall, am Waldrand. Sauen. Wir fielen zusammen wie getroffen und krochen am Boden entlang, bis wir eine Lücke im Randbewuchs fanden. Der breite Streifen zwischen Wall und Wald war wild bewachsen mit Sträuchern, kleinen Bäumen und Schilfbündeln. Wieviel waren es? Fünf oder sieben? Es blieb ein ewiges Hin und Her, rein in den Wald, wieder raus, wieder rein, fünfzig Meter weiter raus, nichts mehr zu sehen. Wir mußten näher.

Ich war schon den Wall herunter. Durch den Graben ging es vorwärts, durchs Wasser. Vorsicht, nicht plätschern. Wieder den Wall hoch, hier müßte es recht sein. Auf dem Bauch zum anderen Rand, zu einer Lücke. Wo sind sie? Da! Hin und her geht das. Nur ruhig. Warten. Zwei sind stark, sehr stark. Bachen? Die anderen sind auch nicht schwach. Keine ist unter fünfzig Kilogramm. Wieder sind alle verdeckt. Wo kommt jetzt eine hinter den Büschen heraus? Da! Nein, halt, die ist stark. Warten, im Anschlag warten. Die ist schwächer, aber schon wieder verdeckt. Hin und her geht das. Es grunzt und schmatzt. Die! Nein, zu stark. Aber die! Weg ist sie. Es ist schon so dämmerig. Fünf Minuten geht das so. Jetzt aber, die. Verdeckt. Aber wenn sie gerade weiterzieht – ja, da ist die Lücke. Schuß. Feuerschein. Krach. Flüchten. Alle zusammen. Schon im Waldrand. Weg sind sie. Oh je, alle zusammen. Keine trennt sich ab. Aber ich war doch gut abgekommen. Ich wußte es.

Der Förster glaubte mir. Wir wagten es. Wir suchten den Anschuß. Wir fanden den Schweiß. Wir fanden den jungen Keiler zwanzig Meter im Wald. Wie schön kann Jagen sein!

Aber wie schmerzlich kann auch Jagen sein. Am nächsten Morgen lag dicker Nebel über den Wiesen. Wir mußten warten. Darum stiegen wir auf einen Hochsitz und hörten den Vögeln zu bei ihrem Morgengesang und den Blättern bei ihrem Flattern im Wind. Hinter dem Sitz lag eine Freifläche. Als ich gerade einmal dahin sah, zog eine schwere Sau darüber. Sie war alleine, und im Glas sah ich den Pinsel. Es war also ein alter Keiler. Im Schuß lag er und rührte sich nicht. Das paßte mir nicht. Ich hatte sofort die nächste Patrone im Lauf, ich wollte noch einmal schießen. Aber da zog mir der Förster den Lauf weg: »Nix schießen, kaput!« »Nix kaput, gekrellt!« Da fing der Keiler schon an zu schlegeln, kam wieder auf die Läufe und verschwand am Waldrand. Der Schuß ging vorbei.

Der Förster holte seine Fox-Melange, dann hingen wir der Fährte nach. Der Hund arbeitete frei. Er hielt die Fährte, drei Kilometer weit, dann war er im dichten Unterwuchs verschwunden. Plötzlich gab er Standlaut. Ganz dumpf klang das. Wir liefen los. Wir brachen durchs Unterholz, wir patschten durch Suhlen und dann erstarrten wir. Das war gar nicht mehr weit, wir standen über dem Laut. Der Hund war in einem Fuchsbau. Aus. Vorbei. Nichts mehr zu machen. Nach einer halben Stunde kam er heraus, völlig erschöpft.

Einen anderen Hund gab es nicht in der Gegend. Der Keiler war verloren. Vielleicht hätten wir ihn auch sonst nicht bekommen, wahrscheinlich sogar. Er hatte nur ganz wenig geschweißt. Aber es war doch deprimierend.

Ich schlich dann hinter dem Förster her und merkte nicht, daß er schon wieder pirschte. Ich wurde erst wach, als plötzlich Rehwild schreckte, achtzig Meter vor mir, wo der Förster schon war. Ich stand an einem tiefen breiten Graben, der durch eine Waldecke lief. Zehn Meter waren an beiden Seiten frei, nur Gras wuchs da und ein paar Sträucher. Zwei Schmalrehe flüchteten vorbei, aber noch einmal schreckte es, ganz tief, stark. Ich kniete schon. Dann kam ein Bock aus dem Bewuchs, er verhoffte auf dem freien Streifen, ich hatte ihn im Glas. Das war der stärkste Bock, den ich bisher gesehen hatte. Ganz lange Hintersprossen, eine Vordersprosse, starke Stangen, gute Perlung.

Im Sprung über den Graben traf ihn die Kugel. Weidewund, ich wußte es. Dann war er schon verschwunden, aber nicht mehr weit gekommen. Er war noch stärker, als ich zunächst geglaubt hatte. Fünf Minuten bevor wir den Hut zogen, war ich noch so betrübt, und jetzt standen wir vor so einem starken Bock. Zu Tode betrübt und dann himmelhoch jauchzend! Wie schnell kann sich alles ändern. Was wäre es erst für ein Jubeln gewesen, wenn auch der Keiler gelegen hätte. Aber wären wir dann überhaupt hier vorbeigekommen? Hätten wir den Bock überhaupt gesehen?

Am Abend hatten wir uns an eine Wiesenecke gesetzt. Der Förster kannte hier einen Abnormen, aber der kam nicht. Dafür sahen wir einen anderen, weit entfernt, die Enden leuchteten wohl handhoch über den Lauschern. Wir konnten ihn nicht umgehen, wir konnten nicht durch das sperrige Unterholz im Wald heran. Ich nahm die Büchse über den Rükken, auf Knien und Ellenbogen robbte ich hin. Das Gras war hoch, er konnte mich nicht eräugen. Der Wind stand gut. Wie weit würde ich kommen? Naß war die Wiese. Pfützen standen darin. Heiß war es. Ich schwitzte, die Mücken verfolgten mich. Plötzlich trat ein Jährling aus, fünfzig Meter war er nur entfernt. Es dauerte zwei Minuten, bis er mich entdeckt hatte. Aber er wußte nichts mit mir anzufangen. Er sah nur meinen Rücken, hielt mich wahrscheinlich für eine Sau. Der Freund meinte später, das wäre verständlich. Dann schreckte der Jüngling. Immer wieder, immer weiter. Aber er sprang nicht ab.

Der gute Bock hatte natürlich aufgeworfen. Er zog jetzt etwas näher. Ich kroch voran. Ich hatte die Büchse jetzt in einer Hand und überlegte, wie das weitergehen sollte. Im Liegen konnte ich bei dem hohen Gras nicht schießen. Im Sitzen würde es wohl auch nicht gehen. Ich mußte also zumindest knien.

Der Jährling stand jetzt seitlich von mir, der brave Bock war noch etwas näher gezogen. Er war nur noch achtzig Meter entfernt. Wie lange würde das gut gehen? Wenn der Jüngling absprang, würde der Alte sofort folgen. Zunächst aber zog er auf einen Grabenrand. Er stand nun etwas höher, er wollte Einblick in die Wiese haben. Die Sonne stand hinter mir und blendete ihn. Er war noch nicht ganz verfärbt, aber die roten Partien leuchteten und das Gehörn prahlte. Ein Sechser war er, hoch die Stangen und recht gut die Perlung. Wie sollte ich in Schußposition kommen?

Ich rollte mich auf die Seite und zog die Knie unter den Bauch. Der

Jährling schreckte und die Mücken summten. Ich hatte die Büchse gestochen und entsichert. Ich stützte mich mit der linken Hand ab und warf mich mit einem Ruck herum auf die Knie. Dann war ich hoch, die Waffe im Anschlag, hatte den Bock im Fadenkreuz, der Schuß war raus. Er schnellte vorne hoch, stieß sich noch mit den Hinterläufen ab, flog durch die Luft und brach zusammen. Jetzt erst merkte ich, wie erledigt ich war, verschwitzt, verdreckt, zerstochen und ausgepumpt. Was für ein herrliches Jagen war das.

Wir blieben dort sitzen und genossen den Sonnenuntergang mit seinen roten und goldenen Farben, mit dem Konzert der Vögel in der friedlichen Stille. Ein Storch stolzierte noch durch die Wiese, durch die ich gekrochen war. Vor uns lag der Bock mit seiner begehrenswerten hohen Krone. Welche Glückseligkeit liegt in solchen Stunden.

Der Freund schoß am nächsten Morgen mit meisterlichem Schuß einen wirklich hochkapitalen Bock, den weitaus besten, den wir erbeuteten. Er brauchte lange, bis er seinen Hut im hohen Gras wiederfand, den er vor jubelnder Freude in die Luft geworfen hatte.

Das war auch der letzte, den wir erjagten. Ich versuchte mich noch einmal auf den Abnormen, aber wir vertraten ihn wieder. Dann war er endgültig vergrämt und ließ sich nicht mehr sehen. Er war zu schlau für mich. Als wir am letzten Abend an seinem Einstand vorbei zurückgingen, zog ich meinen Hut und grüßte ihn. Mögest du leben und gut durch den Winter kommen. Vielleicht sehen wir uns im nächsten Jahr.

Ein Abend und ein Morgen

Es war der Duft, der mich weckte. Party-Duft. Morgens um drei Uhr. Obwohl ich doch Langschläfer bin.

Es war eine große Party, nicht unbedingt eine feine, eher eine gemischte, eine moderne.

Einige Herren trugen Smoking, bei den anderen schimmerten Goldketten im offenen Kragen und am Handgelenk. Sie hatten ihre Mienen auf verbindlich-clever programmiert.

Die Damen trugen samtweiche lange Lederröcke oder seidige Pumphosen. Einige waren charmant, andere hatten Doppelnamen und waren voller Selbstbewußtsein.

Ich kannte nicht alle, aber viele. Ich wußte, wer meisterhaft mit seinen roten Zahlen jonglierte, zerrissen zwischen Anspruch und Wirklichkeit.

Ich wußte, wer früher mit Ho-Tschi-Minh-Rufen durch die Straßen gelaufen war, später gegen dieses, dann gegen jenes demonstrierte, immer so, wie es »in« war, immer der Epidemie folgend, die der ausgestreute Bazillus gerade haben wollte.

Ich hörte viel von Toleranz und fragte mich, ob das nicht ein Schleier war, der den Mangel an eigenem Standpunkt verdeckte.

Ich hörte viel von Aktivität, und glaubte oft, daß sie aus Furcht vor Ruhe und Stille entstand.

Es waren keine Gespräche, nur Feststellungen, oft einzelne Worte. Es war ein Herumgehen, mit einem Long-Drink in der Hand. Es gab Wangenküsse ohne Bedeutung.

Nirgendwo war Fröhlichkeit, überall nur Wichtigtuerei. Niemand war dafür, nur dagegen. Gegen Krieg und gegen Unterdrückung, gegen die Mülldeponie und gegen Tierversuche.

Alle kannten Tiere, vom Zoo her oder von einem Spaziergang.

Alle kannten die Natur, entweder vom letzten Ski-Urlaub in St. Moritz oder vom Fernsehen.

Alle waren gegen die Jagd. Niemand hörte zu. Niemand war Jäger.

Ich ging nach Hause.

Es war der Duft, der mich weckte, der noch an meinen Händen klebte und an meinen Wangen, eine Mischung aus schwerem Parfum und gegrillten Würstchen. Und ich fragte mich, ob es ein Alptraum war, voller bösartiger Überzeichnung oder eine wahre, eine moderne Erinnerung.

Dann war ich richtig wach, eine halbe Stunde später stieg ich auf einen Hochsitz.

Die Sonne ging hinter dem kleinen Wäldchen auf. Die lückigen Bäume bündelten die Strahlen und verdichteten das Licht zu schmalen Bändern farblos gleißender Helligkeit.

Im Tal kam Wind auf, der den Nebel wirbelte und zerriß. In seinen Lücken sah ich drei rote Wildkörper. Zwei jagten sich dann über die Wiese, sie teilten die Nebelschleier wie Bugwellen. Als die Kitze das merkten, jagten sie nicht mehr hintereinander her, sondern nur noch auf die Nebelbänke zu, die sich so lustig aufdehnten, verformten und wieder zusammenflossen. Es war ein herrliches Spiel. Nur die Ricke schien erstarrt, aufmerksam, wie jede Mutter, die ihre Kinder bewacht. Die Natur ist ja nicht friedlich. Sie ist voller Leben und voller Tod.

Dann versank der Nebel und Tau glitzerte auf der Wiese.

An der Grenze fiel ein Schuß; sicher auf einen jungen Bock. Der Alte ging dort nicht mehr seit dem 16. Mai um 6 Uhr 30. Da hatte er einen anderen getrieben, zehn Meter jenseits der Grenze war er nach einem Schuß zusammengesunken. Ist das modern? Ist das clever? Ist das Jagen?

Es sind nicht alles Jäger, die's Hörnlein blasen. Mancher wird's nie, weil er nur an volle Wände denkt, weil er die Ehrfurcht nicht fühlt... und so ihr's nicht fühlt, ihr werdet's nie erjagen... ihr bekommt nur eine Knochensammlung. Eine moderne, keine, die Freude und Erinnern bringt.

Passion ist gut. Aber Passion ist noch nicht jagen, und jagen ist nicht nur schießen. Jagen ist lieben, bewahren, genießen, verehren und auch schießen. Aber bei Gott nicht schießen an jedem Ort, zu jeder Zeit, nicht auf alles und nicht auf jedes.

Auch der junge Deutsch-Drahthaar war passioniert. Wenn er erst abgeführt war, würde er ein guter Hund. Er mochte das Singen nicht, auch nicht »Stille Nacht, heilige Nacht«. Er mochte die Hitze der Kerzen nicht und nicht das Blinken der Kugeln im Baum. Er wollte raus. Er lief hundert Meter weiter als sonst, dann hörte er schon den Knall nicht mehr. 18 Uhr 30. Stille Nacht, heilige Nacht. Friede auf Erden und den Menschen ein Wohlgefallen.

Ohne Ehrfurcht wird keiner zum Jäger.

Die Sonne stand über dem Wäldchen. Ihre Strahlen hatten den Hochsitz erreicht. An einer Ecke sprühten sie auf. Es blitzte und blinkte aus tausend Perlen. Ein Spinnennetz war dort. An allen Fäden hingen Tautropfen, es war ein Funkeln und Leuchten, ein Flimmern und Blenden. Bis eine Fliege sich verfing. Sie kämpfte und zerrte. Da fielen die Perlen herab. Erloschen war das reflektierende Leuchten.

Die Natur ist voller Licht und voller Schatten, voller Leben und voller Tod. Es war ein herrlicher Morgen. Es war Beglückung. Trotz aller bösen Gedanken. Ich ging nach Hause.

Bei Luzian

Als ich zum letztenmal in die lange Kastanienallee einbog und auf das verlassene Schloß zufuhr, da war alles irgendwie anders als sonst. Ich spürte das, ohne es zunächst richtig zu registrieren. Es war ja auch nichts

Greifbares. Sicher, das große schmiedeeiserne Tor war geschlossen, das sah ich sofort, und das hatte ich noch nie erlebt.

Aber warum sollte es auch immer offenstehen? Außerdem, zum erstenmal kam ich ja nicht zum Jagen, sondern zu einem unangemeldeten Besuch, also ohne die prickelnde Vorfreude auf rote Böcke in duftenden, blumenübersäten Wiesenhängen oder auf schwarze Böcke hoch oben im verschneiten Fels. Nein, es mußte ja eine andere Atmosphäre sein, ich konnte das gar nicht anders empfinden.

Aber seltsam war es schon, daß kein Hund anschlug, als ich das Tor öffnete. Auch das große Holzhaus unten am Schloßberg lag wie verlassen da. Ein paar Blendläden waren geschlossen, einer klapperte im Wind. Und die Bank war nicht da, auf der wir so oft gesessen und Rehkronen gesäubert hatten. Ich weiß nicht, warum mir das so wichtig war, aber gerade daß die Bank fehlte, erschien mir bedrückend und verwirrend.

Als ich dann ins Haus ging und in die Küche kam, war aber nichts mehr vage, unerklärbar trübe Atmosphäre, da war es greifbare, furchtbare und traurige Wirklichkeit. Am Tisch saß Luzian. Doch das war nicht mehr der Mann, den ich kannte. Blaß-grau war seine Haut, starr und reaktionslos sein Gesicht. Nur als er mich erkannte, leuchteten seine Augen auf, und als er mir seine Hand entgegenstrecken wollte, da sah ich, welche Kraft ihn das kostete.

Früher, da war das anders gewesen, da kam er mir immer entgegen, da ging ein Leuchten über sein breites Gesicht, und jedesmal sagte er: »Einen ganz einen Guten weiß ich für Sie.« Und dann holte er zur Feier des Tages einen Kognak. Luzian...

Im letzten Winter war er mit einem Jagdgast in der Sesselbahn hinaufgefahren. Oben an der Bergstation wollten sie noch einen wärmenden Schluck nehmen, bevor sie ins Gamsrevier aufbrachen. Als Luzian sein Glas hob, lehnte er sich mit seinem Stuhl zurück. Der Stuhl rutschte und Luzian schlug mit dem Hinterkopf auf den Betonboden. Lange war er nur benommen.

Ein paar Stunden später, als sie ihn schon ins Tal gebracht hatten, da wurde er bewußtlos. Sein Schädel mußte geöffnet, zweimal mußte operiert und eine Blutung abgesaugt werden. Doch zu stark war der Druck auf das Gehirn gewesen. Luzian...

Es war so ein großes, reiches Revier, das er betreute. Unten waren es die letzten Felder der Ebene, wo die Rebhühner lockten und buntschillernde Fasanenhähne ihren schrillen Ruf flügelschlagend in den frühen Morgen stießen. Bei den Bergbauern auf halber Höhe waren es lange Wiesentäler mit guten Böcken und ein wenig Rotwild. Oben an den einsamen Föhren sangen noch viele Urhahnen im Frühjahr ihre leisen, so unbeschreiblich erregenden Strophen, und im frühen Winter fegten die Bartgams ihre Nebenbuhler über Felsen, Rinnen und Geröll.

Als ich zum erstenmal zu Luzian kam, war ich nur weitergereicht worden. Ich hatte vorher auf der weiten Ebene gejagt, in den unendlich großen Feldern und an verschwiegenen Waldecken. Einen braven Sechser hatte ich in dem Jahr schon geschossen und dann an einem trüben Morgen in den Feldern auf eine furchterregend weite Entfernung einen alten Hintersprossengabler, dessen dünne, ungeperlt glatte Stangen fast weiß im matten Morgenlicht leuchteten. Der Sohn des Jägers hatte mich begleitet, da sein Vater nach langem feuchten Abend nicht aus den Federn gekommen war. Auch als wir mit dem Bock zurückkamen, war sein Blick noch so getrübt, daß sogar die weit abgeschliffene Zahnreihe ihn nicht vom richtigen Abschuß überzeugen konnte. Da war es dann nicht mehr die Atmosphäre gewesen, in der ich jagen wollte. So wurde ich an Luzian weitergereicht.

Wir hatten uns zunächst ein bißchen berochen, bevor wir aufbrachen und einen weiten, einen sehr weiten Weg machten. Wir waren dann an ein paar Wiesen vorbeigepürscht und hatten zwei Böcke gesehen, die aber zu jung waren, die ich nicht schießen wollte. Irgendwann fing ich auch so einen Blick auf, der mir zeigte, daß alles bisher nur ein Abtasten, ein Prüfen war. Und dann hörte ich zum erstenmal von Luzian: »Einen ganz einen Guten weiß ich für Sie.«

In anderer Richtung gingen wir weiter und kamen in ein kilometerlanges Tal. Die eine Hangseite war bewaldet, die andere leuchtete im satten, tiefen Grün einer nicht endenden Wiese mit weißen und gelben Blumen. Nur ab und an zogen trennende Buschstreifen den Hang herab.

Irgendwo blieben wir am Waldrand sitzen. Luzian sah zur Uhr und sagte: »Kommt bald, Viertelstunde.« Er redete nie viel, und lange Erläuterungen habe ich nie von ihm gehört. So saßen wir stumm an einen Baum gelehnt, und am leicht wallenden Zigarettenrauch sah ich, daß der Wind uns nicht verraten würde.

Es war an den ersten Junitagen, wo ja auch die älteren Böcke noch recht pünktlich und begierig aufs frische Grün ziehen. Trotzdem war ich doch skeptisch, aber ich zeigte es natürlich nicht. Es dauerte dann eine halbe Stunde, und noch war kein Reh zu sehen, geschweige denn ein braver Bock. Luzian hatte wieder zur Uhr gesehen und murmelte: »Muß kommen.« Na ja, was heißt schon muß, dachte ich. Auf jeden Fall aber würde es Zeit. Die Sonne war schon untergegangen, bald würde das Licht fahl werden, und die Farben würden verlöschen. Da stand Luzian plötzlich auf, und ich hörte: »Warten! Ich kuken. Schnell schießen!« Dann war er schon weg. Er war nicht groß, aber recht schwer, wuchtig. Doch kein Laub raschelte, kein Ästchen knackte.

Irgendwie amüsierte mich das Ganze, seine Enttäuschung, daß der Bock nicht pünktlich nach der Uhr kam, sein Weghuschen und auch, daß er jetzt irgend etwas vorhatte. Ich wußte ja nicht, was, ich dachte nur: Soll er, heute geht doch nichts mehr. Aber im selben Moment schreckte ich zusammen. Gar nicht weit entfernt fiepte ein Kitz. Doch halt, das konnte kein Kitz sein, das war zu laut, zu hart, das war – Luzian! Und dann rauschte es in dem Buschstreifen, der drüben den Hang herabreichte. Eine Ricke flüchtete in halber Höhe quer über die Wiese. Ich sah eindeutig das strotzende Gesäuge. Und nun war ich gar nicht mehr amüsiert, denn das war doch Unsinn, was sollte denn das!

Aber jetzt war es auch egal, länger als zehn oder 15 Minuten würde das Licht sowieso nicht mehr reichen. So kramte ich schon in meinen Taschen, um noch eine Zigarette zu rauchen. Aber da fiepte es wieder. Viel weiter weg war das nun, und nochmal fiepte es. Da war es mir dann klar. Luzian hatte an einer Ricke vorbei gemußt, hatte weiter weg einen guten Bock gesehen und versuchte nun, auch den mit seinem Fiepen zu lancieren.

Zigarette und Feuerzeug ließ ich fallen und hatte gerade die Büchse gefaßt, da stürmte der Bock schon durch die Büsche, auf demselben Wechsel wie die Ricke. Aber er verhoffte mitten auf der Wiese, äugte zurück und war noch unschlüssig. Ich brauchte kein Glas. Im Zielfernrohr war das völlig eindeutig, die Figur, der dicke Hals und die langendigen Sechserstangen, die weit handbreit die Lauscher überragten. Dabei war er gar nicht mal nah, ich mußte es schon gut zusammenzielen, aber dann brach der Schuß, und wie umgeworfen, wie vom Blitz getroffen war der Bock im hohen Gras verschwunden.

Als Luzian zurückkam und sah, daß ich nickte, da zog dieses breite, befriedigte Lachen über sein Gesicht, wie immer, wenn ihm etwas Außergewöhnliches gelungen war.

Auf dem Rückweg haben wir kein Bergbauernhaus umgangen. Der Bock zog zwar schwer in den Riemen, aber nicht deshalb machten wir Pausen. Überall wurde Luzian mit einem Stamperl begrüßt. So wurde es spät, bis wir im Sternenlicht mit dem ersten gemeinsamen Bock, mit dem »gefiepten Junibock« wieder im Tal waren. Ja, Luzian, weißt du's noch?

Im nächsten Jahr hatte Luzian wieder »einen ganz einen Guten« für mich. Aber dieser Bock hatte den raffiniertesten Einstand, den man sich denken kann. Es war ein ganz enges, nur schrotschußbreites Tal, in das man von einem Bauernhaus hineinsehen konnte. Auf der einen Seite grenzte der Wald an, und von hierher wechselte er. Auf der Gegenseite ragte ein Hang fast senkrecht 60, 70 Meter hoch. Von überall fiel der Wind in dieses Tal und wirbelte dort unberechenbar nach allen Seiten. So war es fast unmöglich, diesen Bock zu überlisten.

Manchmal allerdings zog er doch auf die Höhe in ein Kleestück, und das war die beste Chance. Dorthin setzte Luzian mich dann auch. Er selber wollte am Bauernhaus bleiben, mich vielleicht holen kommen.

Es dauerte fast eineinhalb Stunden, da sah ich den Bock, das heißt, ich sah nur sein graues Gesicht in den Randbüschen unterhalb vom Klee und seine hohen Stangen, die die Lauscher so weit überragten, daß ich zunächst dachte, es wären überhängende Zweige oder Äste. Der Bock trat nicht aus. Ich sah ihn noch einige Male im Waldrand, manchmal nur schemenhaft, aber doch immer wieder. Es war klar, er wollte die Dämmerung abwarten, er war ja kein Jüngling mehr.

Als das Licht fahl wurde, war Luzian hinter mir. Gar nichts hatte er gesehen. Aber das konnte er doch auch nicht, da unten im Waldrand war er ja. Plötzlich stand dann der Bock an der entferntesten Ecke vom Klee. Das war weit, und es war schon so dämmerig. Aber die Stangen ragten weit über die Lauscher, und es konnte ja doch kein anderer sein. Wer sollte es schon wagen, in sein Reich zu ziehen? Beide setzten wir die Gläser ab, sahen uns an und zuckten die Schultern. Beide sagten wir dann: Ach ja! Und dann schoß ich.

Den Bock riß es herum, und in wilden, flachen Fluchten verschwand er im Wald. Als wir ihn fanden, im allerletzten Licht und mit durchschossenem Herzen, da waren die geheimen Ängste Wirklichkeit geworden. Einen Jüngling hatte ich totgeschossen, einen Zweijährigen mit allerbester Zukunft, für den es nun keine Zukunft mehr gab.

Natürlich hatten wir gewußt, daß man nicht schießt, wenn man nicht völlig sicher ist. Aber wir waren uns sicher gewesen. Und konnten wir es nicht auch sein? Der Alte war die ganze Zeit dort herumgebummelt, er hatte gewartet, bis es dämmerig wurde. Nur drei, vier Minuten vorher hatte ich ihn doch noch ganz genau gesehen. Und dann war er weggezogen? Weg von diesem verlockenden Klee? Und sofort war der Junge dagewesen? Das war schon ein Teufelsstreich! Nein, damit konnte man nicht rechnen. Aber man muß es eben doch!

So bedrückt sind wir nie wieder ins Tal gestiegen. Wir haben es nicht verabredet, aber in dem Jahr sind wir nicht mehr dorthin gegangen, der Luzian und ich.

Es war dann Winter geworden. Mitten in der Nacht, im silbrigen Licht des Vollmondes, waren wir noch zur Hütte aufgestiegen. Solange der Ofen bullerte und qualmte und die muffige Luft noch nicht herausgelüftet war, saßen wir draußen vor der Hütte auf der Bank und hörten dem Wind zu, dem Rauschen der Baumkronen und auch dem geheimnisvollen Ächzen der Stämme und Zweige.

Am Morgen schien die Sonne recht warm, und rutschig war der Schnee über dem alten Schmielengras, als wir zum erstenmal auf dem nur fußbreiten Absatz durch eine senkrechte Wand balancierten. Es war der einzige Zugang zum einsamsten und wildreichsten Teil des Gamsreviers. Es ging recht gut, ich hatte plötzlich kein Schwindelgefühl mehr, und auch die Angst ließ sich überwinden, die doch in mir saß, seit ich vor ein paar Jahren nur wie durch ein Wunder nicht 200, 300 Meter tief abgestürzt war.

Ein paar Tage lang sind wir dann diesen Weg gegangen, morgens hin und abends zurück. Wir hatten Schnee und Nebel und Sonne. Wir lagen unter Föhren oder in Latschenfeldern. Wir schwitzten und froren und hatten immer wieder diese berauschenden Ausblicke auf die verschneiten bizarren Felsen oder tief nach unten auf die weite, stille Ebene.

Einmal sahen wir in einem zwei, drei Kilometer weiten Latschenhang 70, 80 Gams. Wir konnten nicht herankommen, das war unmöglich. Aber das machte auch nichts, denn es waren unvergeßliche Bilder, die wir im Spektiv hatten. Ruhig, fast ernst ästen die Gams in den Latschen. Einige hatten sich auch niedergetan, und widerkäuend äugten sie ins Tal. Nur die Kitze tollten herum, machten Wettrennen oder fuhren halb sitzend Hänge hinab. Zweimal jagten auch Böcke ihre Nebenbuhler über Rinnen und Grate, daß der Schnee stäubte.

Aber plötzlich war äußerste Spannung in der ganzen Gesellschaft. Alle Gams standen, die Kitze spielten nicht mehr, die Rudel schlossen sich auf einem kleinen Fleck zusammen. Schließlich zogen sie wie an einer Schnur eins nach dem anderen über einen entfernten Grat. In riesigen Kreisen segelten zwei Adler über ihnen.

Später saßen wir unter einer großen Föhre an der Baumgrenze. Es war nun früher Nachmittag, und wir warteten, daß die Gams munter wurden, die wir tief unter uns am Rand einer Mulde sahen. Wir konnten sie zwischen den Bäumen nicht genau ansprechen, wir wußten nicht, ob vielleicht eine uralte Gais dabei war oder ein jagdbarer Bock in der Nähe stand. Wir konnten nur warten.

Plötzlich stieß Luzian mich an und zeigte nach oben. Dicht unter der Felsspitze, auf einem v-förmigen Schneebrett, stand ein Gamsbock. Die Sonne schien dorthin, und der Wind spielte mit seinem Bart. Dann jagte er den Berg herab. Atemberaubend war es, wie der Schnee stäubte, wie er steilste Hänge überwand und weite Fluchten abwärts machte. Sekunden dauerte es nur, dann war er schon 500, 600 Meter tiefer, verschwand zwischen den Bäumen.

Unten die Gams standen jetzt, sie waren nun abgelenkt, ihre Aufmerksamkeit war gefangen von dem Bock, der auf sie zustürmte. So konnten wir loslaufen und einen frei einsehbaren Hang queren.

Als wir überriegelt waren, stiegen wir im hüfthohen Schnee 100, 150 Meter tiefer und rutschten an einen deckenden Grat heran. Aber die Gams waren nicht mehr dort, wo wir sie vorher gesehen hatten.

Es dauerte ein paar Minuten, da passierten die ersten eine Lücke im Baumbestand unter uns. Dann sah ich auch den Bock, seinen Pinsel, seinen Bart und hatte die Büchse schon am Bergstock angestrichen. Aber ich wartete auf das eine, das entscheidende Wort von Luzian. Ich hatte doch nicht genügend Erfahrung auf Gams, ich durfte nicht sicher sein, daß er wirklich alt und sogar sehr stark war.

Aber ausgerechnet in diesem Moment sah Luzian durchs Glas in eine andere Richtung, und bis ich ihn angestoßen und eingewiesen hatte, bis er angesprochen hatte, da war der Schwarze schon zwischen den Bäumen, da konnte ich die Kugel nicht mehr los werden.

Luzian hatte das weh getan. Richtig betrübt war er. Es war wirklich der ganz Gute gewesen, den er an all den Tagen für mich gesucht hatte.

Wir hatten bis dahin eine Gais geschossen, die hoch auf einer Felsnase stand und uns anpfiff. So konnte ich ihr die Kugel nur auf den Stich zielen. Fast schon im Schuß lief Luzian los, 40, 50 Meter weit, und tatsächlich kam die Gais genau dort eine Rinne herabgerutscht, und er konnte sie anhalten, bevor sie sicher noch 200 Meter abgefahren wäre. Er lachte da wieder so richtig breit, als er sagte: »Ich wußte doch, wo sie kommen mußte.« Ja, das war noch der alte Luzian.

An einem Tag kamen wir in dicken Nebel. Wir warteten ein paar Zigarettenlängen, bis es aufriß, bis nur noch Schwaden vorüberzogen und wir hoffen konnten, doch einmal Anblick zu haben. Unterhalb der Waldgrenze pürschten wir, der Bestand war hier recht dicht. Einzelne Felsbrocken lagen darin, nackt, schroff und manchmal auch wild durcheinander geschleudert.

Als wir an eine Biegung kamen, blieb Luzian abrupt stehen. Ich wußte zunächst nicht, warum, ich sah gar nichts, nur Bäume und Nebelschwaden. Aber dann riß der Wind die Streifen auseinander, wehte sie vorbei. Jenseits der Biegung stand ein Gams auf einem Felsblock, der weit aus dem Wald vorragte. Es war ein phantastisches Bild. Der schwarze Gams, der immer wieder von Nebelfetzen umwallt und verschluckt wurde, dann wieder frei war, daneben die verschneiten Fichten und die vermoosten Lärchen.

Wohl ein paar Minuten lang genoß ich dieses Bild, das von Zeit zu Zeit verschwand und erneut auftauchte, bis Luzian sich sicher war, daß es ein mittelalter, sehr eng gestellter, schwacher Bock war. Er stand sehr weit, und recht lange brauchte ich dann, um das Fadenkreuz zu richten. Als ich gerade den Abzug berühren wollte, da sah ich aber plötzlich nichts Schwarzes mehr, da war wieder alles weiß und wallend. Ich mußte schließlich die Büchse absetzen und warten. Doch dann passierte genau dasselbe noch einmal und sogar noch ein drittes Mal.

Es war nun eine erregende Spannung. Ich spürte den Herzschlag im Hals und in den Händen. Aber genau das durfte nicht sein. Der Gams stand so weit, ich mußte mich zur Ruhe zwingen und irgendwie auch den Nebel überlisten.

So hatte ich die Büchse zum viertenmal wieder angeschlagen, irgendwo dort drüben in diese weiche weiße Wand. Ich mußte es einmal durchstehen. Es kam mir furchtbar lange vor. Aber irgendwann riß der Nebel wieder auf, nur recht wenig brauchte ich auch das Abkommen zu korrigieren. Doch schnell mußte es gehen, denn schon zog ein neuer Schwaden in den Zielfernrohrrand. Aber dieses Mal war ich schneller. Das Fadenkreuz fand das Blatt, stand ruhig, und der Schuß brach. Im selben Moment sahen wir beide nichts mehr, alles war wieder weiß verdeckt. War ich nun gut abgekommen?

Eine halbe Stunde später fanden wir hinter dem Felsblock den hellroten Lungenschweiß, und da lachten wir dann beide, der Luzian und ich.

Als die Natur wieder grün war und nur die letzten Apfelbäume noch blühten, als die Böcke gefegt hatten und wieder eine rote Decke trugen, da war ich erneut in diesem herrlichen Revier. Luzian hatte drei- oder viermal einen Bock gesehen, der ihm alt und stark erschienen war, den er aber nicht völlig sicher hatte ansprechen können. Er wußte auch nicht genau, wo er wechselte. Er hatte immer an ganz verschiedenen Stellen in einem 600, 700 Meter langen Tal gestanden, in dem ein paar Kleefelder waren und auch ein Kartoffelschlag. Auf der Höhe, in der Mitte über dem Tal, stand ein einsames Bauernhaus, von Obstbäumen umgeben.

Als wir dorthin kamen, war nur eine zahnlose Urgroßmutter da, und ein kleines Mädchen spielte im Sand. Luzian ging einfach ins Haus und kam dann mit einem Küchenstuhl wieder, den er in den Obstgarten trug. Es half nichts, ich mußte mich darauf setzen.

Die Sonne streifte gerade den Horizont, da sah ich 300, 400 Meter entfernt im Gegenhang einen leuchtend weißen Fleck. Es sah fast aus, als ob irgend jemand ein Taschentuch ausgelegt hätte. Aber vorher war dort nichts Helles gewesen. Es dauerte lange, bis wir im Glas ausmachen konnten, daß in den Randbüschen ein Reh stand, und es dauerte noch länger, bis wir erkannten, daß es ein Bock mit schneeweißem Gesicht war.

Luzian kannte ihn nicht, trotzdem hatte er dann gar keine Zweifel, daß der Bock nur auf ein ganz bestimmtes Kleestück ziehen würde. Mir war absolut nicht klar, wieso, denn Äsungsmöglichkeiten gab es überall im Tal. Aber ich konnte es nicht abwarten. Wenn er wirklich dort austrat, mußte ich vorher in ein paar nahen Büschen untergetaucht sein, sonst war nicht mehr heranzukommen. So pirschte ich also los.

Fünf Minuten saß ich vielleicht in diesen Büschen, da sah ich den Bock tatsächlich im Hang näherziehen. Aber dann war er auch wieder verschwunden. Ein Pferdefuhrwerk kam klappernd den steinigen Weg hoch, der Bauer kehrte aus der Stadt zurück.

Es dauerte noch zehn oder fünfzehn Minuten, da trat der Bock wieder aus. Er nahm sich nun überhaupt keine Zeit mehr, er sicherte nicht, er windete nicht, geradezu hastig und begierig zog er in den Klee. Er war dürr, er hatte einen dünnen Hals, einen knochig vorstehenden Stich und ein völlig schneeweißes Gesicht, wie ich es noch nie gesehen hatte. Die Stangen waren zwar noch etwas über lauscherhoch, aber nur kleinfingerdick, ungeperlt. Die eine war leicht geflammt und unvereckt, die andere hatte eine kleine Hintersprosse. Er war ein Greis. Den Schuß hat er dann nicht mehr gehört.

Später haben wir natürlich gesagt, daß solch ein Uralt-Bock nur dort stehen konnte, wo auch eine zahnlose Urgroßmutter wohnte. Luzian wollte dann aber, daß ich ihn den »Küchenstuhl-Bock« nennen sollte. Von einem Küchenstuhl aus hatte ich wirklich noch keinen Rehbock ausgemacht.

Wieder war ein Jahr vergangen. An einem Morgen waren wir oberhalb der Baumgrenze gewesen, denn Luzian wußte da »einen ganz einen Guten«. Aber bevor noch die Sonne aufging, zerrte der Wind an den Nebelfahnen, und irgendwo im wallenden Weiß schreckte zweimal eine tiefe, volle, rauhe Stimme. Wir konnten wieder absteigen.

Es war schon zu spät, um noch irgendwo anders hinzugehen. So setzten wir uns an einen Wiesenrand und genossen das Farbenspiel des Sonnenaufgangs, das Glitzern des Taus, den Duft der Erde, den Blick zurück auf die steinigen Felsen und hinaus auf die weite, ruhige Ebene mit der Dunstschicht darüber und den hellen, blendenden Farben.

Wir mußten dann bei dem Bergbauern vorbei, der in dieses nur schrotschußbreite Tal hineinsehen konnte, wo ja immer noch der starke Bock ging, den ich zwei Jahre zuvor zu erlegen glaubte und dann statt dessen den Jüngling totschoß. Da kam uns der kleine Sohn vom Bauern entgegengelaufen. Der Bock war im Tal! Der Junge fieberte vor Aufregung, und im Flüstern überschlugen sich seine Worte, als er erzählte.

Jetzt war also die Chance da. Wenn ich plötzlich und leise an den Rand vom Steilhang käme, den Bock sofort sähe und auch sofort schießen würde, bevor der Wind in das Tal hinabfiel, dann, nur dann könnte es gehen. Es war keine Zeit zu verlieren. Lange würde der Bock nicht mehr bleiben, es war schon viel zu hell, er hatte sich bereits verspätet. So lief ich los.

Ich wußte ja, wo der leicht vorspringende Knick am Steilhang war, aber ich verpaßte ihn doch. Dort, wo ich auskam, konnte ich nur die eine Hälfte vom Tal übersehen, und da war der Bock nicht. Es war überhaupt schlecht an der Stelle. Das Gras war schon so hoch, daß ich mich nicht setzen konnte. Es war auch kein Baum zum Anstreichen dort. Stehend freihändig, steil nach unten müßte ich schießen, wenn er käme. Aber das hatte ich noch nicht zu Ende überlegt, da zog der Rehbock um den Knick des Hanges, da verhoffte er, warf auf. Er hatte schon Wind.

Im selben Moment brach der Schuß. Ich wußte es sofort und sah es ja auch am Zeichnen, tief weidewund war ich abgekommen. Drüben im Waldrand blieb der Bock noch mal stehen, krummrückig und gequält. Er stand so ungünstig, ich konnte nicht nachschießen.

Der kleine Bub war mir nachgelaufen, er hatte alles miterlebt, diese Sekunden, die so voll kurz hochschießender Spannung waren, und nun das Nachzittern der Erregung. Er konnte sich gar nicht beruhigen und erst recht nicht begreifen, daß wir nun warten mußten, daß er deswegen aber auch nicht dabei sein konnte, wenn wir nachsuchten, weil er doch nun seinen weiten Weg zur Schule machen mußte. Tränen hatte er in den Augen, als sein Vater ihm nicht erlaubte, später zu gehen. Und wir wußten ja nicht, daß wir ihm dieses Erleben hätten gönnen können, daß der Bock nur 60, 70 Meter weiter gekommen und dann schon verendet war.

Wir fanden ihn in einer stubengroßen, baumlosen Mulde mit schwarzer, feuchtglänzender Erde und ein paar seichten Wasserpfützen. Am Rand leuchteten im tiefen Gelb Sumpfdotterblumen, und darin war er hineingesunken. Hier hatten die Läufe ihre sehnige Kraft verloren, waren eingeknickt, und nur mit dem Schwung der letzten Flucht war er noch einen Meter weiter gerutscht. Ein einziger Sonnenstrahl, der durch die Baumkronen drang, lag auf ihm, und grünschillernd zuckte eine Libelle im Stehflug darüber.

Wir standen unsagbar lange dort, und viele Erinnerungen kamen in diesen Minuten, waren gegenwärtig, bis ich mich schließlich hinunterbeugte und die so lange ersehnte, hohe, vollreife Krone anhob. Die linke Vordersprosse war hakenförmig aufwärts gekrümmt und leicht nach innen gebogen, genauso wie bei dem gefiepten Juni-Bock, den wir als ersten gemeinsam erbeutet hatten.

Als wir dann später mit dem Bock zurückkamen, da wartete schon der Bauer mit Flasche und Stamperl auf uns. Luzian aber klopfte mir immer wieder auf die Schulter, und das freudige Lachen ging über sein breites Gesicht.

Ja, das waren ein paar der Erlebnisse, die ich mit Luzian hatte, als er noch stark und gesund war und sich um Tod und Teufel nicht scherte, ein paar der Erinnerungen, die ich diesem guten Begleitjäger verdanke.

Dann entdeckten Jäger aus einem anderen Land dieses herrliche Revier, Jäger, die sonst nur mit Vogeldunst schossen und kein Rehwild kannten. Sie bekamen aber ihre Lizenz, und sie schossen auch mit der Kugel recht gut. Sie schossen auf alles, was eine rote Decke trug und nur irgend etwas zwischen den Lauschern hatte, egal was, das ›Fleisch‹ schmeckte auf jeden Fall. Sie waren nicht zu bremsen.

Da war es vorbei mit diesem Revier. Es lohnte nicht mehr, auf Böcke zu jagen, und, was noch schlimmer war, es lohnte nicht mehr, einen Bock zu schonen, sich fürs nächste oder übernächste Jahr darauf zu freuen, denn dann war er doch nicht mehr da.

So wurde es ein Abschied, in dem zwar auch Wehmut lag, wie bei allem, was wir als Abschied empfinden. Aber die Wehmut lag nur noch in der Rückschau, nicht in der Gegenwart.

Darum war ich jetzt auch nur noch einmal zu Besuch gekommen, nicht mehr zum Jagen, und hatte dann Luzian so vorgefunden, krank und hilflos. Ich erzählte ihm von anderen Jagden und zeigte ihm Photos, die ich mitgebracht hatte. Dabei war aber auch ein Bild von dem Bock, den wir als letzten zusammen oben beim Bergbauern erbeutet hatten, an dem wir drei Jahre gejagt hatten. Und da stammelte Luzian: »Wir ... oben ... Bauer.« Dabei wurden seine Augen feucht, und ein paar Tränen liefen über die grau-blassen Wangen. Da hatte auch ich Mühe, mich zu beherrschen.

Luzian ...

Willis Hirsch

Das Telephon hörte ich schon draußen, als ich noch den Schlüssel suchte. Wo war der bloß? Man findet doch ewig nichts, wenn man so dick vermummt vom Ansitz kommt. Ich suchte und suchte. Da wurde auch der Hund noch unruhig, er wußte ja, daß es jetzt Futter gab. Endlich, da war ja der Schlüssel. Ich hatte ihn gerade im Schloß, da hörte das Klingeln auf. Na, auch egal, werden schon wieder anrufen.

Als ich dann mit der Futterschüssel aus der Küche kam und der Hund herumtänzelte, läutete das Telefon wieder.

»Hör mal!« (Das war der Dicke, unser Freund, der Wirt vom »Waldhaus«, humorvoll, gemütlich und gutmütig. Sein letztes Hemd würde er weggeben, wenn seine Frau das nicht verhinderte.) »Hör mal, hast du mit Willi gesprochen?«

»Nee, wieso? In den letzten Tagen nicht.«

»Dann weißt du auch nicht, wo der ist?«

»Wieso, ist der denn nicht da?«

»Muß er wohl nicht. Ich war heute morgen unten. Da war er nicht da. Hab' ich den Stift gefragt. Da sagt der: ›Der Meister ist heute ganz früh von einem dicken Mercedes abgeholt worden. Ich hab so was gehört, die wollten zum Flugplatz. Da wird der Meister wohl erst in ein paar Tagen wiederkommen.‹ Dat hat der Stift gesagt. Dat dä Willi mir nix gesagt hat! Und dir hat dä auch nix gesagt? Ich versteh' dat nich. Kann er doch sagen!«

»Ja, wo soll der denn hin sein?«

»Na hör mal, is' doch klar. Wenn dä nach en Flugplatz is, dann is dä doch nach Österreich, dann ist dä von dem Menne aufe Jagd eingeladen!«

»Meinst du, oder weißt du?«

»Is doch klar. Und dann is dä sicher auf en Hirsch eingeladen. Wat sollen die sonst jetzt noch jagen? Dat dä nix sagt, ich versteh dat nich.«

»Vielleicht darf er das nicht erzählen?«

»Is doch Blödsinn. Uns könnt er dat doch sagen. Spricht sich ja doch rum. Sicher, bei dem Menne könnt dat ja sein, dat er dat nich sagen soll. Ich mein, mich hätt dä ja auch mal einladen können! Vielleicht will er dat deswegen nich. Aber der muß doch wissen, dat wir dat rauskriegen!«

Na ja, so ging das noch ein bißchen weiter. Meine Frau war mittlerweile zurück und hatte schon das Abendessen fertig. Und nun bekam ich

Der Verfasser mit dem »Alten vom Förstergrab«

etwas zu hören! »Nun sag bloß noch mal, wir Frauen könnten quatschen. Und ihr Männer? Stundenlang brütet ihr ungelegte Eier aus. Und überhaupt, was geht euch das an, was der Willi macht!« Ich wollte ihr gerade erklären, daß das etwas ganz anderes ist, da es ja schließlich um die Jagd ging. Aber zunächst kam ich nicht dazu. Das Telefon ging noch dreimal. »Hast du schon gehört, der Willi ...«

Danach waren meine Argumente nicht gerade stärker geworden und meine Frau sah mich auch entsprechend an. Nur der Hund hatte den Kopf auf mein Knie gedrückt und guckte treu und gläubig. Das habe ich meiner Frau dann auch gesagt und habe weiter gesagt: »Siehst du, der weiß, daß es um die Jagd geht, und daß dabei der Ausdruck ›quatschen‹ völlig unangebracht ist. Interesse ist das, Mitfühlen, Miterleben, Mitbeben! Und überhaupt, die Andeutung von eben, so zwischen den Zeilen, so von Jagdneid und so! Das ist geradezu eine bösartige Unterstellung! So etwas gibt es überhaupt nicht bei Jägern, zumindest nicht bei uns Freunden!«

Meine Frau sagte darauf nichts mehr. Und das war erst recht nicht schön von ihr. Gott sei Dank mußte der Hund raus, da brauchte ich zunächst nicht weiterreden. Aber einen guten Abgang hatte ich nicht. Dabei hatte ich doch gar nichts damit zu tun. Warum sagte sie mir so etwas?

Vier Tage später ging es weiter. Telefon: »Markus (das ist der Sohn vom Dicken). Onkel Jochen! (atemlos) Onkel Jochen, hast du schon gehört, der Onkel Willi hat nen Hirsch geschossen. Nen ganzen Dicken muß das sein. Nen 16- oder 18-Ender.«

»Nee, weiß ich noch nicht. Aber das ist ja prima. Das freut mich für den Onkel Willi. Woher weißt du das denn? Stimmt das auch?«

»Der Heinz Kurz war eben hier, der kam gerade vom Onkel Willi. Der hat das erzählt. Der Vater hat auch gesagt, er versteht das nicht, daß der Onkel Willi das nicht erzählt.«

Am nächsten Abend waren meine Frau und ich im »Waldhaus«. Abendessen, große Gesellschaft. Ach, der Dicke kocht ja so gut. Als ich mal hinausging, stand er am Büfett und spülte die Küchenhitze herunter. Er begrüßte mich gar nicht erst. Er hatte den Kopf so schräg nach hinten gelegt. Dann bekommen seine Backen immer etwas Schiefes um die Züge.

»Verstehst du dat? Hä hätt doch wat sagen können. Heut nachmittag war er da. Kein Wort hat er gesagt. Ich frag ihn nicht! Is doch lächerlich, als ob wir ihm dat nich gönnen täten! Komm, trink einen mit!«

Das tat ich dann auch. Es brachte uns keine weiteren Erkenntnisse.

Am nächsten Tag mußte ich bei Willi etwas abholen. Ich sah es sofort.

Er hatte das Kinn so leicht an die Binde gezogen, die Augen blitzten so schräg von unten hoch. Ich kannte das schon von der Schulbank her, so guckte er damals schon, wenn wir den nächsten Streich ausheckten. Ich fing aber auch zunächst nicht an. Und er auch nicht.

Erst fünf Minuten später sagte ich dann: »Na, du Hirschtöter?« – »Hast du das auch schon gehört? Der verdammte Stift, der Saukopp der. Ich hab ihm direkt ein paar hinter die Löffel gegeben, als ich das hörte. Aber was sollen wir jetzt machen?«

Wir haben dann noch eine Viertelstunde zusammengesessen und haben ausführlich besprochen, wie es nun weitergehen sollte. Als ich schließlich nach Hause kam, hat meine Frau natürlich wieder etwas von Quatschen und Verspätung und so gesagt.

Ein paar Tage später war es dann soweit. Willi war bei mir, wir warteten auf den Anruf. Da, Telefon: »Hör mal! (Das war der Dicke, es klappte also.) Ich war eben beim Willi. Dä war nich da. Dä Stift hat gesagt, dä Meister wär nach em Flugplatz, wat abholen. Dä käm anschließend nach em ›Waldhaus‹, hätt er gesagt. Ob der denn den Hirsch jetzt schon kriegt? Die behalten doch die Trophäen sonst bis nach der Trophäenschau.«

Der Willi hatte ein Ohr mit am Hörer. Beinahe hätte er losgelacht. Ich habe ihm vielleicht einen Rippenstoß gegeben.

»Was sagst du?« fragte der Dicke. Irgend etwas hatte er doch gehört.

»Nichts, ich mußte nur mal husten.«

»Ach so. Hör mal, haste Zeit? Komm doch rauf. Wenn dä Willi kommt. Ich bin ja mal gespannt.«

Willi fuhr schon vor, und ich etwas später nach. Als ich ins Haus kam, saß da schon eine große Runde am Jägerstammtisch. Wo die nur alle herkamen? Ich hörte gerade noch, wie der Dicke sagte: »Willi! Weisse wat, du bis' en ganzen blöden Hund bisse. Warum sag'se denn nix, wenne eingeladen bis'. Als ob wir dir dat nich gönnen täten. So stell'se uns nämlich damit hin!«

»Jau, bin ich eben nen blöden Hund. Komm, hol ne Runde, laß wir uns wieder vertragen. Markus, geh an mein Auto, hol ihn rein!«

Donnerwetter, was wurde der Markus schnell. Und dann kam er kaum durch die Tür mit dem dicken Hirsch. Alle sprangen sie auf. Das war vielleicht ein Hallo!

Wir waren schon bei der dritten Runde zum Vertragen, da fragte schließlich einer: »Wer hat denn eigentlich behauptet, das wär ein 18-Ender, das ist doch nur ein 14-Ender.« »Was heißt hier nur! Ist doch egal bei so einem dicken Hirsch. Der hat doch mindestens . . . Wieviel Punkte hat der denn?« Willi schielte zu mir rüber. »195« sagte ich, »ich hab ihn genau gepunktet. « Wann das war, haben sie gar nicht gefragt! » Und guckt euch die Zähne an, der braucht ja gar nicht erst an der Wand alt zu werden!« »Mensch, hab ich einen Durst, da müssen wir einen drauf trinken. «

Na, das taten wir dann auch . . .

Markus hatte den Hirsch so richtig schön aufgebaut, und alle saßen jetzt davor und schauten und schauten. Es war plötzlich richtig ruhig geworden in der Runde.

Und in diese Stille haute der Willi dann rein: »Ihr habt gesagt, ich wär ein blöder Hund. Stimmt natürlich. Aber was seid ihr denn? Seht ihr denn nicht, daß der Schädel schon vergilbt ist? Ihr springt doch sofort an wie die Terrier, wenn ihr irgendwas erzählt kriegt, und ihr merkt nicht, daß der Stift euch auf den Arm genommen hat? Und dann schaukelt ihr euch auch noch weiter hoch? Ich war doch gar nicht weg, ich war doch gar nicht zum Jagen! Und dann treibt der Stift das noch weiter, erzählt dem Heinz Kurz was von nem 12er, und bei euch wird direkt ein 18-Ender draus? Der Lecker hängt euch ja jetzt noch raus, aber fragen tut ihr mich nicht? Und überhaupt, kennt ihr den Hirsch denn nicht? Den haben wir längst totgetrunken. Da haben wir schon x-mal drunter gesessen und irgendwas gefeiert. Und ihr kennt den nicht?«

Der Willi war so richtig in Fahrt. Und der kann vielleicht in Fahrt kommen! Es sprudelte nur so aus ihm raus, ohne Punkt und Komma ging das.

Dann war Ruhe. Sie waren alle wie vor den Kopf geschlagen. Es dauerte eine Weile, bis die Unterkiefer wieder hoch kamen. Dann fing einer an zu lachen. Dann lachten drei. Und dann war was los!

Der Stift war natürlich schuld, dieser Lausebengel. Da waren wir uns völlig einig. Erwachsene Männer so auf den Arm zu nehmen. Wie das weitergegangen war, brauchten wir ja nicht mehr zu untersuchen. Aber als ich dann leichtsinnigerweise noch erzählte, meine Frau habe gesagt, wir Jäger quatschten und übertrieben so gerne, da waren wir uns erst recht einig, daß das eine ganz böse Unterstellung ist, die wir ihr auch nicht so schnell verzeihen würden. Ich habe mich auch sofort mit einer Runde entschuldigt.

Und überhaupt, was heißt schon übertreiben? Als wir schließlich gingen und »Willis Hirsch« raustrugen, da haben wir ja genau gesehen, daß das kein 14-Ender war. Das war ganz einwandfrei ein 28-Ender. Ehrlich, das ist keine Übertreibung.

Etwas außerhalb der Prüfungsordnung

Sie disputierten zehn Minuten lang. Ich hätte eigentlich nervös werden müssen. Aber es war mir gar nicht mehr so wichtig. Bist ein braver Hund, »Anke«, du bleibst bei mir, auch wenn sie uns nun durchfallen lassen. Es war ja auch nicht normal, was du da gemacht hast, das hat die Richter verwirrt.

Ich konnte nichts verstehen, der Wind war zu stark. Aber an den Mienen, an den Gesten sah ich, daß sich das Blatt langsam wendete, der Suchenleiter behielt die Oberhand. Später erzählte er mir, die anderen Richter hätten nicht einsehen wollen, daß eine Arbeit, die bei der VGP eine 4 bringt, bei einer Brauchbarkeitsprüfung ausreicht.

Es hatte schon so atypisch angefangen. Übel und faulig stank es. Matschig war das vor einigen Tagen gemähte Luzernefeld. Eine Hundenase mußte doch eigentlich beleidigt sein. Und gerade hier sollten die Schleppen gezogen werden?

»Anke« saß neben mir, aber sie hatte sich indigniert abgewandt, während ich zusah, wie das Kaninchen gezogen wurde. Hinten, am Ende, war das ja bei Gott kein Bogen, sondern ein rechter Winkel. Bei dem stürmischen Seitenwind würde sie da vielleicht überschießen. Aber ich war nicht bange, sie würde bestimmt sofort gegen den Wind einbögeln, dann an den Schleppenleger kommen und zumindest von dort das Karnickel bringen.

Dann wurden wir aufgerufen. »Anke« lief los, eigentlich zu schnell für diesen stinkenden Boden. Und sie überschoß auch den Haken. Aber sie bögelte sofort ein und dann stand sie vor dem Gebüsch, in dem sich der Schleppenleger versteckt hatte.

Ich sah, wie sie stand, wie sie sich lang machte, wie sie mit dem Kopf von links nach rechts ging, dann wieder vor. Was war denn los? Warum bekam sie denn das Karnickel nicht? Warum hielt der Schleppenleger es hinter seinem Rücken? Immer noch stand sie da. Bald wurde es kritisch. Wie lange soll ein Hund das aushalten? So stand es nun nicht in der Prüfungsordnung.

Da passierte es auch schon. Sie drehte um, sah noch einmal zurück und – lief weg. Um Himmels willen, wohin läuft der Hund denn jetzt? Sie kommt ja gar nicht zu mir, es wird ja immer weiter, viele hundert Meter! Jetzt macht sie noch einen großen Bogen, sie läuft zu den abgestellten

Autos. Richtig, da stehen die Körbe mit dem Schleppenwild, wo sie vorher so hinzog. Und da hat sie auch schon ein Karnickel im Fang und kommt. Dann saß sie exakt vor mir, kratzte noch kurz mit einer Pfote an meinem Knie und schaute ganz freudig zu mir hoch, so als ob sie sagen wollte: Na, zufrieden? Bring ich dir was? Ob der da hinten mir das Karnickel gibt oder nicht, ich bring dir!

Aber das stand auch nicht in der Prüfungsordnung. Ich hatte sie noch einmal anzusetzen.

Das kannte sie nicht. Sie hatte immer sofort gebracht, auch unter schwierigsten Bedingungen. An einem stinkenden Bach vorbei mit stehendem Wasser, durch lauter Brennesseln und Disteln, sie hatte immer gebracht. »Anke« lief wieder los, wieder so schnell. Doch was ist denn nun? Sie stoppt, zitternd steht sie da. Was ist mit dem Hund los? Jetzt zieht sie gegen den Wind, ganz langsam mit hoher Nase, dreißig Meter, vierzig Meter, und steht vor. Jetzt wühlt sie in der modrigen Luzerne. Sie nimmt etwas auf. Was ist das? Sie kommt, aber was hat sie nur im Fang?

Einen ausgemähten, stinkenden, völlig vergammelten Hasen bringt sie. Und wieder kratzt sie kurz an meinem Knie und schaut zu mir hoch. »Anke«, braver Hund. Du machst mir Freude!

Der Alte vom Förstergrab

Im besten Rotwildgebiet der Slowakei, mit seinen riesigen Wäldern und breitrückigen Bergen, schlängeln sich nur ein paar enge Straßen durch die Wiesentäler und durch kleine verträumte Bauerndörfer. Meist enden sie dann bei einer Revierförsterei oder an einem Holzabfuhrplatz.

Gar nicht weit von einer dieser Talstraßen, eine halbe Stunde bergauf, am Bachbett vorbei und über eine Freifläche hinweg, fast bis zum Eingang zu einem tiefen Wiesenkessel, wo noch der Hochwald mit einer Ecke herunterreicht, dort ist das Förstergrab. Ein geschmiedetes Kreuz steht darauf, mit Silberbronze beschriftet und verziert, ein niedriger Lattenzaun ist herumgebaut. – Es ist keine schöne Geschichte, traurig ist sie und furchtbar. Und so unsinnig wie alles Böse.

Das Dröhnen des Krieges war gerade erst verstummt, die Menschen hatten ihre Ruhe noch nicht wiedergefunden, Hunger und Angst hatten sie, Haß und Neid wucherten. Der alte Förster versuchte, in dieser unseligen Zeit sein Wild zu schützen, so gut er es mit seinen 73 Jahren noch konnte. Manchen Wilderer hatte er vertrieben, manchem gegenübergestanden. Es war eine erbarmungslose Zeit.

In 14 Tagen würde sein Nachfolger kommen, der Johann, mit der Kraft und der Ausdauer seiner 25 Jahre. Heute aber wollte er noch selber die Lumpen erwischen, die da oben geschossen hatten, und sie mußten ja hier vorbei. Und dann kamen zwei junge Burschen und trugen ein Reh zwischen sich, und der Alte sprang vor sie hin und hatte den Drilling im Anschlag. Da fuhr den Burschen der Schreck in die Glieder, da erkannte aber auch der Förster sie, und in jäh aufwallendem Schmerz ließ er die Waffe sinken: Der eine war sein Pflegesohn, den er all die Jahre aufgezogen hatte. Bei den Burschen aber wurde aus Schrecken Furcht, sie wollten den Alten umwerfen, an ihm vorbeistürmen. Und der Förster fiel auch, aber er schrie . . . und da wurde bei den Burschen aus Furcht Panik, und da schlugen sie auf den Alten ein mit ihren Gewehrkolben, und sie schlugen, und sie schlugen . . . Dann verscharrten sie ihn im Wald.

Bald gab es wieder Alkohol, und die entwöhnten Männer im Dorf prahlten im Rausch mit ihren Heldentaten. Da wollte auch einer der Burschen prahlen – aber es war ja keine Heldentat. Später wurde das Förstergrab errichtet. Kein Wilderer soll dort je vorbeigegangen sein. –

Zweimal hatte mich Johann, mein Begleitjäger, schon zu diesem einsamen Grab geführt und dann durch den Wiesentrichter 70, 80 Meter höher in die riesige Buchenverjüngung, aber wir waren nie auf Wild gestoßen. Johann murmelte immer nur: Er ist nicht da, er ist noch nicht da. Mehr war nicht aus ihm herauszukriegen. Sicher, er suchte einen Hirsch, aber war es denn ein besonderer?

Es war ein schlechtes Jagen in dem Jahr, die Brunft kam nicht in Gang. Es war viel zu warm, dann regnete es, und dann war Nebel. Nur ganz selten meldete ein Hirsch. So liefen wir in dieser nicht sehr wildreichen Gegend mehr ziellos unsere 15 bis 20 Kilometer pro Tag durch die Wälder, auf den Zufall hoffend, der ja oft die Jagd bestimmt. Es war auch eine schwierige Reviерecke, mit ernstzunehmenden Grenzen sogar, die doch sonst in der Slowakei nicht ganz so wichtig sind. Eine Grenze zu einer anderen Forstdirektion mußte strikt gewahrt werden, eine zu einem »Minister-Reservat«.

Einmal gingen wir einen Hirsch an, der wenig, aber mit guter Stimme schrie, und standen dann an einer Blöße auf 40 Meter vor dem Rudel. Der Hirsch war gut, stark und alt, doch plötzlich prasselte das Rudel davon, so als ob hinter mir einer gewunken hätte. Johann machte ein verlegenes Gesicht. Man hat so etwas ja nicht gern und nimmt es auch nicht gleichmütig hin, aber wir waren in dem dicht verfilzten Unterwuchs des Waldes über die Grenze geraten und schon im »Reservat«.

In den nächsten Tagen schien das Revier völlig wildleer. Wir pürschten und liefen, aber wir hörten nichts und fanden auch keine frischen Fährten mehr. In einer Nacht, als wir müde und enttäuscht zur Hütte zurückgingen, kam dann aber Wind auf und schob die Wolken weg, und ein Sternenhimmel tat sich auf, so klar, so glänzend und funkelnd, mit Myriaden von hell leuchtenden Punkten, wie man es nur ganz selten erlebt. Und es wurde so hell dabei, daß wir jede Einzelheit sahen, als wir aus dem Wald traten. Ganz still lag das kleine verträumte Tal unter uns, silbrig überhaucht, mit der Wiese, mit der idyllischen Hütte und dem Brunnen, und auf der Bank saßen meine Frau und mein alter treuer Dolmetscher Jozef.

Aber es war völlig ruhig, es war so ruhig, es fehlte einfach etwas. Und da schrie ich in die Nacht hinein, und von den umliegenden Bergen schrien bald sieben Hirsche zurück. Wir riefen uns an, und wir reizten uns fast eine Viertelstunde lang, bis ich heiser wurde. Dann erst verebbte allmählich das nächtliche Konzert und verklang.

Am nächsten Morgen war es kalt, und da war auch endlich die Brunft lebhaft, und die Hoffnung war wieder da, die doch zum Jagen gehört, die antreibt und prickelt. Als wir einen Hang hochstiegen, meldeten mehrere Hirsche in der Umgebung, und auch vor uns hörten wir Trenzen und Sprengruf. Langsam zog dort ein Rudel zu Berg, und wir stiegen ihm nach, um vielleicht nach dem Dämmern heranzukommen.

Doch plötzlich fuhren wir wie elektrisiert herum. Von drüben, vom Förstergrab, kam ein Schrei durch die Nacht, so rauh, so stark, so herrisch und majestätisch, wie ich es in all den Jahren noch nie gehört hatte. Und dann kam ein zorniger Schrei, der uns erschauern ließ. Alle anderen Hirsche in der weiten Umgebung verstummten, und lange war es ruhig, dann erdröhnte ein mächtiger Kampfruf. Johann und ich, beide lauschten wir fast zitternd in die Nacht hinein, so aufregend war diese Stimme. Dieses Mal antwortete dort ein anderer Hirsch, und dann schlugen Stangen zusammen, zweimal, dreimal, und wieder kam der rauhe, herrische Schrei, jetzt lang, dröhnend und triumphierend zugleich. Ein neuer Herrscher hatte drüben das Rudel übernommen.

Und dann redete Johann: Das ist der Alte vom Förstergrab. Kein anderer Hirsch hat solch eine Stimme. Er muß jetzt 13 oder 14 Jahre alt sein. In seiner Jugend stand er da drüben, und dort in den Hängen und Buchen ist er herangereift. Als er neun oder zehn war, verschwand er, und nur in den letzten Tagen der Brunft taucht er jedes Jahr wieder auf. Und immer haben wir dann seine unverwechselbare, gewaltige Stimme gehört. In den letzten beiden Jahren haben wir auf ihn gejagt, aber er steht immer entweder jenseits der Grenze oder in der riesigen Buchenverjüngung, und da ist nicht heranzukommen. Auch im vorigen Jahr habe ich ihn nur einmal ganz kurz gesehen und an der gewaltigen Auslage wiedererkannt und an der einseitig schaufelförmigen Krone. 16 oder 18 Enden hatte er. In diesem Jahr werden es bestimmt schon weniger sein. Er ist sicher der beste Hirsch hier weit und breit, aber er ist nicht zu kriegen, der Alte. – Und während sich die ersten Konturen aus der Dämmerung lösten, saßen wir da im Wiesenhang und warteten noch einmal auf diesen rauh-dröhnenden Schrei.

Dann aber, als ob er sich losreißen wollte, trieb Johann mich den Berg hinauf, dem Rudel da oben hinterher. Und wir kamen auch heran, und wir sahen den Hirsch. Er war nicht gut, er war nicht schlecht, er wäre nicht falsch geschossen, aber es fehlte doch noch an Masse, ein oder zwei Jahre würden ihm noch guttun. Und da benahm ich selbst mich auffällig, und das Rudel prasselte davon und nahm den Hirsch mit. Johann sah mich an, verstand, sah hinüber zum Förstergrab und murmelte kopfschüttelnd: Der ist doch nicht zu kriegen! Schweigend stiegen wir ab.

Tagsüber regnete es in Strömen, und abends war dicker Nebel. Am nächsten Morgen aber wollten wir es dann doch auf den Alten vom Förstergrab versuchen. Und warum sollte es nicht einmal klappen, es waren genügend Fehlstellen im Buchenjungwuchs, und überhaupt: Jagd ist doch immer wieder anders. Aber der Wind hatte gedreht, wir mußten von oben heran, und dicker Nebel lag in den Wäldern. So brauchten wir eine Stunde länger als erwartet, und da war es zu spät, als wir hinkamen. Aber ich fand die frischen Fährten des Rudels, und ich fand die Fährte des Hirsches mit den faustgroßen Trittsiegeln. Brunftwittrung hing in den Gräsern, und tropfnasser Nebel lag über den schulterhohen Buchen. Leise schlichen wir uns davon.

Am Abend wollte mich Johann auf einen »sicheren« Hirsch führen, einen alten Zwölfer, der ihm jetzt gemeldet wurde. Seit drei Tagen war er in einer anderen Revierecke bestätigt, früh zog er mit seinem Rudel immer auf eine bestimmte große Blöße, und windunabhängig konnte man sich ansetzen.

In diesen Wäldern ohne Anfang und ohne Ende, da gibt es eigentlich keinen »sicheren« Hirsch. Man weiß vielleicht einen alten Bekannten auf einem der weiten Bergrücken, aber man weiß nie, wo. Windwürfe und Blößen gibt es genug, überall ist dichter Unterwuchs, überall ist Äsung, und so bummelt das Rotwild in der Dämmerung unstet und unberechenbar umher. Nur in tiefer Nacht zieht es irgendwo ohne feste Wechsel auf die Hangwiesen im Tal und dann sehr früh auch wieder zurück. Und so gibt es auch keinen Ansitz.

Pürschen muß man, einen schreienden Hirsch angehen, schnell ansprechen und eine Chance sofort nutzen, denn meist ist ein Hirsch, treibend und unruhig, in dem dichten Gewirr des Waldes nur für Sekunden frei. Oft ist man auch zu nah, und der Wind küselt ja so leicht. Eigentlich jedes Jahr hatte ich einen starken Hirsch auf 30, 40 Meter vorgehabt, aber dann nie schießen können. Und so ist es auch unsinnig, sich auf einen bestimmten Hirsch festzubeißen. »Den oder keinen«, das geht dort nicht.

Jetzt wurde also tatsächlich mal ein »sicherer« Hirsch gemeldet, und bei der schlechten Brunft wollte der Johann natürlich mit mir hin. Ich sollte doch nicht ohne Trophäe nach Hause fahren, und zehn Tage hatten wir schon gejagt. Er meinte es wirklich gut – und ich, ich wußte genau, wie dumm es war, eine solche Möglichkeit nicht zu nutzen. Aber ich wollte nicht, ich mußte einfach wieder zum Förstergrab. Nur unwillig gab Johann nach.

Schon früh gingen wir los, stiegen auf und zogen am Förstergrab unseren Hut. Und dann waren wir am Eingang zu dem tiefen Wiesenkessel. Ein Stein rollte unter unseren Tritten ab... da kam dieser urgewaltige Schrei drohend oben vom Rand aus den Jungbuchen. Wir zuckten regelrecht zusammen und stahlen uns seitlich in den Hochwald, um dort Höhe zu gewinnen. Würde der Hirsch jetzt bleiben? Hatte er an einen Beihirsch geglaubt, der es wagen wollte, in sein Reich vorzustoßen, ihm womöglich ein Tier abzutreiben? Stand er noch mit spielenden Lauschern in der Dickung, oder war er leise davongezogen, um sein Rudel zusammenzutreiben?

Aber nein, alt war er doch und stark! Er würde sich nicht davonschleichen, er brauchte keinen Kampf zu scheuen, er würde jeden Gegner annehmen, ihn auf Schwung bringen. Sollte ich ihn also anschreien? Wozu? Wahrscheinlich würde ich die Stimmung, den Ton nicht treffen, der diesen Herrscher dort drüben herausfordern könnte. Nein, wir hatten ja Zeit, es war ja noch früh, und vielleicht könnten wir ihn angehen, wenn er beim Rudel stand und Trenzer und Sprengruf uns leiten würden.

Und so saßen wir und warteten. Nichts rührte sich, nur Tropfen klatschten von den Bäumen, einmal kreischte ein Eichelhäher. Unangenehm feucht war die Luft und drückend. Nebelschwaden zogen durch den Wiesenkessel, wurden vom Wind erfaßt, gewirbelt, auseinandergerissen, verdrängt. Eine halbe Stunde verging, eine ganze, dann stiegen wir noch höher, um besser über den Kessel hinübersehen zu können, wo 150 bis 200 Meter entfernt in den Jungbuchen eine enge Schneise auf uns zulief.

Und plötzlich kam dort der Hirsch. Mit tiefem Haupt zog er spitz auf uns zu, mit dem weit ausladenden Geweih schaukelnd. Er verhoffte, minutenlang unbeweglich sichernd, dann nahm er das Geweih zurück, und noch einmal dröhnte der herrische, dieser alles beherrschende Schrei zu uns herüber.

Dann bog er seitlich ab, und da faßte ihn die Kugel ins Leben, und er preschte in die Jungbuchen, die schaukelnd seinen Weg zeigten, 50 Meter, 60 Meter. Nach 70 Metern stand er frei am Kesselrand, und ein Zittern lief über den gewaltigen, muskelharten Körper, dann knickten die Läufe ein, und er stürzte, und er rutschte über den steilen Wiesenhang, und er rutschte immer weiter und weiter, fast bis zum Förstergrab.

Wir mußten erst aus dem Bann dieser erregenden Minuten und Sekunden erwachen. Dann stiegen wir hinab, zu dem Hirsch, der hier herangewachsen und gereift war, der jahrelang diesen Bergrücken beherrscht hatte und dessen majestätisch gewaltige Stimme so unverwechselbar war und so unvergeßlich ist. Hatte ich einen solch kapitalen Hirsch überhaupt verdient? Lange standen wir dort, schließlich gaben wir uns stumm die Hand.

Drei Brüche brachen wir. Einen legten wir aufs Förstergrab.

Im roten Schnee

Es war ein malerisches Bild, das uns empfing. Dicht neben der verschneiten Überlandstraße, an der Abzweigung zu dem einsamen Forsthaus, stand zwischen zwei dicht verzweigten kahlen Bäumen ein schmiedeeisernes Kreuz. Schief und verwittert war der steinerne Sockel. Die Sonne berührte schon fast den Horizont, und ihr fahles Licht ließ den Schnee rötlich aufleuchten und das Kreuz erglühen.

Die Polen sagen, das sei nicht die Sonne, das sei das Blut der Verwundeten, der Ermordeten und Erschossenen, das den Schnee so aufflammen ließ, das Blut der Toten, einer ganzen Armee, die mitsamt ihren Familien in den Jahren nach dem Zweiten Weltkrieg dort ein freies, von Rußland und von Polen unabhängiges Land aufbauen, das alte Galizien wieder aufleben lassen wollten.

Noch heute liegt die Erinnerung wie ein Fluch auf diesem Landstrich im süd-östlichsten Polen. Kaum jemand will dort leben. Die Landschaft ist trotz staatlicher Zuschüsse kaum besiedelt und auch landwirtschaftlich völlig ungenutzt. Starke Hirsche wachsen in dieser Einsamkeit, die Wölfe heulen hier, Luchse ziehen ihre nächtlichen Fährten, hier ist genug Lebensraum für viele Wisente.

Als nach dem Krieg diese Freiheitsschlachten noch tobten, da zählte man in Bialowitz 95 Wisente, nur noch einen kleinen Restbestand. Doch das Erhalten und die Vermehrung waren nicht so hoffnungslos wie nach dem Ersten Weltkrieg, den kein Wisent in freier Wildbahn oder im großen Gatter von Bialowitz überlebt hatte. Aber aus 95 Stück ließ sich etwas machen.

Zwanzig Jahre später hatte sich der Bestand schon verzehnfacht und wuchs nun so schnell an, daß er in Bialowitz in dieser Vielzahl nicht mehr zu halten war. Eine Anzahl Wisente wurde deshalb in verschiedene Länder ausgeführt. Auch die Gefahr einer Seuche wuchs, die alle Bemühungen zunichte machen würde. Darum wurden kleinere freilebende Bestände in anderen Teilen Polens gegründet, auch in den fast unbesiedelten Gebieten im Süd-Osten bei Lutowiska.

Überall kam es zu einer vollständigen Verwilderung der Tiere mit äußerster Menschenscheu und stark ausgeprägtem Fluchtverhalten. Ende der 70er Jahre aber waren diese Bestände so kopfstark, daß ein weiteres unkontrolliertes Anwachsen nicht mehr geduldet werden konnte. Seitdem werden einzelne Abschüsse an Ausländer vergeben, vorwiegend in Lutowiska. Hier war der Bestand schon auf über 120 Stück angewachsen.

Aber nur im harten Winter kann der Wisent bejagt werden. Dann ziehen die 10- bis 12köpfigen Herden oder die oft allein gehenden alten Bullen zum Äsen an die Heuhäuser, die von der Forstverwaltung auf den großen Wiesenflächen angelegt werden. Nur an diesen Wechseln ist es möglich, auf Schußentfernung an das Wild heranzukommen und vor allem richtig anzusprechen. Aber auch im Winter genügen ein gefahrdrohender Windhauch oder ein knackendes Ästchen, um die Flucht auszulösen.

Zwei Tage fuhren wir nach Lutowiska. Die Straßen waren nicht geräumt, der Schnee nur mit Kohlenstaub abgestumpft. Grau-schwarz war die Windschutzscheibe. Dann fror noch die Waschanlage ein – es war kein Vergnügen. Aber was erträgt man nicht alles, wenn das Fernweh ruft, wenn man jagen will, wenn man unbekanntes uriges Wild erleben kann.

Erst nach der letzten größeren Stadt war kein Kohlenstaub mehr gestreut. Warum auch? Wer sollte da noch fahren? Ein paar Pferdefuhrwerke, na ja, ein paar Trecker ... Aber schließlich hatten wir es geschafft und kamen an die Abzweigung zum Forsthaus. Dort stand das schmiedeeiserne Kreuz, hier sahen wir zum ersten Mal den roten Schnee.

Ich hatte mir alles viel zu einfach vorgestellt. Natürlich wußte ich, daß die Wisente hier frei leben, nicht wie die Kühe auf der Wiese herumstehen, daß sie nicht darauf warten, mit ihren rauhen Zungen Salz aus einer ausgestreckten Hand ablecken zu können. Aber ganz war der Gedanke von einem verwilderten Rindvieh bei mir trotz aller Erzählungen nicht ausgeräumt. Dennoch war alles ganz anders, als ich – schon am ersten Morgen – eine Wisentherde sah.

Wir fuhren mit dem Geländewagen eine weite Strecke auf die Höhen. Es schien noch goldfarbenes Mondlicht, als wir zu pirschen begannen. Tief verschneit lag die ganze Landschaft, dick mit Rauhreif verkrustet glitzerten alle Äste und Zweige. Bei dem warmen Licht und der trockenen Luft glaubte man an die zwanzig Grad Kälte nicht. Wir waren auf einer riesigen Hochebene. Kilometerlang schlängelten sich Wiesenflächen zwischen den wild wachsenden Wäldern dahin. Große weiche Hügel wölbten sich zwischen den Baumstämmen. Nur dort, wo der Schnee eingebrochen war, sah man, daß er dicht verzweigtes Unterholz überdeckte.

Wir pirschten an den Waldrändern entlang, und immer wieder querten wir breite tiefe Schneerinnen, in denen die Trittsiegel der Wisente standen. Wie Furchen zogen diese Fährten zu den Heuhäusern mit den braunschwarzen Wänden und den weiß verschneiten Dächern.

Drei oder vier Kilometer waren wir so gepirscht und hatten unzählige Fährten gesehen. Aber an den Heuhäusern, an denen wir vorbeikamen, stand kein Wild. Ein paar Wolkenstreifen am Horizont färbten sich schon mit kupfernen Tönen, als wir uns langsam auf eine Waldecke zuschoben. Wieder kam, noch weit entfernt, ein Heuhaus in Sicht. Jetzt hörten wir ein dumpfes Dröhnen. In einer wirbelnden Schneewolke, die den Waldrand verdeckte, sahen wir einige Sekunden lang ein paar dunkle massige Gestalten. Eine Wisentherde war davongestürmt, ein Windhauch hatte uns verraten. Ja, das war kein Rindvieh, das war uriges Wild, das erjagt werden wollte.

Ein paar Minuten später ging die Sonne als glutrote Scheibe über dem Wald auf. Die Landschaft wurde von ihrem Licht überflutet, tief rot leuchtete der Schnee.

Als wir zurückfuhren, riß es den Oberförster plötzlich wie elektrisiert zusammen. Irgendwo in einem Einschnitt hatte er etwas gesehen. In höllischem Tempo lenkte er den Wagen in eine Abzweigung und um einen Berg herum. Dann hasteten wir einen Steilhang hoch, daß es die Lungen fast zerriß. Als wir oben waren, keuchend und schwitzend, mit fliegenden

Pulsen, da sah ich zum ersten Mal wirklich Wisente. Im lichten Wald des Gegenhanges stand eine zehnköpfige Herde. Langsam und bedächtig zogen sie dort immer nur ein paar Gänge, verhielten wieder, zogen weiter.

Starke, urige Wildkörper waren es, mit Eisklumpen im schwarzbraunen Winterhaar, mit dem zotteligen Bart unter gewaltigem Träger, mit weißem Rand um den Äser und dem massigen Wulst über dem Widerrist. Das anfängliche Erstaunen vor solcher Gewalt und Eindringlichkeit wich bald schon unbeherrschbarer Erregung. Was für ein Wild! Zehn Minuten konnten wir dieses Bild genießen.

Am nächsten Morgen trafen wir noch einmal auf eine Herde. Die Sonne war noch nicht aufgegangen, aber ein roter Schimmer lag schon über dem Schnee. Wir standen gedeckt hinter dichten Büschen, auch der Wind war gut. Da schoben sich zwei bullige Häupter hinter einem Heuhaus hervor, ruhig, fast bedächtig äugten sie wie abschätzend, wie abwertend zu uns hin. Dabei hatten wir doch geglaubt, unhörbar im Pulverschnee herangekommen zu sein. Acht Wisente waren es schließlich, die dann langsam, immer wieder zu uns hin äugend, in sicherer Entfernung zum Wald zogen. Zwei Kälber waren dabei, ein junger Bulle, eine ganz alte Kuh. Lang waren ihre Hörner, nur wenig dünner als bei einem Bullen, und auch die Figur war kaum geringer.

Auch bei den Bullen gehört sehr viel Erfahrung dazu, Gold- und Bronzewertung zu unterscheiden und richtig anzusprechen. Der Unterschied ist viel geringer und auch viel weniger entscheidend als bei anderem Wild. Die Hörner hängt man ohnehin nicht am nackten Schädel an die Wand. Das wirkt nicht. Ein Präparat mit ganzem Vorschlag gehört dorthin, mit dem bulligen breiten Haupt, mit etwas griesgramig herablassendem Ausdruck, mit dem Bart und dem hohen Widerrist. Nur dann bleibt genug von dem erregenden Erleben, von der Urgewalt dieses Wildes.

Wir waren noch oft draußen. Wir pürschten morgens und standen vor Kälte zitternd abends in der Nähe von Heuhäusern an vermeintlichen Wechseln. Immer wieder sah der Oberförster sorgenvoll zu den Wolken empor, die jetzt häufiger den Himmel bedeckten. Wenn es schneien würde, dann wechselte in den nächsten zwei, drei Tagen kein Wisent mehr aus den undurchdringlichen Wäldern. Aber es schneite nicht. An einem Abend rissen sogar die Wolken auf, die Kälte wurde noch eisiger, und der Atem gefror am Pelz der Mützen, als wir unter dem Glitzern der Sterne zurückgingen.

An einem Morgen standen wir auf dem Packbrett eines Treckers. Es war gar nicht so einfach, sich an den Eisenstangen festzuklammern. Eine schmerzende Kälte ging davon aus. 27 Grad unter Null hatte das Thermometer gezeigt.

Die Sonne war noch nicht aufgegangen, aber der Himmel hatte schon Licht, der Schnee leuchtete. Es war eigentlich hoffnungslos, noch hinaufzufahren. Es war schon zu spät. Aber der hochgängige Geländewagen war nicht angesprungen, er hätte sich auch in dem tiefen Pulverschnee schon in der ersten verwehten Mulde festgefahren. Darum hatte erst ein Trecker geholt werden müssen, wir hatten jedoch wesentliche Zeit verloren. Somit war es eigentlich aussichtslos, Wild in Anblick zu bekommen.

Beim ersten morgendlichen Lichtschimmer wechseln die Wisente von den Heuhäusern in die Wälder zurück. Erst in der Nacht ziehen sie wieder auf die Freiflächen. Aber dann reicht auch der Schneeschimmer nicht aus, um sie anzusprechen. Um tausend Kilogramm wiegen reife Wisente. Eine alte Kuh ist oft noch stärker als ein jagdbarer Bulle. Wir hatten das ja alles erlebt in den letzten Tagen, als wir oft mit dem Ansprechen scheiterten. Aber so spät es auch war, zur ersten, vielleicht auch zur zweiten Fütterung könnten wir noch rechtzeitig kommen. Und wer weiß schon, was passiert, wer weiß, ob sich nicht einmal eine Herde verspätet.

Wir kamen nur bis zum ersten Heuhaus. Acht Wisente standen dort. Sie ästen schon nicht mehr. Sie standen nur noch herum, dösend, wiederkäuend. Sie zogen immer wieder ein paar Gänge auf den Wald zu, standen wieder. Es war ein herrlicher Anblick. Zwei junge Bullen waren dabei, kein jagdbarer. Es dauerte fast zehn Minuten, ein erstes Rosa überzog den Schnee, dann waren sie verschwunden. Plötzlich kam Wind auf. Wir spürten ihn und wir sahen ihn. Zuerst wirbelte er nur einzelne Schneeflokken auf der weiten Fläche hoch, dann immer mehr, immer mehr. In breiten Wellen lief er über den Schnee. Bald kam die ganze weiße Fläche in eine weiche, fließende Bewegung. Furchen und Kanten entstanden, formten sich zu bizarren Mustern, verschoben sich, verschwanden wieder. Weiße Pulverknäuel schwebten wie Nebelfahnen darüber, strudelten durcheinander, fielen zusammen und tanzten schon wieder hoch. Auch die Wolkenstreifen jagten und verzerrten sich, wurden immer breiter. Schließlich hatten sie den ganzen Himmel bedeckt. Aber sie verdunkelten sich nicht, sie färbten sich kupferrot, wie von einem gewaltigen Feuer angestrahlt. Und sie reflektierten den Schein, der Schnee erglühte, leuchtete tiefrot. Über dem Horizont hing ein dunkles graues Band, darüber ein ganz schmaler hellgoldener Streifen. Hier ging die Sonne auf. Aber sie tauchte nicht auf als leuchtender Ball, sie brach wie ein blendend heller Fleck hervor, der die drückenden Farben des Wolkenbandes plötzlich verzehrte.

Umstrahlt von dem Leuchten des ersten Sonnenlichtes, vom Farbenspiel des Himmels, stand plötzlich noch ein Wisent neben der Fütterung.

Ein Bulle. Eindeutig war das ein Bulle, ein guter sogar, ein jagdbarer. Ich ahnte das, noch bevor ich das flüsternde »Schießen« gehört hatte. Unbeweglich, wie aus einem riesigen schwarzen Gesteinsbrocken herausgemeißelt stand er dort.

Wohin würde er ziehen, auf den entfernten Wald zu? Unerreichbar? Oder würde er den gleichen Wechsel annehmen wie die Herde zuvor?

Jetzt blieb keine Zeit mehr, den Anblick zu genießen. Vorwärts pirschen mußte ich, am Waldrand entlang, heran an den Wechsel. Schnell mußte es gehen. Der Bulle zog schon, er hielt die Richtung wie die Herde.

Dann war er von einer Bodenwelle verdeckt. Das war die Gelegenheit, besser konnte es nicht gehen. Ich pirschte nicht mehr, ich lief jetzt. Sekunden konnten entscheiden, mußten entscheiden.

Dann sah ich ihn wieder. Nur noch vierzig Meter vor dem Waldrand verhoffte er. Er äugte zu mir hin, er hatte mich erfühlt oder irgend etwas hatte mich schon verraten. Ich sah noch jede Einzelheit, die Eisklumpen im dichten, wolligen Winterhaar, die voller Erregung peitschende Schwanzquaste, das bullige Haupt mit dem griesgrämigen Ausdruck. Und dann ein böses Aufstampfen. Mit dem Vorderlauf trampelte er ein wildes Stakkato in den Schnee, daß es staubte. Er war wütend und doch noch unschlüssig. Er wußte noch nicht, ob eine Gefahr da war oder ein Nebenbuhler. Ich kniete schon, das Fadenkreuz stand tiefblatt. Und dann war der Schuß heraus.

Einen Ruck gab es dem Bullen. Er warf sich herum, stürmte davon und verschwand hinter einer Bodenwelle. Er ist nicht weit gekommen. Nach 80, 90 Metern war er zusammengesunken.

Jurten im Edelweiß-Tal

Es war kalt geworden in der Nacht. Der Ofen brannte nicht mehr, der Kamelmist war wohl schon lange verglüht. Frierend war ich aufgewacht. Dabei war es noch dunkel. Oben, im offenen Rund der Jurte, wo die roten Latten in den Dachreifen einmünden, wo das Ofenrohr durchgeschoben wird, sah ich die Sterne noch glitzern.

Eigentlich hätte ich ja noch ein paar Stunden Schlaf gebraucht. Auf dem Flug über die rund 8000 Kilometer nach Ulan Bator mit dem Zeitunterschied von siebeneinhalb Stunden hatte ich keine Ruhe gefunden. Und dann waren wir auch schon bald in einen Jeep gestiegen, um sofort ins Jagdgebiet zu reisen. Wir hatten nicht gewußt, daß uns noch eine achtstündige Fahrt nur durch Schlaglöcher erwartete, voller Staub und Schaukelei, auf völlig ausgefahrenen Pisten, oder quer irgendwo über die Ebene.

Jetzt merkte ich, daß ich einen Muskelkater vom Festhalten hatte. Hinter meinem Feldbett pfiff der Wind durch eine Lücke in der Filzwandung. Irgendwo schrie ein Esel, einer meiner Mitjäger schnarchte. Ich würde doch nicht mehr einschlafen.

Als ich, im Dunkeln umhertappend, meine Sachen gefunden hatte, schlich ich nach draußen. Der Mond schien, und so sah ich ein bißchen von der Umgebung, die wir in der Nacht bei der Ankunft nicht mehr erkennen konnten. Die Jurten standen in einem langen Tal. Auf der einen Seite ragten Felsen steil hoch, auf der anderen Seite konnte ich auf einen sanften Hügel steigen. Aber das fiel mir schwer, ich bekam Luftnot. Dabei konnten wir doch kaum über 2000 Meter hoch sein.

Ein merkwürdiger Duft lag über dem Tal. Ein paar Kräuter mußten das sein, vielleicht ein paar Blumen. Ab und an trug der Wind auch einen Hauch von Pferdegeruch vorbei. Ein nächtlicher Vogelschatten flatterte über mir. Weit entfernt, wo das Tal sich in die Ebene verlief, zeigte sich der erste Morgenschimmer am Himmel.

Wieder schrie ein Esel. Pfeifend und schrill prallte der Ton von der Felswand zurück. Einige hundert Meter entfernt mußte er stehen. Aber er schrie nur einen einzigen lang gezogenen Ton. Gab es dort auch Jurten? Schreien mongolische Esel anders als unsere?

Der Himmel wurde immer heller. Es war kein goldenes, es war ein klares Licht. Die Farben der Landschaft sah ich erst viel später. Zuerst leuchtete es in einer Bergmulde gelblich auf. Ein kleiner, schon herbstlich verfärbter Birkenwald hatte sich dort eingeschmiegt. Blaßgrün wurde dann das Tal und grau-blau wurden die Felswände, mit weißen Flecken und gelben Tupfern. Hart und grau war das Gras, in dem ich saß, mit unzähligen mattweißen Blumensternen übersät, mit samtweichen Blütenblättern. Ich saß in einem Meer von – Edelweiß. Edelweiß in der Mongolei, wer hätte das erwartet! Aber wenn wir an die Mongolei denken, dann denken wir ja auch nur an die Wüste Gobi und das Altai-Gebirge, an Wildschafe und Steinböcke. Dabei ist doch der Norden des riesigen Landes bewaldet, hier gibt es Elche, Hirsche, Bären und Sauen, sibirische Rehböcke und Wölfe.

Im Edelweißtal. Weit geht der Blick über das Land

Beim Abkochen im Erdofen

Wieder schrillte ein langgezogener Schrei durch das Tal. Schön klang das nicht. Es war ein Ton ohne Resonanz, ohne Wärme, ohne Ausdruck. Es war natürlich kein Esel, es war ein Hirsch, ein Maral-Hirsch, der mongolische Verwandte der Wapitis, den wir erleben und jagen wollten. Das war nicht der ausdrucksvolle Schrei eines Rothirsches, hier fühlte man nicht dieses ehrfürchtige Erschauern. Es kam auch keine Antwort von anderen Bergen, es blieb immer nur ein einziger langgezogener Ton, ansteigend, fast bis zum Falsett, dann abrupt abbrechend.

Es ist eben ein anderes Wild, viel größer, viel stärker, 200, 250 Kilogramm schwer, mit silbrig glänzenden Wildkörpern, schwarzen Häuptern, Trägern und Läufen und eben den kronenlosen, leiterförmigen Geweihen mit so hohem spezifischen Gewicht, daß sogar die begehrenswerten zwölf- oder vierzehn Kilogramm-Trophäen vorkommen.

Wir würden auch anders jagen, als wir uns das vorgestellt hatten. Wir würden nicht einzeln pirschen, es würde auch keinen Ansitz geben, das war in diesem Jagdgebiet gar nicht zu organisieren. Drückjagden sollten wir erleben mit weiträumigem Abstellen der Wechsel. Die örtlichen Jäger würden mit ihren kleinen mongolischen Pferden kilometerweite Gebiete durchreiten und damit durchdrücken.

Wir fuhren dann zurück durch das Tal in die unendliche, unübersehbar weite grasbedeckte Ebene und dort vorbei am Fuß der langen Gebirgskette, die hier mit Hügeln und Taleinschnitten auslief. Wir kamen schließlich in eines dieser Täler, langsam ging es bergauf. Dicht mit Gräsern und Sträuchern waren die Hänge bewachsen, gold-gelb leuchtete das Laub kleiner Birkenwäldchen. Immer wieder türmten sich einzelne haushohe, bizarr geschichtete Felsklötze auf. Wuchtig und wie verloren standen sie dort, Fremdlinge mit ungewohnten Farben. Auf riesigen Eismoränen mußten sie hierher gewandert sein. Die Sonne brannte, Adler und Geier schwebten im Himmel. Als wir dann in die hohen Berge aufstiegen, pfiffen Murmel und kreischten Eichelhäher.

Wir suchten uns Stände an bekannten oder vermeintlichen Wechseln, hoch oben am Kamm, an Einschnitten, an Furchen oder an steilem Hang zwischen kleinen Wäldchen, wo Losung lag, wo fast handgroße Tritte die Fernwechsel anzeigten. Dort saßen wir dann, bis der Puls nicht mehr raste, bis die Atmung in der dünnen Luft wieder ruhiger wurde und der Wind die schweißnassen Hemden getrocknet hatte.

Mein erster Stand befand sich hoch oben an einem Berghang. Nur auf ausgetretenem Wechsel hatten wir ihn erreicht. Daneben wuchs wadenhoch, stellenweise auch mannshoch ein fast undurchdringliches Gesträuch mit rotem Laub und daumenlangen Dornen. Es war ein herrlicher Blick zurück über das Tal, vorbei an weißen rissigen Felshängen, über gelbe Birkenwälder, über graugrünes Gras, in dem die riesigen Gesteinsbrocken nur noch wie kleine schwarze oder braune Tupfer zu erkennen waren. Bei der völlig klaren Luft konnte man unvorstellbar weit sehen, weit sogar noch über die unbewohnte Ebene, die in der Ferne bläulich wurde und dann mit unscharf verschwimmendem Horizont in die blasse Bläue des Himmels eintauchte.

Über hundert Kilometer waren wir von der nächsten Siedlung entfernt, von ein paar festen Häusern mit einem Einkaufsladen, einem Partei-Haus, einer Tankstelle mit bewachtem Benzin-Lager. Es wohnen nur wenige Menschen dort.

Noch immer ziehen die meisten Mongolen mit ihren Herden übers Land, mit Schafen, Rindern, Yaks und Pferden. Alle fünfzig Kilometer stehen vielleicht zwei oder drei Jurten wie weiße Flecken in der Ebene. Dort sieht man ein paar hundert Schafe weiden oder einen einsamen Reiter in wadenlangem schwarzen oder blauen wattierten Kittel, wie er, in den Steigbügeln stehend, mit einer Hand sein Pferd lenkt, während im Trab die andere herunterhängt, oder wie er, mit der Führleine immer wieder links und rechts, links und rechts den Hals touchierend, das Pferd zum Galopp anspornt.

Während der langen Fahrt hatten wir einige Male plötzlich einen Reiter auftauchen gesehen, wie aus dem Nichts und aus unvorstellbarer Weite, nach grußloser Begegnung dann wieder hinter einer Bodenwelle verschwindend oder in die Ferne eintauchend, sich verlierend.

Wie fremd war diese Welt, wie verbindungslos zu unserem Leben. Wie verschieden waren diese Menschen von uns, waren wir von ihnen, von den älteren zumal. Sie sorgten für uns mit Dolmetscher, Koch, Begleitern, aber wir waren fremd und blieben fremd. Auch das Jagen brachte uns nicht näher, führte nicht zu diesem Gleichklang, wie sonst überall auf der Welt, führte nicht zur »grünen Internationale«. Aber ein gutes, interessantes und erfolgreiches Jagen ist es dennoch in der Mongolei.

Plötzlich wachte ich auf aus diesen Gedanken. Laub raschelte, Sträucher knackten, ein paar Steine rollten, Tritte waren da auf felsigem Grund, ziehend, verhoffend. Und dann, nach Minuten des Wartens, des Spähens und Hoffens, sah ich zum ersten Mal Maralwild. Tiere waren es, vier oder fünf. Nah waren sie, nur fünfzig Meter entfernt und doch nicht alle zu zählen im deckenden hohen Gesträuch. Nur einzeln waren sie immer wieder erkennbar in ein paar Lücken, mit den silbrig schimmernden Dekken, den schwarzen Häuptern, mit den riesigen Wildkörpern. Ganz langsam, zögernd, nicht über die Wechsel, sondern durchs dichte Gestrüpp zogen sie vorbei. Sie wußten um die Gefahr, sie waren bejagt, so einfach würde es für uns nicht werden.

Dann sah ich nichts mehr, hörte auch nichts mehr, bis ein Reiter kam, bis nach Stunden das erste Treiben vorbei war.

Der erste Hirsch fiel am Nachmittag. Er hatte einen Schuß durchs Gescheide und durch eine Keule. Aber ohne zu zeichnen war er wie gesund weiter geflüchtet. Mit dem Jeep waren sie ihm zwei Kilometer nachgefahren, hatten den Weg abgeschnitten und waren ihn angegangen. Aber trotz eines besten Blattschusses war er erst nach weiteren dreihundert Metern Flucht zusammengebrochen. Hart ist dieses Wild.

Der Hirsch war einwandfrei zu jung. Wie oft passiert so etwas, wenn auf Wild gejagt wird, das man nicht kennt, wenn die Vergleiche fehlen und die Kenntnisse, die doch zum Ansprechen gehören, und beim flüchtigen Schießen. Wie schwierig kann es doch schon beim Rehwild sein, wenn man Fünfzehn-Kilogramm-Böcke gewöhnt ist und dann in einem Revier jagt, wo zwanzig oder gar zweiundzwanzig Kilogramm normal sind, oder wo fast jeder Bock ein weißes Gesicht hat, und wir doch immer noch glauben, daß das allgemein ein Alterszeichen wäre. Das sind nun mal die Schwierigkeiten, mit denen man auf der Jagd im Ausland rechnen muß, zumal wenn man auf unbekanntes Wild jagt.

Die Mongolen kümmerte es nicht, daß der Hirsch zu jung war, sie registrierten die Tatsache nicht einmal. Ein Hirsch war gefallen – gut, Ende. Sie schlugen das Haupt ab und weiter ging das Jagen. Das Wildpret bleibt liegen. Es schmeckt nicht, sagen sie, und es ist auch zu lästig, es weit zu bergen. Ein paar Minuten später kreisen dann schon die Adler, die Geier und die Krähen, und am nächsten Tag ist nichts geblieben, nur ein paar Knochen vielleicht für die Wölfe und Füchse.

Für uns war der Hirsch natürlich interessant. Wir konnten Maß nehmen, wir konnten nun besser ansprechen in den nächsten Tagen, an denen wir bestimmt noch hundert Hirsche sahen, und wir konnten das Maral-Geweih studieren, das Typische erkennen. Schon bei diesem jungen Zehner waren die Stangen stark. Die Rosen, die Aug-, die Eis- und die Mittelsprossen, das war alles wie gewohnt. Aber dort, wo beim Rothirsch die Stange sich zur Endgabel oder zur Krone aufzweigt, da gabelt der Maral mit einem rechten Winkel, wobei die weitere Stangenlänge mit fünfundvierzig Grad nach hinten abweicht, und davon gehen dann beim 12er noch eine und beim 14er noch zwei Sprossen kronenlos leiterförmig nach vorne ab, und oft verläuft dann die Hintersprosse der Endgabel nochmals horizontal nach hinten. Zwölf Enden erwartet man bei einem reifen Hirsch, vierzehn gelten als besonders erstrebenswert. Wenn ein 14-Ender fällt, dann zieht sogar ein Lächeln über ein altes, sonst so unbeteiligt erscheinendes Mongolengesicht.

Unser französischer Mitjäger schoß nicht nur den ersten, er schoß auch den zweiten Hirsch, der war sehr gut. Ein Rudel mit zwei starken Hirschen flüchtete an ihm vorbei. Er suchte den richtigen heraus, einen 12er mit starken langen Stangen, mit herrlicher Abwinkelung nach der Mittelsprosse und an der Endgabel. Nun war er glücklich.

Beide Geweihe wurden dann in einem Erdofen abgekocht. Ein Blechkasten wurde in ein Erdloch eingefügt. Darunter brannte das Feuer, dahinter war ein Ofenrohr eingelassen. Mit wenig Holz wurde die nötige Hitze erreicht. Wie wirkungsvoll sind doch oft die einfachsten Dinge.

An einem Morgen stand ein Pferd für mich bereit. Es war mit einem Lederkissen gesattelt, denn wir konnten unmöglich in dem ganz tiefen keilförmigen Mongolensattel sitzen. Es war natürlich das bravste Tier, das sie hatten, aber dennoch waren die Begleiter voller Angst, ich könnte herunterfallen. Sie wollten es am Leitriemen führen, sie wollten nicht, daß ich trabte oder gar galoppierte. Nachdem wir eine halbe Stunde geritten waren, zeigten sie nicht mehr so große Sorge.

Es war ein herrliches Reiten in dem stillen langen Tal. Unberührt war die Natur. Das Lederzeug knarrte, mit singendem Ton schlugen die Schweife, die Hufe trommelten trabenden Rhythmus auf harten Boden. An den Hängen saß immer wieder mal ein Murmel. Wir hörten dann sein Pfeifen und sahen sein Weghuschen in den Bau.

Adler kreisten, ab und an schnaufte ein Pferd, und irgendwann blendete dann die Sonne über einem Felsgrat und teilte die Talseiten in Licht und Schatten.

Wir ritten die Berge hinauf. Ganz oben am Kamm sollte ein sonst unerreichbarer Fernwechsel einsehbar sein. Ein paar hundert Meter darunter koppelten wir die Pferde an und kletterten den steilen Felsen hoch. Es war ein herrlicher Blick zurück in das lange Tal. Nur im Glas waren die Jurten noch als winzig kleine weiße Punkte erkennbar. Grün leuchtete das Tal, blau-grau schimmerten die Felsen und gelb die verstreuten kleinen Birkenwäldchen in den Mulden.

Von der Höhe aus lief ein Grat weiter. Zur Windseite fiel nackter rissiger Fels flach abwärts. Auf der windgeschützten anderen Hangseite wuchs Gras und einige hundert Meter entfernt leuchtete wieder ein Birkenwäldchen. Lag dort ein Einstand des Wildes?

Eingekeilt zwischen porös wabigen Felsbrocken lagerten wir lange im pfeifenden Wind und im heißen Sonnenlicht. Große Wolkenballen zogen am Himmel und schattierten die Landschaft mit immer wechselnden

Lichtreflexen auf den Felsen, auf den auslaufenden Hängen und Hügeln, und in der Ferne noch auf der unendlichen Ebene.

Es war vielleicht eine Stunde vergangen. Nichts hatte ich bisher gesehen, kein Wild, keine Reiter. Ich wußte nicht, wie das Treiben verlaufen sollte. Aber der alte Mongole, der bei mir war, zeigte immer wieder auf das kleine Birkenwäldchen. Von dort war also Wild zu erwarten, und von dorther kamen dann tatsächlich zwei Tiere. Flüchtig querten sie den freien Hang. Sie verhofften vor einer Mulde im Grat, äugten herüber auf die andere Bergseite, über die sie dann weiter flüchteten. Es war kein Hirsch dabei, und das war gut so. Jetzt kannte ich den Wechsel, kannte das Verhalten, das Verhoffen vor der Mulde. Jetzt konnte ich mich einrichten. Irgendwo vor dem Grat, zweihundert Meter entfernt würde ich schießen können und auch schießen müssen, wenn noch ein Rudel käme und ein guter Hirsch dabei sein sollte. Ich wartete, ich war jetzt auf den Wechsel eingestellt.

Ein paar Minuten später kam dann tatsächlich ein siebenköpfiges Rudel. Hochflüchtig waren die Tiere. Dann folgte ein Hirsch. Ich hatte ihn sofort im Glas. Stark war er.

Da war es schnell klar, daß er jagdbar war. Ich wußte nicht genau, wieviele Enden er hatte, 12 oder 14. Es blieb auch keine Zeit für ein sorgfältiges Ansprechen; der Hirsch war flüchtig. Ich mußte sofort das Glas mit der Büchse tauschen, denn schon war das Rudel am Grat, schon verhoffte es dort. Auch der Hirsch verhoffte auf dem Hang.

Das Fadenkreuz stand fest auf dem Trägeransatz, dann ruckte der Hirsch im Schuß. Aber er flüchtete weiter, wie gesund und mühelos, die letzten hundert Meter zur Höhe hinauf und über den Kamm hinweg. Dann verhoffte er. Da faßte die zweite Kugel das Blatt, er brach zusammen.

Eine viertel Stunde später kletterten wir durch die Felsen. Nur mit Mühe hatte ich meine Begleiter so lange zurückhalten können. Aber dann waren wir doch noch zu früh. Als wir herankamen, schnellte der Hirsch hoch, flüchtete weiter und war schon hinter einer Felsnase verschwunden.

Ich lief hinterher, stolperte und rutschte, und plötzlich stand ich vor einem senkrechten Abhang. Darunter lag ein kleines Plateau – und dort stand der Hirsch mit keuchenden Flanken. Ich schoß noch einmal, aber ich schoß vorbei. Doch bevor ich eine neue Patrone in den Lauf repetieren konnte, brach der Hirsch zusammen. Die letzten Kräfte hatte er auf der Flucht verbraucht.

Er lag an der schönsten Stelle, die ich in all den Tagen gesehen hatte, einem kleinen Absatz an felsigem Hang, mit Latschen und sperrigem

Gesträuch, mit Gräsern und Edelweiß, zwischen großen Steinen mit roten Flechten und grün-schwarzem Moos. Im Verenden hatte er noch einmal vor sich sein weites Reich, die hügelig auslaufenden Berge, die weite Ebene, bis hin zu der unsagbaren Ferne, wo alles unscharf wurde, wo das Licht brach und sein Licht in die Unendlichkeit überging.

Zwei Tage später, als wir alle unseren Hirsch geschossen hatten, fuhren wir zurück nach Ulan Bator. Wir hatten dann noch einen Tag Zeit und wurden herumgeführt. Wir sahen das Kloster, das so leer und wie verlassen war. Wir hörten die üblichen Sätze über die bösen Mönche, die das Volk ausgebeutet hatten, und hörten nicht, daß in so anderer Zeit die Mönche selber das Volk waren, und auch nicht, ob jetzt jemand das Volk ausbeutete. Ich sah einen gewaltigen Fortschritt im Häuserbau, der in den letzten vier Jahren geschafft war. Aber im einzigen Kaufhaus war es das gleiche dürftige Angebot wie vor vier Jahren. Wir sahen den nun restaurierten Kaiserpalast und konnten uns dort nicht satt sehen. Unzählige Applikationen hingen an den Wänden, Kunstwerke feinster Arbeiten mit geschichtlichen und auch religiösen Darstellungen von unfaßbarer Vielfalt, oft mit tausend menschlichen Gesichtern auf handgroßer Fläche, mit Schlachtszenen oder Reiterspielen. Es war schade, nur darüber hinsehen zu können. Stundenlang hätte man mit einem Vergrößerungsglas davor stehen mögen. Wir sahen die Prachtjurte des Khan, die mit über hundert Fellen des Schneeleoparden ausgekleidet ist, wir sahen Gold- und Silberarbeiten. Ein Dutzend Kunstbände ließen sich mit all dem füllen, aber kein Bild gibt es zu kaufen, nichts ist katalogisiert oder kunstgeschichtlich bearbeitet, nichts darf man fotografieren. Unvorstellbare Schätze bleiben fast unbekannt.

Am Abend gingen wir auch in den mongolischen Staatszirkus, sahen verwegene Reiterspiele und große artistische Leistungen. Oft kam das zustimmende Nicken der gestrengen Herren auf der Richtertribüne, wo entschieden wird, welche Leistung im Ausland, in der ganzen Welt, vorgeführt werden darf.

Als wir zurückflogen und die schneebedeckten Spitzen des hohen Altai heraufleuchteten, da hatte ich schon alles Unbequeme und alles doch nur Unwesentliche bereits vergessen. Da träumte ich schon von den Jurten, vom Edelweiß, von meinem Hirsch auf dem Plateau und dem Blick über die unsagbar weite Ebene, von dem Licht und den Farben.

Drei Rätsel

Was für ein Narr war ich doch. Geschlagene achtzehn Stunden hatte ich angesessen, von morgens halb vier bis abends halb zehn, ununterbrochen. Natürlich hatte das nichts gebracht.

Einen Bussard hatte ich gesehen, einen außergewöhnlich hellen, fast weißen. Sonst nichts. Steif wie ein alter Rheumatiker war ich schließlich abgebaumt, erst einen Kilometer weiter konnte ich wieder richtig gehen. Dann waren die Muskeln wieder weich und die Gelenke wieder beweglich.

Es war ja von vornherein sinnlos gewesen. Aber was tut man nicht alles, wenn man voller Unruhe und Verzweiflung ist, wenn eben doch noch ein ganz kleines Fünkchen Hoffnung brennt.

Drei Abende vorher hatte dieses Trauerspiel angefangen. Damals hatte alles noch so einfach ausgesehen. Ich hatte den braven Bock vom Tollkirschen-Eck frei. Den zu erlegen, konnte ja nun wirklich kein Problem sein. Das war fast kein Jagen mehr. Ich brauchte mir nur einen schönen Abend auszusuchen, mußte mich ansetzen, ein bißchen warten. Es war noch Mai, Störungen gab es dort nie. Er war also wie angebunden. Pünktlich kurz nach acht Uhr würde er austreten. Dann konnte ich schießen, würde hingehen und meinen Hut ziehen, würde das Gras ein bißchen heruntertreten und das Haupt schräg legen, damit ich das Gehörn gut sehen konnte, wenn ich daneben saß und noch eine Zigarette rauchte. Dann würde ich ihn heimtragen. Wir würden noch ein Bier trinken oder einen Wein, ich würde erzählen, wie es war, daß es schön war, obwohl so einfach. Und das war's dann. So einfach müßte alles sein, davon war ich fest überzeugt.

Es fing auch genauso an. Es war ein schöner sonnig-warmer Abend. Das frische Laub leuchtete, auf der Freifläche blühten die ersten Blumen, hellgrün blinkten die jungen Fichtentriebe. Kurz nach acht Uhr stand der Bock im Dickungsrand. Ein wirklich braver Bock, ein Sechser mit guten Rosen, recht starken Stangen und guter Perlung. Er zeigte auch nicht so ein langweiliges ebenmäßiges Gehörn. Eine Stange war eine Spur geflammt, die andere gering nach hinten abgeknickt. Es war also ein Gehörn, das man immer wieder anschauen konnte, das die Phantasie anregte, bei dem man sich fragen konnte, wie kommt das, was ist das. Ich wollte es erbeuten. Ich hatte zwar noch nicht den Nagel in die Wand geschlagen, aber ich wußte schon, wo ich es aufhängen würde.

Der Bock stand also im Dickungsrand. Das war normal. Er verhoffte immer ein, zwei Minuten dort. Er war ja kein Jüngling mehr. Aus dem Alter »hoppla, jetzt komm ich« war er längst herausgewachsen. Aber als die zwei Minuten vorbei waren, fing es an, unnormal zu werden. Es wurde sogar ausgesprochen unangenehm, denn nun hatten mich die Mücken entdeckt. Ein Schwarm mußte auf meinen Waden sitzen, einen Stich nach dem anderen spürte ich. Dabei durfte ich mich nicht bewegen. Der Bock war nicht weit, vielleicht so um die sechzig Meter. Er stand halbschräg zu mir hin. Er mußte mich im Blickfeld haben. Der Hochsitz war kaum verblendet, jede Bewegung mußte er eräugen, solange er noch so aufmerksam war. Er ließ sich so viel Zeit. Geschlagene zehn Minuten lang blieb er fast unbeweglich, nur die Lauscher spielten. Er äugte auch umher, sonst aber blieb er wie ein Standbild, zehn Minuten lang. In der ganzen Zeit stach mich eine Mücke nach der anderen. Am nächsten Morgen zählten wir neunzig Quaddeln auf den bretthart geschwollenen Waden. Ich hätte schreien mögen. Aber noch biß ich die Zähne zusammen, ballte die Hände zu Fäusten und verkrampfte alle Muskeln. Das half, nur so überstand ich die Zeit.

Dann endlich zog der Bock auf die Freifläche, aber auch nur zwei oder drei Meter. Dann verhoffte er schon wieder. Nun äugte er in die andere Richtung. Das war die Gelegenheit. Ich riß den Drilling hoch, der Schuß peitschte, der Bock ruckte, war im nächsten Augenblick von einer braunen Wolke verdeckt und schon in der Dickung, bevor dieser dunkle braune Dunst wieder in sich zusammenfiel.

Ich kapierte nichts. Da, wo der Bock verschwunden war, wippten die Fichtenzweige noch ein wenig, die Bühne war leer. Kein Bock lag auf der Fläche. Dort, wo er liegen mußte, leuchtete nur ein Stubben rotbraun im Abendsonnenlicht. Auch die anderen Farben waren mittlerweile herrlich warm und tief erglüht, wie im letzten Auflodern. Doch dann erloschen sie plötzlich. Ein Wolkenband hatte sich vor die untergehende Sonne geschoben. Nur der Stubben leuchtete immer noch rotbraun. Mein Gott, wieso war der rotbraun? Er war doch grau, dunkelgrau gewesen. Hatte ich etwa..., hatte die Kugel den Stubben zerfetzt?

So schnell ich konnte, stieg ich vom Sitz. Die Waden schmerzten, aber ich hastete dorthin. Es blieb keine Frage mehr. Völlig aufgesplittert war das Holz. Darum war also diese braune Wolke im Schuß dort aufgepilzt.

Ich verstand das nicht. Das war doch auch unmöglich. Ich konnte nicht vorbeigeschossen haben und erst recht nicht so weit unter den Bock.

Völlig ruhig hatte das Fadenkreuz auf dem Blatt gestanden. Bei der Entfernung konnte ich das auch nicht falsch gesehen haben. Der Bock hatte einwandfrei gezeichnet. Er war zusammengeruckt, noch in dem Bruchteil der Sekunde, bevor der schmutzige Dunst aufstieg und ihn verdeckte. Das war ein Zeichnen. Ein Erschrecken wäre später gekommen, das hätte ich dann nicht mehr sehen können. War ihm also ein Holzstück vom Stubben an die Decke geprallt oder gar ein Fetzen vom Patronenmantel? Warum hatte ich mich nur überreden lassen, meinen schönen neuen Drilling mit diesem aufsplitternden Geschoß einzuschießen, das bestimmt sicher wirkt, wenn es gut trifft, aber so furchtbar sein kann, wenn es schlecht trifft oder auf seinem Weg nur irgendwo antickt.

Auf den Knien rutschte ich herum. Jeden Grashalm suchte ich ab. Aber ich fand kein einziges Schweißtröpfchen, kein einziges Schnitthaar. Was war nun wirklich gewesen? War der Bock gesund? War er krank? War ein Metallsplitter durch seine Decke geschlagen, mußte er elend verenden? Oder war es nur ein Ratscher? Es gab viele quälende Gedanken in den Stunden danach. Dabei war alles vor einer Stunde noch so einfach gewesen.

Ja, was war nun mit dem Bock? Wenn er krank war, würden wir ihn nie finden, so ohne Schweiß, ohne Schnitthaar. Oder war er doch nur erschreckt, ein bißchen vergrämt? Was dann? Das Tollkirschen-Eck war die ruhigste Stelle im Revier. Würde er nicht doch wieder hier wechseln? Vorsichtiger vielleicht oder zu atypischen Zeiten? Würde er diesen idealen Einstand nicht doch verteidigen? Konnte ich noch ein Fünkchen Hoffnung haben?

So war das also. Und darum hatte ich dann die langen achtzehn Stunden angesessen, aber nichts gesehen, gar nichts. Zwei Tage hatte ich zunächst verstreichen lassen. Es sollte Ruhe einkehren, und der Bock sollte das Geschehen vergessen. Am ersten Tag konnte ich nicht laufen wegen der Stiche in den Waden. Am zweiten Tag war ich noch einmal auf dem Schießstand gewesen. Es war mir zwar unvorstellbar, daß irgend etwas nicht richtig sein könnte. Der Drilling hatte eine hervorragende Schußleistung. Alle vier Schuß lagen ganz dicht beieinander hoch in der Zehn, als ich ihn übernahm. Und jetzt war mein erster Schuß auf Wild danebengegangen. Was sollte also falsch sein, überlegte ich.

Auf dem Schießstand brachte ich keinen Schuß auf die Scheibe. Darum also hatte ich den Stubben zerfetzt. Warum hatte sich das Abkommen so maximal verstellt? Das war doch ein Rätsel. In den achtzehn Stunden fiel mir nichts dazu ein. Natürlich hatte ich die üblichen Sprüche gehört, mit abschätzendem, abwartendem Blick: Wahrscheinlich haben Sie doch irgendwo angeschlagen oder die Waffe fallen lassen. Überlegen Sie mal. Irgend etwas ist doch gewesen, muß doch gewesen sein.

Dazu kann man gar nichts sagen. Man ist schon verurteilt, eingestuft in die Rubrik: Eine feine Waffe kann er sich kaufen, aber damit umgehen kann er nicht. Das war doch reiner Unsinn. So lange hatte ich gespart, so viel Geld hatte ich ausgegeben, und so stolz war ich und so froh über die Schußleistung, über die feine Gravur, über die warme Maserung am Schaft. Nein, so eine Waffe hütet man wie seinen Augapfel. Sicher, im Laufe der Jahre wird alles selbstverständlicher. Nein, ich hatte den Drilling nicht fallen lassen, und nur von einem unbemerkten Anstoßen verstellt sich kein Zielfernrohr. Jetzt also schoß die Waffe wieder einwandfrei, nur der Bock kam nicht mehr. Ich saß auch am nächsten Abend noch einmal am Tollkirschen-Eck und sah wieder nichts. Der Bock kam hier nicht mehr. Was war nun mit ihm? Das war das andere Rätsel. Wenn er nur vergrämt war, wenn er nur einen Ratscher hatte, dann würden wir ihn sicher später einmal wiedersehen. Oder würde er jetzt schon auf einer anderen Freifläche austreten? Irgendwo in der Nähe?

Nicht weit entfernt lag ein riesiger Kahlschlag, zu groß eigentlich für einen heimlichen Bock, zu übersichtlich und auch erst spärlich mit Kräutern und Gräsern bewachsen. Aber andere Äsungsflächen gab es dort nicht. Darum blieb es eine Möglichkeit, ich ging dorthin.

Es war wieder ein schöner Abend. Tagsüber war es noch drückend warm, aber am späten Nachmittag kam ein erfrischender Regenguß, befreit konnte man aufatmen. Da mußte Rehwild austreten. Es duftete nach Erde, Kräutern und Blumen, es war noch Frühling mit leuchtenden Farben. Es war ein Abend, an dem man dankbar ist, die Natur genießen zu dürfen.

Den weißen Bussard sah ich wieder. Lange saß er auf einem Stubben. Er schlug eine Maus, ich konnte beobachten, wie er kröpfte. In einer entfernten Ecke äste ein Schmalreh. Ein Hase hoppelte am Sitz entlang. Dann ging langsam die Sonne unter und färbte den Himmel kupferrot.

Es trat noch ein Reh aus. Schwach war es. Es war weit entfernt und stand vor einer Reihe aufgestapelter Äste. Mal meinte ich, da wäre eine Stange zwischen den Lauschern, dann sah es wieder wie ein Ast aus. Lange blieb das Stück an derselben Stelle, und ich kam nicht weiter mit dem Ansprechen. Erst ein paar Minuten später zog es auf die Freifläche, näher zu mir hin. Lange äste es dann. Ich wußte immer noch nicht, ob es ein Bock war. Schwach war das Stück. Darum war die Figur schwer einzuordnen. Es wurde nun etwas dämmerig, es blieb nicht mehr viel Zeit. Endlich warf das Stück auf. Es war ein Bock, und der Träger war gar nicht so dünn. Rechts sah ich eine knapp lauscherhohe Stange, deutlich spiralförmig gedreht, links nur einen Wulst oder eine Stummelstange. Es war also ein Korkenzieherbock, zwei- bis dreijährig, schwach. Ein Abschußbock, wie ich besser keinen finden würde, wie man ihn schießt, wenn man ihn sieht. Ich nahm sofort die Waffe hoch, als ich mir darüber klar war.

Doch im gleichen Augenblick kamen schlimme Gedanken. Würde der Drilling jetzt richtig schießen? Der Bock war weit, deutlich über hundert Meter waren es. Ich mußte gut schießen, und der Drilling mußte gut schießen. Es durfte mir nicht noch einmal so ein Malheur passieren. Ich war ja Gast, ich wollte wieder eingeladen werden, und das wird man nicht, wenn man das Wild nur krank schießt.

Das sind wirklich schlimme Gedanken, die unsicher machen, unruhig und sogar zitterig. Aber dort stand ein Korkenzieherbock, da war ein Gehörn, von dem ich träumen konnte. Ich riß mich zusammen und schoß. Der Bock war verschwunden, nichts sah ich mehr, kein Schlegeln, nichts, aber er lag.

Das Gehörn war noch viel interessanter, als ich gedacht hatte. Links stand auch eine gedrehte unvereckte Stange, aber sie war ganz nach hinten abgeknickt, dem Schädel aufliegend. Darum hatte ich nur einen Wulst gesehen. Ich freute mich unsagbar.

Daheim sprachen wir nun auch von den drei Rätseln, die jetzt blieben, vom Zielfernrohr, vom beschossenen Bock, vom erbeuteten Gehörn. Das waren und blieben doch Fragen, mit denen man sich beschäftigt über das Erleben hinaus.

Je mehr ich darüber nachdachte, um so rätselhafter war mir die Sache mit dem Zielfernrohr. Jetzt war ja offenbar alles in Ordnung. Die Kugel hatte genau dort getroffen, wo ich abgekommen war. Aber ich blieb immer noch unruhig. Ich konnte auch dieses unsichere Gefühl vor dem Schuß auf den Korkenzieher nicht vergessen. Darum fuhr ich noch einmal zum Schießstand und – wieder kam kein Treffer auf die Scheibe!

Nun wurde das Fernrohr natürlich eingeschickt. Ein paar Tage später kam ein langer Brief von der berühmten Firma: Es täte ihnen leid, aber es sei ein Fehler passiert. Eine Dichtungsscheibe war schräg eingelegt worden, und darum löste sich die Einstellung immer wieder nach einigen Schüssen. Ein Meister zeichnet sich eben nicht dadurch aus, daß er keine Fehler macht, sondern dadurch, daß er nur ganz selten Fehler macht.

Der beschossene Bock zeigte sich übrigens erst in der Brunft wieder, und da war es eine saubere Kugel, die ihn streckte. Es dauerte sehr lange, bis am Stich ein feiner, frisch vernarbter Ratscher zu finden war. Jetzt war ich natürlich froh, daß ich ihn doch nicht ernstlich verletzt hatte, daß er nicht leiden mußte in diesen Wochen. Eigentlich hatte ich es ja auch dieser »krummen« Kugel zu verdanken, daß ich ein noch interessanteres Gehörn, diesen Korkenzieher, erbeutet hatte.

Ein Korkenzieher, wie entsteht so etwas? Das blieb das dritte und das größte Rätsel. Ich las in dicken Büchern so Unsinniges wie »reine Brombeerblätteräsung« – als ob es die überhaupt geben könnte über so lange Wochen der Schiebezeit hinweg. Ich las so Interessantes wie »Rachitisfolge«. Aber das konnte ja auch nicht sein. Eine Rachitis entsteht aus Vitamin-D-Mangel. Das Provitamin ist aber in allem Grünzeug enthalten, und nur ein bißchen Sonnenschein wandelt im Körper das Provitamin ins Vitamin. Die Rachitis ist also eine Krankheit fürs Zille-Milieu, für trostlose Hinterhöfe und nicht für die freie Natur. Außerdem hinterläßt sie recht typische Restbefunde. Ich machte Röntgen-Aufnahmen vom Gehörn und fand diese restlichen Zeichen nicht. Es mußte also noch etwas anderes sein.

Manchmal erinnert man sich ja dunkel an das, was man mal gelernt und dann doch nie gebraucht hat. Irgend etwas Kleingedrucktes mußte da noch in meinen schlauen Fachbüchern sein. Das fand ich schließlich auch wieder und war überrascht, wie dieses Krankheitsbild paßte.

Nach dem Ersten Weltkrieg trat die Erkrankung gehäuft auf und geriet später in Vergessenheit. Es war damals die Zeit der Not, des Hungers und der schlechten hygienischen Verhältnisse. Magen-Darm-Erkrankungen traten gehäuft auf. Durch die Magen-Darm-Erkrankung kam es dann zu einer verminderten Kalkaufnahme des Körpers aus dem Darm. Es kam zu einem Eiweiß- und Vitamin-C-Mangel, und daraus resultierte das Bild einer »gemischten« Knochenerkrankung mit einer Kombination von Kalkarmut (Osteoporose) und Knochenerweichung (Osteomalazie). Dieses Krankheitsbild nannte man dann enterale Hungerosteopathie. Klinisch stehen die Hungerfolgen mit entsprechendem Untergewicht sowie die Schmerzen einer Knochenkrankheit im Vordergrund.

Bei nicht allzu schweren Fällen wird zunächst nur der aus einem Überschuß gebildete neu entstehende Knochen betroffen, es kommt hier zu einer Störung und Verzögerung der Verkalkung und damit zu einer Verbiegung der noch nicht erhärteten Grundsubstanz. Nach Abheilung der Darmerkrankung und wieder ausreichendem Nährstoffangebot im Körper tritt ein nachträglicher Kalkeinbau ein, und nur die Verbiegung erinnert an das abgelaufene Krankheitsbild. Bei schweren Fällen wird zur Defizitdeckung des Kalkspiegels im Blut auch der ältere Knochen entkalkt, es kommt dann auch hier zu Verbiegungen. Diese schweren Fälle, die ja mit extremem Hunger einhergehen, kann aber das Rehwild nicht überleben. Bei der Rachitis kommt es auch zu Verbiegungen der großen Knochen. Da aber ist der Hunger nicht dabei, und so könnte die Rachitis überlebt werden.

Beim Menschen trat diese Krankheit also nur in ausgesprochenen Notzeiten auf. Beim Rehwild ist aber in jedem Winter mehr oder minder Notzeit. Das Äsungsangebot ist oft unausgeglichen, es kommt zur Mißernährung, Wurminfektionen häufen sich, Parasiten übertragen sich an den Fütterungen. Damit kommt es zu Darminfektionen, und so sind die Bedingungen für eine enterale Hungerosteopathie in jedem Winter gegeben. Wenn sie abgeheilt ist, können nur die verbogenen Gehörnstangen daran erinnern, vielleicht auch der schlechte Allgemeinzustand, der dann zu einem Zurückbleiben in der Gesamtentwicklung führt.

Nun, ich war also überzeugt, das Krankheitsbild gefunden zu haben, das einer Korkenzieherbildung zugrunde liegt, und schrieb auch eine Arbeit in der Zeitschrift für Jagdwissenschaft darüber. Bei diesem komplexen Krankheitsbild interessierte aber dann auch noch ein Teilsymptom, das nicht immer dabei auftritt, nämlich die Looser'sche Umbauzone, die auf die Komponente Knochenerweichung zurückgeht. Dabei kommt es zu erweichten Querbändern im Knochen mit nachfolgenden Brüchen, und das erscheint doch interessant bei der Frage nach der Entstehung der sogenannten Frostgehörne.

Mediziner haben ja immer darauf hingewiesen, daß ein Erfrieren des Bastgehörns nicht denkbar ist. Der Bast ist besonders stark durchblutet und muß es wie bei jeder Neubildung sein, da die gesamten Grundsubstanzen herangeführt werden müssen. Nur in Körperabschnitten mit »ruhender« Aktivität wird die Durchblutung bei extremer Kälte eingeschränkt, nur dort kann es zu Erfrierungen kommen.

Im Raesfeld sind abgeworfene Baststangenenden abgebildet, die auf Erfrierung beruhen sollen. Wieso soll diese Erfrierung aber scheibenförmig in gleicher Höhe der Stangen eingetreten sein und so durchschnürend, daß es zum Abwerfen kommt? Die Looser'sche Umbauzone aber kann das erklären, mit den streifenförmigen Querbändern aus erweichter und völlig entkalkter Grundsubstanz mit den ganz glatten nachfolgenden Querbrüchen. Der Bast kann einen derartigen Querbruch nicht schienen. Auch die völlige Gleichseitigkeit an beiden Stangen läßt sich sehr gut im Sinne eines solchen osteomalazischen Schubes bei einer enteralen Hungerosteopathie erklären. Nach diesem Krankheitsbild sind also Korkzieher-, Widder- und Frostgehörne in Wirklichkeit Hungergehörne.

Ja, wie das manchmal so geht im Leben und auch auf der Jagd. Man stellt sich irgend etwas ganz einfach vor, aber dann kommt etwas völlig

Unvorstellbares, so wie bei mir mit dem Zielfernrohr. Man ist schon verzweifelt, fast ohne Hoffnung, und plötzlich ergibt sich eine ganz andere Situation, plötzlich ist alles wieder schön, viel schöner, als man vorher dachte, viel interessanter und damit erfüllender.

Im Schneelicht

Es schien kein Mond, und auch die Sterne in den Wolkenlöchern blinkten nur trübe und matt. Aber es lag Schnee, es hing doch ein Lichtschimmer über der langen fleckenlos weißen Waldwiese. Nur der angrenzende breite Farnstreifen war wie gesprenkelt, mit dunklen Löchern unter umgeknickten Krautbüschen. Der Wald aber erschien schwarz, drohend und undurchdringlich. Es war auch kalt, feucht, unangenehm. Doch in dieser Nacht wollte ich so lange warten, bis die Kälte mich steif werden ließ.

Schon oft hatte ich hier gesessen, hatte gesehen, wie die Sonne versank mit ihrem Lichtgeflimmer, wie sie alle Farben noch einmal aufflammen und warm werden ließ, hatte dem Abendkonzert der Vögel gelauscht und dem ersten Käuzchenruf. Und ein paar Füchse hatte ich hier schon geschossen. In dem schrägen Randstreifen zwischen Farn und Wald war in Büchsenschußweite ein Bau. Im Sommer nie befahren, erst am Jahresende, wenn die Kinder voller Erwartung schon die ersten Türchen im Adventskalender geöffnet hatten, zog dort der erste Rotrock ein. Wenn ich ihn erlegt hatte, war nach ein paar Tagen oft schon der nächste da, und in der Ranzzeit zeigten sich immer so viele Perlenschnüre im Schnee. Darum mußte ich einmal länger bleiben, die geheimnisvolle Stunde erleben, in der diese Spuren gezogen wurden, in der sie sich kreuzten und wieder auseinanderstrebten. Wann würde das sein? Würde es heute sein?

Längst hatten sich die Augen an das matte Schneelicht gewöhnt. Immer wieder glitten sie den Waldrand entlang und über die Wiesenfläche hinweg. Wie oft sah ich schon eine Bewegung, die dann doch nicht Wirklichkeit war. Ermüdend war es, den Farnstreifen mit seinen unzähligen Schneelöchern abzusuchen, mit diesen dunklen Flecken, die sich laufend zu verändern schienen, mal größer, mal kleiner wurden, im Glas dann doch ganz ruhig blieben.

Wie spät war es wohl schon geworden? Weit entfernt hörte ich eine Turmuhr schlagen. Aber ich kam nicht weit beim Zählen. Laut knatternd fuhr irgendwo ein Auto durch die Nacht und übertönte den Glockenschlag. Warum mußte ich auch wissen, wie spät es war? Warum konnte ich die Unruhe des Tages, dieses an-die-Zeit-geknüpft-sein, nicht völlig vergessen und einfach nur in die Nacht hinein schauen und träumen, warum nicht die Gedanken ganz abschalten?

Es war eine so stille, so einsame Nacht. Nur ab und an kam ein Windhauch oder ein paar Zweige knackten im Wald. Sonst war nichts, und ganz allmählich wurde auch ich ruhig. Die Augen wanderten nicht mehr ununterbrochen am Waldrand entlang oder über die Wiese hinweg. Ich wurde wohl auch müde, stiller, friedlicher.

Dann aber hing mein Blick doch wieder an einem Schneeloch fest, das sich jetzt noch einmal zu bewegen schien. Ach was, es war viel zu wenig Licht. Sollte ich überhaupt noch sitzen bleiben, sollte ich nicht in ein paar Tagen noch einmal hierher gehen, wenn der Mond wieder schien? Aber halt, da war doch eine Bewegung! Das konnte diesmal keine Täuschung der gereizten, der schon überreizten Sinne sein, kein Gaukeln der Wünsche. Aber im Glas war dann wieder nichts. Oder doch? Da, ein Stück weiter? Aber sicher, da war was. Aber was? Ja, ein Hase war es. Und jetzt flüchtete er plötzlich wie abgeschnellt, zehn Meter, zwanzig Meter, dann verhielt er, machte einen Kegel. Ich sah das ganz deutlich, ich sah sogar die Löffel unruhig hin und her spielen. Was hatte er denn? Doch schon beruhigte er sich wieder, hoppelte ein bißchen weiter und mümmelte dann am Gras zwischen den Farnkräutern.

Aber irgend etwas mußte doch irgendwo gewesen sein. Warum war er sonst so aufmerksam geworden? Ganz langsam wanderte das Glas über den Farn, dann am Waldrand entlang – und da war es, da zeigte sich eine Bewegung, mehr zu ahnen im Schatten der Bäume als zu sehen. Am Bau war es und lang war es. Ja, der Herr von Malepartus wurde von seiner Sehnsucht hierher getrieben.

Im Fernglas hatte ich ihn noch recht gut gesehen, aber im Zielfernrohr fand ich ihn lange, lange nicht. Doch dann war er wieder da, nun bohrte sich das Auge fest – und wurde schon geblendet vom Feuerstrahl vor der Mündung. Oh je, so schnell war das gegangen. Hätte ich es nicht noch mehr, noch besser zusammenzielen müssen? Nichts sah ich jetzt, gar nichts. Klamm waren meine Finger, als ich eine neue Patrone in den Lauf schob. Auch im Glas sah ich nichts. Dabei war ich doch wohl gut drauf gewesen. Aber man kann sich ja nie so völlig sicher sein in dieser Dunkelheit, im matten Schneelicht, wenn das Fadenkreuz sich kaum abhebt. Nein, nichts lag da. Ach, was soll's, wer hat denn noch nicht vorbeigeschossen?

Aber wenn er nun doch die Kugel hat und noch in den Bau gekommen ist, mit letzter Kraft, mit ersterbenden Sinnen, wenn er den Weg durch Lehm und Gestein nach unten gefunden hat, wo er für mich verloren ist?

Plötzlich schreckte ich auf. Drüben, in der anderen Waldseite jagte ein Hund. Ein kleiner mußte das sein, stärker war sein Gekläff nicht. Doch halt, war ich denn von Sinnen, das war ein Fuchs. Schnürend bellte er in die Nacht hinein. Jetzt konnte es ja noch lebhaft werden. War dies die geheimnisvolle Stunde?

Ersterbend und schauderhaft klang Lampes Todesklage aus meinem Instrument über die Wiese. Ich wartete mit der Waffe in der Hand. Aber der Fuchs kam nicht. Immer weiter weg hörte ich sein Bellen. Warum kam er denn nicht? Das mußte ihn doch elektrisieren, daß einer seiner Sippe Beute gemacht hatte. Die Töne waren mir auch gar nicht so schlecht gelungen. Würde er vielleicht doch noch zurückkommen? Wollte er sich nur Zeit nehmen, oder mich umkreisen, Wind holen?

Obwohl ich so angespannt gewartet hatte, erschrak ich fast, als ich einen dunklen Strich auf der weißen Wiesenfläche sah. Aber der stand nun sicher nicht still. Er wurde sogar immer schneller. Schräg über die Freifläche schnürte er, nicht zu mir, wo ich ihm des Hasen Todesstrophe vorgesungen hatte, nein, hin zu dem verklungenen Bellen.

Ich schaffte es nicht. Der Schuß zischte heraus, aber der Fuchs lag nicht, er hatte die Kugel nicht, er war gesund. Das sah ich noch, dann verschluckte ihn das Dunkel des Waldes.

Wie ärgerlich. Zweimal geschossen, einmal sicher gefehlt, das andere Mal wahrscheinlich auch, hoffentlich sogar, denn sonst war die Beute verloren. Vielleicht müßte sich sogar ein Kranker quälen. Ein scheußlicher Gedanke. Nun, der letzte war ein schwerer Schuß gewesen. Bei dem matten Schneelicht war der Fuchs vielleicht so flüchtig überhaupt nicht zu treffen. Nein, niemandem konnte ich die Schuld geben, nur mir selber. Leise jaulte der Hund unter dem Sitz und wartete, daß er nun suchen sollte. Wenigstens den konnte ich anfahren. Jetzt war es ja auch egal, was für einen Lärm ich machte. Aber eine Zigarette wollte ich doch noch rauchen vor dem Abbaumen.

Es zischte leise, als ich sie in einem Schneerest auf der Brüstung ausdrückte. Ich suchte schon meine Siebensachen zusammen – als wieder ein langer dunkler Streifen am Rand der Wiese sich bewegte. Doch der kam spitz. Ganz langsam zog er auf mich zu. Dann verhoffte er. Bitte ziehe breit! Einen von euch will ich heute doch mitnehmen. Er tat es nicht. Er war sogar plötzlich im Farn verschwunden, und ich fand ihn nicht mehr. Aber irgendwo mußte er noch einmal auftauchen. Der Druck in meinen

Augen wurde immer größer, immer stärker, während ich in das matte Schneelicht starrte. Da – da war er wieder. Und nun – ja, besser geht es nicht. Völlig breit zog er ganz langsam auf die Wiese.

Diesmal, als der Feuerstrahl nicht mehr rot in den Augen nachglühte, blieb der dunkle Streifen unbeweglich auf dem Weiß. Er lag. Ich hatte einen.

Jetzt steckte ich keine Zigarette mehr an, jetzt war es ja wohl genug. Drei Füchse hatte ich immerhin gesehen, einen gehört. Das war die Stunde gewesen, die ich erleben wollte. Dann hatte ich alles zusammengepackt, schon suchte der Fuß die oberste Leitersprosse – plötzlich sah ich noch einen! Er schnürte genau in der Spur des Gestreckten, genau auf mich zu. Ich weiß nicht, wie ich alles so schnell schaffte, wie ich wieder zum Sitzen kam und den Lauf über die Brüstung schob. Als ich fertig war, stand er bei dem anderen, windete daran herum und – lag nach dem Schuß daneben.

Ich ließ den Hund nicht frei. Ich wollte selber bei den Füchsen stehen und meinen Hut ziehen, dann konnte er immer noch aufnehmen. Ich hatte schon früher das eine oder andere Mal zwei Füchse nach Hause getragen. Eine nicht so ganz echte Kugeldublette war auch dabei gewesen an einem kalten Morgen im hohen Holz. Aber damals lag der eine links und der andere rechts von mir, gut hundert Meter waren sie voneinander getrennt. Doch jetzt zwei Füchse, wie von beglückter Jägerhand nebeneinander zur Strecke gelegt. Ich wußte, daß ich das nie mehr erleben würde. Darum wollte ich selber dort stehen.

Dunkel war es, nur ganz matt flimmerten die Sterne in den Wolkenlöchern, aber für mich leuchtete dieses Bild, unvergeßlich. Lange windete »Anke« an den beiden herum, zitternd erregt zupfte sie am langen Grannenhaar. Dann nahm sie den einen auf, lief einmal um mich herum und saß dann vor mir. Ja, braver Hund, so ist es brav. Ich hatte den Rucksack schon auf.

Als ich die beiden Rotröcke verstaut hatte, war mein Hund nicht mehr da. Im Farn stand er, sah zu mir zurück und wartete, bis ich den Rucksack geschultert hatte. Dann zog er schon weiter, hin zum Bau. Er hatte nicht mitbekommen, daß ich dorthin geschossen hatte. Aber er kannte den Bau ja, er kannte doch sein Revier und wußte, wo es manchmal so aufregend war. Mit gestrecktem Hals stand er zitternd vor einer Röhre. Ich sah nichts. Ich kam auch nicht dazu, gründlich zu suchen, schon preschte »Anke« vor, hatte den Kopf tief in der Röhre. Um Himmels willen, »Anke«, zurück, du bist doch kein Bauhund. Ich griff nach ihr, wollte sie wegziehen, aber da rutschte sie vor, die Keulen waren kaum noch frei.

Dann stand die Rute plötzlich still, sie rutschte zurück, wieder etwas vor, noch mehr zurück, wieder vor, dann stemmte sie sich richtig ab – und zog den Fuchs aus der Röhre. Aber den gab sie mir so schnell nicht aus. Drei Ehrenrunden zog sie noch um mich herum. Ich gönnte sie ihr so sehr.

Wir saßen dann am Bau noch eine Zigarettenlänge zusammen im Schnee. »Anke« schob sich zwischen meine Beine und wollte ununterbrochen gestreichelt werden. Nur zwischendurch stand sie auf und ging zum Rucksack und vor allem zu ihrem Fuchs, der daneben lag. Als wir zu Hause waren, legte sie sich auf meine Füße und zuckte und jiffte im Traum, die Läufe rasten, die Zähne schlugen aufeinander. Auch ich träumte von mattem Schneelicht, von der geheimnisvollen Stunde, von drei Füchsen.

Die kleinen Freuden

Was hatten sich die Kerle nur dabei gedacht? Hatten sie überhaupt gedacht, oder war es nur Freude am Zerstören, am Bersten splitternden Holzes? Sie mußten hart gearbeitet haben. Der Sitz war völlig zerstört, absolut nicht mehr zu reparieren.

Ich hatte ihn nicht gebaut, sondern vom Vorpächter übernommen. Am Übergang von hohen alten Eichen und Buchen zu einer längst geschlossenen Fichtendickung stand er. Früher war er sicher ein sehr guter Ansitz. Jetzt lohnte es nicht, ihn noch einmal aufzubauen.

Ich hatte nur einmal dort gesessen. Es war ein feucht-kalter, diesiger Novembertag gewesen. Seit drei Wochen stand der neue Futterautomat im hohen Holz, und noch immer war das Wildfutter des Herzogs von Bayern nicht angenommen. Dabei hatte ich mir doch so viel vorgenommen. In fünf bis sechs Jahren wollte ich wesentlich stärkeres Rehwild haben und natürlich auch Böcke mit ganz starken Gehörnen.

Warum zogen die Rehe noch nicht an die Fütterung? Roch sie noch zu stark, zu neu? War der Duft des Futters noch zu fremd? Hatte ich etwa den falschen Platz gewählt? Nein, das konnte nicht sein. Es war so ruhig hier, nahe bei der Einstandsdickung und unter den Buchen und Eichen, die doch zumindest in manchen Jahren Mast trugen. Falsch konnte der Platz nicht sein.

So saß ich also an einem Novemberabend auf diesem Sitz und wartete, wartete hoffend, fast etwas bangend. Es wurde spät. Es wurde schon dämmerig, da hörte ich leise Tritte im Laub. Ganz nah war das. Keine zwanzig Meter neben dem Sitz stand ein Schmalreh. Der Hund unten an der Leiter zitterte vor Erregung, aber das Reh bemerkte ihn nicht.

Lange stand es so sichernd am Dickungsrand, dann zog es ganz langsam weiter, und es zog – zur Fütterung. Einen großen Bogen machte es dort, stand wieder sichernd still, der Hals wurde lang, der Äser war vorgestreckt, windend zitterten die Lippen. Tritt für Tritt zog es ganz an die Fütterung, stand wieder steif, windete, zuckte zurück, unschlüssig, begierig und doch ängstlich. Wieder zog es vor, tauchte jetzt den Kopf in den Trog und prallte wieder zurück, flüchtete drei, vier Sprünge weg und umkreiste die Fütterung dreimal im Stechschritt. Dann ging ein regelrechter Ruck durch den Wildkörper, fast im Troll erreichte es die Fütterung und – äste und äste und äste.

Das war so schön zu sehen. Und es dauerte auch einige Minuten so. Dann warf das Schmalreh abrupt auf, eine Ricke stand am Dickungsrand und zwei Kitze drängten nach. Und dann jagte die Ricke auf das Schmalreh zu, jagte hinterher und – führte die Kitze zur Fütterung. Alle drei ästen dann ganz lange, ganz ruhig, die Ricke am einen, die Kitze am anderen Trog. Ich hätte jubeln können.

Dabei war es doch eigentlich ein ganz normaler, fast primitiver Vorgang. Man hat eine Fütterung aufgestellt, gutes Futter hinein gegeben, und nun würden die Rehe schon irgendwann kommen. Schön, hier hatte es etwas lange gedauert. Sie hatten noch andere Äsung gehabt oder sich sonstwie geniert. Was soll's also? Ist doch kein Grund, sich groß zu echauffieren, nicht wahr?

Ach, nein, so nüchtern können wir doch gar nicht sein. So etwas zu sehen und zu erleben, wird doch immer Grund genug zu einer »kleinen Freude« sein. Wenn das Jagen nur Schießen wäre, das wäre traurig. Nein, die Summe der kleinen Freuden wird immer das Wichtigste sein, auch wenn es sich eigentlich nicht darüber zu erzählen lohnt.

Die ganz großen Erlebnisse, der kapitale Hirsch, der riesige Schaufler, ein Goldmedaillenbock – all diese i-Tüpfelchen im Jägerleben, sie würden im luftleeren Raum hängen ohne die vielen kleinen Erlebnisse, ohne die Basis alles Jagens, ohne die kleinen Freuden.

Vorbei

Ein paar Wochen lang hatte ich mit mir gekämpft. Ich hatte mal so und mal anders entschieden und hatte dann wieder neu überlegt. Aber schließlich war es endgültig. Es war vorbei. Es mußte vorbei sein. Ich würde die Jagdpacht nicht verlängern.

Zehn Jahre waren dahingerauscht. Zehn Jahre waren prall-voll jagend gelebt und jagend durchlebt. Zehn Jahre, mit ungezählten Sonnenaufgängen und goldenen Abendstunden, mit eisigem Wind und brütender Hitze, mit halb-wachem Lauschen im matten Sternenschimmer, mit knirschendem Stapfen im kniehohen Schnee, mit tastendem Pürschen im taunassen Gras. Zehn Jahre waren vorbei.

An einem der letzten Märztage räumten wir die Wohnung, die wir gemietet hatten. Wir sortierten aus, was wir zurücklassen wollten, und nahmen nur mit, was wir unbedingt brauchten und woran unser Herz und so manche Erinnerung hing: Gehörne waren das, von überfahrenen oder eingegangenen Böcken, die wir kannten, zu denen eine Beziehung bestand. Ein Waffenschrank war es, mit geschnitzten Türfüllungen, ein eichener Tisch, vom Vater entworfen. Und Geschenke waren es, die sich angesammelt hatten in den Jahren: Ein Aschenbecher, mit fein herausgearbeitetem Auerhahn am Grund der Schale, eine Zigarettendose aus billigem Fichtenholz mit eingebranntem Jägermotiv auf dem Deckel, in weiter Ferne, in tiefster Einsamkeit an einem Winterabend gebastelt, vollendeter Kitsch, aber von Herzen geschenkt. Zwei Ölbilder kamen hinzu, von einem begnadeten fast unbekannten Maler: ein großes Bild mit leuchtendem Sommerduft über sandigem Weg, mit Birken und Fasanen an schimmerndem Wasser, ein kleines, ein Kabinettstück fast, ein Jäger in verschneiter Landschaft an einem See, mit seiner Frau und seinem Hund und kupfern leuchtenden Wolken in der untergehenden Sonne.

Alles wanderte noch einmal von Hand zu Hand. Ein Blick dann, ein Verständigen, ein Ja oder ein Nein, ein Weglegen oder ein Einpacken. Gefühllose Geschäftigkeit war es, in der immer kühler, immer unpersönlicher werdenden Atmosphäre sich leerender Räume.

Schließlich blieb nur noch das Verladen der Kisten und Kästen. Aber das war dann keine gefühllose Atmosphäre mehr: denn während der ganzen Zeit dröhnte Musik lautstark aus dem Nebenhaus: Jägerlieder wie

»Grün ist die Heide« und »Wollt ein Jäger, wollte jagen« und andere, die nur viel zu selten noch gesungen werden. Schließlich kam dann auch noch Hörnerschall mit »Halali« und »Jagd vorbei« ... Vorbei!

Da blieben wir noch einen Augenblick stehen und zogen den Hut. Strömender Regen klatschte uns ins Gesicht. Tropfen perlten die Wangen herab. Wir stiegen schnell ein und fuhren ab. Zehn Jahre waren vorbei. Ich wollte nie mehr dorthin zurückkehren.

Zehn Wochen später war ich doch wieder da. Der Nachfolger hatte mich eingeladen, so nett, so herzlich und ehrlich, ich konnte einfach nicht nein sagen. Er wollte mir die Böcke zeigen, die er geschossen hatte, auf der Büscher Wiese, an der Schutzhecke, auf der Marr. Er schwärmte von den Alten, den fünf- und den achtjährigen, er schwärmte von dem guten Geschlechterverhältnis, von Sauen, von seinem neuen Reich. Und ich sollte einen Bock schießen, wo ich wollte, welchen ich wollte. Da nahm ich mir doch drei Tage Zeit und machte eine Reise in die Erinnerung.

Ich wollte nicht schießen. Natürlich würde ich Böcke sehen, und bei dem guten Bestand auch bestimmt jagdbare. Aber ich wollte dann sagen, es hätte nicht geklappt, es wäre eine Störung gewesen, durch einen Mopedfahrer oder ein Liebespaar. Nein, ich wollte nur noch ansitzen, im Morgengrauen, im Abenddämmern, und tagsüber wollte ich ein bißchen im Revier pirschen. Sicher würde ich fast unbewußt nach jedem Wechsel sehen, ich kannte sie doch alle. Nein, ich wollte mich nur noch einmal erinnern, an das Besondere, Herausragende, an das Unvergeßliche.

Als ich zögerte, wo ich ansitzen wollte, hatte der Nachfolger das Beil bestimmt. Früher war es die allerbeste Reviererecke. Zehn Hochsitze standen dort um den Wald herum, acht hatte ich mit dem Kalien zusammen selber gebaut.

Am ersten Morgen ging ich zum Architektensitz. Als ich zum allerersten Mal dorthin wollte, machte auf der Wiese davor Herr Architekt mit Familie Picknick, und so entstand der Name. Ich hatte von dort zwei Füchse geschossen, ein halbes Dutzend weibliche Rehe und einen ganz schwachen Bock, aber nie einen starken. Wenn ich wirklich um diese Jahreszeit hätte schießen wollen, wäre ich nicht dahin gegangen. Nur ein einziges Mal stand ein besonderer Bock dort. Durch Zufall hatte ich ihn ausgemacht und dann bestimmt ein dutzendmal auf ihn gejagt, ihn oft im Anblick gehabt und seine hohe starke 6er-Krone bewundert. Ich hatte ihn nie erjagen können. An einem Vormittag in der Blattzeit wollte ich es dann noch einmal versuchen. Ich saß noch nicht, da stand er nur zwanzig Meter vor dem Sitz aus dem hohen Gras auf und äugte zu mir herauf. Ich riß die Waffe hoch und hielt an der Rückenlinie an, um ihn nicht zu unterschießen, da ich ja tiefer abkommen als zielen würde und – überschoß ihn. Es war einer der stärksten Böcke, die je im Revier standen. Ich sah ihn nie wieder. Der Nachbar hat ihn später erlegt.

An dem Morgen kamen keine Rehe. Was sollten sie auch da noch. Die beiden großen Brachflächen, die früher vom Sitz zu übersehen waren, die so herrlich nach Kräutern und Blumen dufteten, waren aufgeforstet und fast schon überwachsen. Der Bach, der sich hier früher durchschlängelte, war begradigt, sein Ufer mit Steinen bepflastert. Auf die einzige angrenzende Wiese war das Rehwild früher schon nicht gezogen.

Es war auch ein kalter Morgen mit unstetem Wind. Nur einen Jungfuchs sah ich ganz kurz am Rand eines Kornfeldes und ein paar Minuten später auch die Fähe. Dann baumte ich ab und ging zum Frühstück ins Gasthaus.

Beim Vormittagsspaziergang kam ich zum Gräbersberg. Das ist die höchste Stelle im Revier, weit sieht man über das Land. Ich stieg noch einmal die Leiterstufen hoch, um diesen Blick zu genießen.

Selten habe ich vor Jagdfieber so gezittert wie auf diesem Sitz. Auch an einem Vormittag war es; am Ende eines Gewitters war ich mit einem Freund aufgebaumt. Einen starken, eng-gestellten Spießer wußte ich dort, den er schießen sollte. Der Bock war schon da, als wir kamen. Aber er stand in einem Buschstreifen, es dauerte lange, bis er frei war. Der Freund zitterte wie Espenlaub, und ich zitterte mit. Er schoß ihn dann vorbei. Da riß ich ihm seinen Drilling aus der Hand und gab ihm meine Büchse, während der Bock über die Wiese flüchtete. Vor dem Waldrand verhoffte er noch einmal. Beim zweiten Schuß knickte er hinten ein, wie durch die Keulen getroffen. Er blieb auch hinten ganz tief, bis er im Wald verschwunden war. Da zitterten wir erst recht. Wir fanden ihn im Waldrand mit einem Herzschuß. Wieviel Jahre war das her?

Der Sitz mußte jetzt freigeschnitten werden. Ich würde es dem Kalien sagen. Aber halt, das ging mich ja nichts mehr an. Was für ein seltsames Gefühl: Es ging mich nichts mehr an!

Es war noch Zeit, es war noch zu früh für das Mittagessen. Ich konnte noch einen Abstecher zur Schneiders-Heck machen. Ein Freistreifen unter einer Hochspannungsleitung zog sich hin, auf dem dichter Eschen-Anflug hochgekommen war. Einmal schoß ich hier in einer ganz engen Lücke einen Knopfbock. Als ich hinkam, saßen Tausende von Fliegen auf dem Wildkörper und bedeckten ihn vollständig. Als ich an einem Lauf zog und der Schwarm aufstand, war es ein so tosendes Rauschen, daß ich erschrokken den Lauf losließ.

Aber an ein anderes Erleben wollte ich mich erinnern. An einem 15.

November war das gewesen, ich weiß es genau. Es war ein eiskalter Vormittag. Rauhreif hatte alle Äste, alle Zweige, alle Halme überzuckert. Die Sonne schien aus knallblauem Himmel, das ganze Land blitzte und blinkte und blendete. Ich hoffte die alte Ricke zu sehen, aber sie kam nicht, um sich in der Sonne zu wärmen. Dafür erblickte ich plötzlich in dem dichten Bewuchs ein Rehhaupt mit zwei Wülsten zwischen den Lauschern. Ein Bockkitz? Es dauerte lange, bis ich es besser ansprechen konnte. Das war kein jugendliches Gesicht. Dann stand der Bock dort auf. Rot war er noch. Nach zwei Gängen brach er zusammen. Nach einer Minute kam er mühsam wieder auf die Läufe. Spindeldürr war er. Jede Rippe konnte ich zählen. Die Beckenknochen standen heraus. Er stolperte über einen Grasbuckel, keuchend blieb er liegen. Lange. Als er wieder hoch kam, schoß ich.

An einem 15. November schoß ich einen Bock, der abgeworfen hatte. Er war fünfjährig und wog zehn Kilogramm. Ich habe nicht gefunden, was ihm fehlte, woran er erkrankt war. Ich habe ihn vergraben und mir den Schädel mit den breiten nackten Rosenstöcken an die Wand gehängt. Dort hing er viele Jahre, bis ich einmal meinen Hund zu lange in dem Zimmer allein ließ. Er glaubte wohl, ich sei ohne ihn zur Jagd gegangen. Da wurde er wütend und riß sich diesen Schädel von der Wand und fraß ihn auf. Er hatte so etwas nie vorher getan und tat es auch danach nie wieder.

Am Nachmittag saß ich mit dem Kalien in der Gartenhütte, wir tranken ein Bier. Ein Bauer hatte wieder versucht, Wildschaden zu provozieren. Zwei junge Burschen hatten sich betrunken zu Tode gefahren. Die Enkelkinder hatten die Masern gehabt, und dem Sohn schmerzte der Ellenbogen.

So redeten wir von diesem und jenem und redeten doch immer um das »Eine« herum. Aber schließlich mußte ich ja sagen, wo ich mich abends ansetzen wollte. Der Kalien ahnte, daß ich nicht schießen wollte, und ich wußte, daß er das nicht für richtig hielt. Ich sah ihm an, daß er überlegte, wie er mich umstimmen könnte, ohne es direkt zu sagen. Er hatte eine gute Idee. Er erzählte von einem laufkranken Bock an der Falkenleiter, den er vor zwei Wochen vorgehabt hätte, der aber trotz aller Bemühungen bisher nicht zu strecken war. Es wäre doch eine Erlösung für das Wild, und der Nachfolger würde sich freuen, wie er sich überhaupt freuen würde, wenn ich einen Bock erlegte. Natürlich sagte ich, ich würde zur Falkenleiter gehen und natürlich würde ich schießen, wenn ich einen Kranken sähe. Ganz kurz blitzten beim Kalien die Augen. Er glaubte, mich zur Hälfte bekehrt zu haben.

Von der Falkenleiter hatte ich nur eine Katze geschossen, sonst kein einziges Stück Wild. Es hatte nie gepaßt. Auch an dem Abend kam nichts Jagdbares, erst recht nicht der kranke Bock. Aber eine Ricke mit ihren Kitzen hatte ich vor und einen jungen Bock. Die Abendsonne wärmte die Farben. Ein Hase äste blühende Kräuter. Ein Graureiher strich vorbei, mein Mantel klebte fest, der Kirschbaum harzte wieder.

Ich schlich mich von hinten ins Gasthaus. Ich wollte nicht an der Theke festhängen.

Am nächsten Morgen ging ich zum Willi-Sitz. Ein seltsames Erlebnis hatte ich da gehabt. Wie lange war das her? Drei oder vier Jahre? Es war ein unfreundlicher Morgen. Im allerersten Dämmern hatte mich plötzlich ein merkwürdiges Rauschen und Fauchen geschreckt. Ganz eigenartige Töne waren das, die ich noch nie gehört hatte, die immer lauter wurden. Dann kam auf fünf Meter ein Dachs am Sitz vorbei, dahinter ein Fuchs. Die ganze Zeit war von den beiden das rauchige Rauschen und das knurrende Fauchen zu hören. Noch lange hörte ich es. Ein Fuchs jagte also einem Dachs hinterher? Und der Dachs flüchtete vor ihm? So etwas hatte ich noch nie gehört, aber ich habe es gesehen und kann es nicht erklären.

Ja, der Willi-Sitz. Einen ganz bösen Schuß habe ich von dort gemacht. Die eigenen Sünden vergißt man ja nicht. Und man vergibt sie sich auch nie.

Blattzeit. Der Himmel war bedeckt, aber es war warm. Darum hatte ich keinen Mantel mit. Plötzlich kam Wind auf, dicke Wolken türmten sich, dann blitzte und donnerte es, dichter Regen prasselte herab. So schnell ich konnte, lief ich zum abgestellten Auto, um nicht bis auf die Haut naß zu werden. Noch am Willi-Sitz, stand ich auf einmal auf zwanzig Meter vor einem Bock. Er verhoffte, und ich stoppte. Es war dieser lähmende Moment des Unerwarteten, des Erschreckens, des Erkennens.

Dann warf er sich herum und war schon verschwunden. Ich hatte ihn in dem Jahr noch nicht gesehen, aber ich kannte ihn seit vier Jahren genau. Er war unverwechselbar. Vielleicht war er der Sohn vom Hundling, aber er war noch stärker. Er war der stärkste Bock, der in den ganzen zehn Jahren im Revier stand. Als ich ihn zum ersten Mal sah, war er wohl dreijährig, obwohl man ihn für älter halten konnte. Er wog sicherlich drei Kilogramm mehr als andere Böcke. Sein Gehörn war bereits überragend, hoch, stark, Sechser, eng- und steilgestellt, mittelmäßig geperlt, kräftige Rosen. Seltsamerweise blieb er Jahr für Jahr völlig gleich. Die Stangen wurden nicht noch stärker, die Perlung wurde nicht besser. Ich konnte ihn nicht verwechseln.

Im Jahr zuvor wollte ich ihn schießen. An einem Morgen hatte ich mich angepirscht, hatte schon an einem Zaunpfahl angestrichen und wartete, daß er sich breit stellte. Und da kam – morgens um halb sechs – ein Junge auf einem Fahrrad durch die Felder gefahren. Seitdem blieb der Bock verschwunden. Aber jetzt, ein Jahr später, im prasselnden Regen, bei Blitz und Donner, war er wieder da. Würde er an dem Abend bei der vollen Brunft noch einmal wiederkommen?

Ich holte schnell meinen Regenmantel und saß eine viertel Stunde später auf dem Willi-Sitz und wartete. Der Regen hörte auf, aber die Luft blieb feucht und diesig, der Himmel war dunkel. Ich sah den Bock noch einmal, dreihundert Meter entfernt. Ganz kurz stand er im Rand vom Beil. Wenn ich auf dem Bier-Sitz gewesen wäre, hätte ich schießen können.

Ich wollte dann schon abbaumen, als noch eine Ricke mit einem treibenden Bock aus dem Beil zog. Die Ricke blieb stehen. Der Bock beschlug sie und tat sich nieder. Es war recht weit, aber ich konnte ihn gut ansprechen. Es war kein begehrenswertes Gehörn, doch der Bock war reif. Warum sollte ich nicht schießen?

Als er aufstand, schoß ich. Den Bock schleuderte es zur Seite. Dann stand er, nahm das Haupt ganz hoch, dann herunter bis ins Gras, wieder hoch, wieder herunter. Bis ich repetiert hatte, zog er langsam am Rand eines Brachstreifens von mir weg. Immer wieder ging der Kopf herauf und herunter. Er war schon fast zweihundert Meter entfernt, als er in das hoch bewachsene Brachland einbog. Ich schoß vorbei. Dann war der Bock verschwunden.

Meistens weiß ich, wie ich abgekommen bin. Aber dieses Mal wußte ich es nicht. Ich wußte nur, daß ich einen ganz schlechten Schuß gemacht hatte.

Ich lief los, um den Hund zu holen, der beim Kalien stand. Der alte Bob war noch scharf, aber völlig ungezügelt. Der Bock stand aus dem Wundbett auf. Er schlug Haken wie ein Hase und flüchtete auf mich zu. Der Hund bekam ihn an einem Hinterlauf zu fassen und riß ihn herunter. Ich warf mich auf ihn und fing ihn ab. Es war nicht schön. Der Bock hatte einen dieser verdammten Halsschüsse. Die Kugel hatte nur die Drossel durchschlagen und kein großes Gefäß zerrissen.

Ja, das geschah am Willi-Sitz, und an dem Morgen, beim unwiderruflich letzten Mal, an dem ich da saß, war alles noch einmal gegenwärtig. Da schienen keine Jahre dazwischen zu liegen. Es war wie gerade durchlebt und erlitten.

Dabei war doch auch hier so vieles anders geworden. Es gab keine Brachstreifen mehr und keine Büsche. Aus einer großen Wiese war ein

Feld geworden. Kein Rebhuhn lockte mehr. Selbst in dem kleinen, noch geduldeten Feuchtgebiet liefen die Rinder herum. Niemand sagte etwas dagegen, weil der Bauer doch im Gemeinderat saß. Was war nur aus dieser Natur geworden, die vor ein paar Jahren noch natürlich war. Und jetzt? Es war ein Jammer.

Ich stand auf, um zurückzugehen. Die acht Rehe, die ich an dem Morgen in Anblick hatte, waren schon eingewechselt. Ich war nicht froh, als ich abbaumte.

Nach dem Frühstück ging ich wieder spazieren. Ich wollte noch einmal zur Tongrube. Ich hatte erlebt, wie dort Porzellanerde gefördert, wie sie still gelegt wurde und ein tiefer, zwei Hektar großer See entstand, wie die Ufer verschilften und der Wall sich begrünte. Gern lag hier ein Hase, gelegentlich stand eine Schnepfe auf. Der Fuchs spürte sich oft, sogar Sauen wechselten hier manchmal. Das war auch alles vorbei. Ein Fischerei-Verein hatte sich eingemietet. Ständig saßen zehn oder zwanzig Angler herum und fingen heraus, was sie eingesetzt hatten.

Zum Dorf hin grenzte eine Wiese an. In einem Jahr stand im November dort oft ein Sprung Rehe. Ich sah sie, wenn ich vom Morgenansitz zurückkam. Eine uralte Ricke stand im Sprung. Aber es war nicht heranzukommen. Es dauerte reichlich lange, bis ich kapierte, wie es gehen könnte. An einem Morgen, als der Sprung wieder auf der Wiese stand, pirschte ich von hinten an die Tongrube heran, schob mich bis zur Seite vor und stieg dort den Wall hoch, um vielleicht den Rückwechsel zu übersehen. Als ich dann in dem matschigen Lehm lag und den Kopf über die Höhe hob, zogen die Rehe schon unter mir vorbei. Wo war die alte Ricke? Schließlich sah ich sie. Abseits von den anderen, am Rand der Büsche stand sie und – äugte zu mir hin. Sie hatte mich längst wahrgenommen, doch sie blieb stehen, als ob sie auf mich gewartet hätte, auf mich, auf meinen Schuß, auf ihren Tod.

Die Kugel drückte sie zur Seite. Das Blatt färbte sich schon rot, aber sie zog nun langsam weiter in einem Halbkreis vor mir her und äugte in der ganzen Zeit zu mir hin. Sie zog bis zum Ufer des Tongrubensees. Dort blieb sie eine Minute stehen, brach dann zusammen und rührte keinen Lauf mehr. Sie war mindestens 12-jährig, war völlig abgekommen. Sie hätte den Winter nicht überlebt.

Da war noch so ein Erleben gewesen, das mich angerührt hatte. Nur zwei Kilometer weiter, auf der langen Schneise war das. Und dort mußte ich auch noch einmal hin.

Dort kannte ich eine uralte Ricke. Auch sie war schlau und erfahren. Es war ihr nicht beizukommen. Ich habe sie nicht erjagt. Aber an einem

Nachmittag im Januar glaubte ich sie in einem Sprung von fünf Rehen auf der langen Schneise zu sehen. Es war eigentlich kein Jagdwetter. Kniehoch lag der Schnee, er war so verharscht, daß er das Rehwild trug, wenn es ruhig zog, aber wenn es flüchtig wurde, mußte es einbrechen. Ich hätte vielleicht gar nicht hinausgehen sollen. Aber jetzt reizte es mich, den Versuch zu machen, ob ich herankommen würde. Ich hatte ein Schneehemd an, der Wind war gut. Der Kalien war mit dem Trecker zum Füttern über die lange Schneise gefahren. So stand eine tiefe Reifenspur im Schnee, in der ich gehen konnte. Sie war aber so schmal, daß ich nur einen Fuß darin aufsetzen konnte. Den anderen mußte ich dann über den kniehohen Schneerand anheben, um ihn voran zu bringen. So war es natürlich anstrengend, und da ich warm angezogen war, um mich eventuell auf Sauen anzusetzen, wurde es nach hundert Metern sogar eine schweißtreibende Pirsch.

Aber ich kam doch gut voran, und die Rehe blieben auch lange genug auf der Schneise. Später sah ich, daß der Kalien dort beim Abfüllen Wildfutter verloren hatte und sie davon geäst hatten. Erst als ich auf Schußentfernung heran war, zog ein Stück nach dem anderen ruhig in die angrenzende Dickung. Nur die alte Ricke verhoffte.

Ich hatte die Füße in der Fahrspur und saß bequem auf dem hohen Schnee. Dann schoß ich die Ricke. Sie lag im Feuer. Sie war alt, aber es war doch nicht die uralte, an die ich geglaubt hatte. Es war ein herrliches Jagen gewesen, dieses Heranpirschen unter solchen Bedingungen, die abendliche Stimmung über dem tief verschneiten Wald und im Licht der schon untergehenden Sonne. Es war ein begeisterndes Erleben – bis zu dem Augenblick...

Als ich die Ricke in den Dickungsrand gezogen hatte, um sie dort aufzubrechen, schreckte ein paar Meter daneben ein Kitz. Ich sah es kurz. Es sprang nicht ab. Es zog nur hinter die verschneiten Fichten und schreckte weiter in der ganzen Zeit während des Aufbrechens. Das klang klagend, traurig, erschüttert und erschütternd.

Als ich die Ricke im Rucksack hatte und die vierhundert Meter auf der langen Schneise zurückstapfte, zog das Kitz neben mir her durch die Dickung. Ich sah es nicht, aber die ganze Zeit schreckte es neben mir so klagend, immer wieder, immer wieder. Es war wie eine Anklage. Es hat mich zutiefst angerührt. Tiere haben ja keine Seele, hat man uns gelehrt. Nur – ich glaube nicht ausnahmslos an alle Lehren.

Am Abend ging ich dann zum Biersitz. Wir hatten ihn an einem heißen Tag gebaut und waren durchgeschwitzt und durstig. Der Kalien hatte nicht gemerkt, daß ich Bierflaschen in den Bach gelegt hatte, bevor wir anfingen. Erst nach langer Frotzelei holte ich sie. Sie haben uns herrlich geschmeckt, und der Sitz hatte damit seinen Namen.

Von dort habe ich sehr viel geschossen, Rehwild, zwei oder drei Füchse und schließlich den ganz guten Bock, den Kapitalen, dem ich im Gewitter im Jahr zuvor begegnet war. Aber das war kein großes Erlebnis. Er trat aus, er äste, er stand auf neunzig oder hundert Meter breit – und hörte den Knall nicht mehr. Das war alles. Fünf Jahre kannte ich ihn, achtjährig war er wohl, als ich ihn schoß. So viele Begegnungen und Beziehungen hatte es gegeben. Er trug das stärkste und schwerste Gehörn, das ich in den zehn Jahren im Revier erbeutete, und gerade darum – für diese Krone war es ein unwürdiges, ein herabsetzendes, ein schales Ende. Darum war ich auch traurig, als ich bei ihm saß.

Das ist es ja, der absolute Wert einer Trophäe läßt sich aus Zentimetern und Gramm, aus Enden, Farbe und Perlung zusammenrechnen und – besagt doch nicht viel. Erst wenn einmal in der Freude des Erjagens ein Kümmerling wertiger, »gefreuter« geworden ist als der problemlos geschossene Kapitale, erst dann weiß man, wie erfüllend wirkliches Jagen ist.

Und eben weil ich die stärkste Trophäe im Revier so problemlos erbeutet hatte, weil es keine »gefreute« geworden war, darum war ich an dem Abend traurig.

Vielleicht hatte mich das Revier auch zu sehr verwöhnt, nicht mit starken Gehörnen, das waren nur eine gute Handvoll gewesen, sondern mit wirklichem Erleben, mit jagdlichem Erleben, auch wenn es nicht mit Trophäen verbunden war, dafür aber mit um so mehr jagdlicher Freude, die allzu oft viel zu gering eingeschätzt wird. Drei besondere Erlebnisse fielen mir an dem Abend noch ein, und an die Stellen, wo ich sie erleben durfte, dahin wollte ich am nächsten, am wirklich allerletzten Tag auch noch einmal gehen.

Am letzten Morgen aber ging ich im ersten Dämmern zunächst noch einmal zur Südseite vom Beil. Der Wind kam völlig falsch, zum Jagen hätte ich mich nie dorthin gesetzt. Aber nun wollte ich dort noch einmal den Sonnenaufgang sehen und das Stundenläuten der Glocken vom Nachbardorf hören – zum Abschiednehmen.

In den ersten Jahren, in denen ich im Revier war, besaßen wir dort eine Leiter in einer wunderschönen Eiche am Rand eines Kornfeldes. Davor schlängelte sich ein schmaler Bach durchs Gelände, und auf seiner anderen Uferseite war, von Fichten umgeben, ein halbkreisförmiges hektargroßes Feuchtgebiet. Ein paar große Weidenbüsche standen dort, im Sommer wuchsen duftende Kräuter brusthoch, die seltensten Blumen blühten,

Bienen summten, Schmetterlinge flatterten, und oft leuchtete es rot auf, wenn Rehwild dort äste.

Einmal hatte ich in der Blattzeit morgens angesessen und einem treibenden Paar zugesehen. Es dauerte fast eine Stunde, bis ich den Bock in dem hohen Blütenmeer richtig ansprechen konnte. Ich hatte ihn vorher nie gesehen. Aber je mehr ich nun von ihm sah, um so erregender wurde es. Er war ein Gabler, die Stangen waren nur lauscherhoch, aber sie waren so dick, wie sie nie vorher oder nachher ein Bock im Revier trug. Es war ein herrlich knuffiges Gehörn mit breiten Rosen und reicher rauher Perlung. Als ich das wußte, dauerte es noch einmal eine viertel Stunde, bis das Blatt frei war, und dann dauerte es noch über fünf Minuten, bis ich den Bock in dem Meer von Kräutern fand und diese Krone anheben konnte.

Im Jahr darauf hatte der Bauer die Eiche gefällt, sie störte beim Pflügen. Wir hatten dann einen Sitz im Feuchten gebaut, ganz versteckt in einem Weidenbusch. Wir nannten ihn den Wolynischen. Aber auch den mußten wir ein Jahr später umstellen. Gräben wurden gezogen, die Weidenbüsche verschwanden, Erlen wurden angepflanzt. So sah ich am allerletzten Morgen dort nur das saftig-grüne Blättermeer der Erlen. Da war kein Duft mehr in der Luft und kein Summen. Einen Bussard sah ich noch und zwei Krähen.

Ich hatte mich vom Mittagessen abgemeldet und ein paar Butterbrote mitgenommen. Für den letzten Tag, für den letzten Reviergang nahm ich mir eine weite Strecke vor. Ich ging zunächst zur Tongrube und von dort über die Marr, eine Wiese, die sich fast zwei Kilometer lang oberhalb vom Dorf hinzog und in der ganzen Länge von Fichtendickungen begrenzt war. Im Frühjahr sah man hier bei jedem Ansitz fünfzehn oder zwanzig Rehe. Bevor hier nur noch Kühe weideten, lagen in den Feuchtstellen immer Bekassinen, nur hier hatte ich Sauen geschossen.

Ich kam an den Trümmern vom Aussichtsturm vorbei. Das war der einzige Hochsitz, der völlig frei stand. Ich mochte das nicht, aber hier ging es nicht anders. Wir wußten nicht, ob er wirklich von selber umgefallen war! An einem frühen Morgen saß ich einmal dort und sah auf weite Entfernung schon im vollen Sonnenlicht eine Rotte Sauen anwechseln. Zwei starke Stücke waren es und sechs Frischlinge. Die Bache zog mit den Frischlingen in die Dickung, der Keiler wechselte vierhundert Meter weit langsam über die freie Fläche spitz auf mich zu. Als ich schoß, stürmte er seitlich weg. Ich warf noch einen Schuß nach, aber später war nicht zu erkennen, welcher getroffen hatte. Der Keiler war hinter einer Geländewelle verschwunden, und ich wußte also nicht, ob er lag. Ich war voller Unruhe. Ich versprach Diana, ihn ganz allein zu bergen, wenn er liegen würde. Es war dann eine mühevolle Arbeit. Als der Kalien davon hörte, meinte er, es könne bei der Entfernung nur ein Frischling sein. Über sein Gesicht, als er den Keiler sah, haben wir noch oft gelacht.

Ich ging weiter zur Marr-Wiese. In den Wäldern neben der Marr lag die zwei Hektar große, herrlich verschwiegene Äsungsfläche. Jetzt war auch hier aufgeforstet. Ich hatte einen langen Kampf mit der Forstverwaltung geführt, damit wenigstens das Gras nicht weggespritzt würde. Man schrieb mir: wenn es auch ein Wasserschutzgebiet sei, solle mich das doch nicht interessieren. Die Jagdpacht liefe doch nur noch zwei Jahre. Eine merkwürdige Begründung. So lange aber wurde dann wenigstens das Spritzen verschoben, allerdings auch nicht länger.

Viel hatte ich hier erlegt. Einer der besten Böcke war dabei, und ein Freund erlegte hier an einem Wochenende sogar drei interessante Böcke. Obwohl ja nun alles so völlig anders aussah, wollte ich aber noch einmal auf jenen der beiden Sitze, der direkt neben einer dicken Eiche stand. Von dort schoß ich einmal einen Bock – ohne hinzusehen.

Der Kalien hatte ihn ausgemacht. Zusammen kamen wir in der Blattzeit über den Pirschweg heran. Es war noch früher Nachmittag, aber das Pärchen hatte sich schon auf der Wiese niedergetan. Der Bock zeigte nur fingerdicke Stangen, angedeutete Vordersprossen und recht gute Hintersprossen, aber er hatte fünfundzwanzig Zentimeter hoch auf. Er war alt. Die beiden standen auf. Die Ricke äste, der Bock döste. Ich hatte ihn voll im Fadenkreuz. Noch bevor ich abdrückte, sah ich im Augenwinkel eine Bewegung. Am Eichenstamm, keinen Meter neben mir, saß ein Hermelin und äugte mich an. Nun sah ich abwechselnd durchs Zielfernrohr zum Bock und wieder zum Hermelin, das ging hin und her. Der Bock stand ruhig, das Hermelin wußte nichts mit mir anzufangen. Ich sah zu ihm hin und – krümmte den Zeigefinger. Das Hermelin fiel beim Schuß vor Schreck fast vom Baum, der Bock lag. Ich kapierte nun erst, was ich gemacht hatte.

Ich ging dann weiter durch Fichtendickungen und herrlichen Buchenwald, am Regensitz vorbei, wo ich einmal am 15. Oktober noch einen Kümmerling schoß und an einem Wintertag einen starken Fuchs. Ich wollte noch zur Güllenhardt, wo nach dem Hermelin-Bock das zweite so erfreuliche Erlebnis war, das mir am Vorabend wieder einfiel. Auch da hatte ich einen der stärksten Böcke geschossen, aber auch das war kein großes Erleben gewesen. Ich kannte ihn auch schon länger, und als ich ihn dann schießen wollte, war ich noch keine fünf Minuten auf dem Sitz, als schon alles vorbei war.

Nein, eine andere Erinnerung war es, die mich noch einmal hierher zog. Das war auch schon im Oktober gewesen. In der ganzen Jagdzeit hatte ich immer wieder versucht, hier einen Kümmerling zu jagen. Ich hatte x-mal angesessen, ich war gepirscht, ich hatte ihn nicht bekommen. Er trug eine ganz dünne, knapp vier Querfingerhohe Stange, auf der anderen Seite ein Knöpfchen. An dem trüben Oktobermorgen sah ich ihn dann. Ganz langsam und gemächlich äste er sich auf mich zu, und mit ihm zog ein Schmalreh – glaubte ich. Ich hatte aber auch nicht richtig hingesehen, weil ich nur den Einstangigen im Glas behielt. Endlich sah ich, daß das Schmalreh auch ein Knopfbock war, ein richtiger sogar, der beiderseits nur Knöpfchen zeigte. Von dem Augenblick an überlegte ich nur noch, wie ich beide schießen könnte. Wenn sie so weiterzogen, mußten sie an einen Graben kommen, dort würden sie an den hohen Kräutern noch äsen und verhoffen, bevor sie hindurchziehen würden. Dann könnte ich schießen, sobald einer breit stand, könnte noch in der Schrecksekunde repetieren und dem zweiten die Kugel aufs Blatt setzen. So hatte ich es mir ausgedacht, und fast so kam es auch. Nur daß die Schrecksekunde zu kurz oder mein Repetieren zu lange dauerte. So kam ich beim zweiten Schuß nur weidewund ab. Aber der Bock war so schwach, daß ihn die Kugel doch von den Läufen warf und auch sofort verenden ließ.

Bei weiblichem Rehwild hatte ich viele Dubletten geschossen, aber dies war meine einzige Bockdublette. Darum waren es besonders erfreuliche Trophäen. So schwach sie auch sind, sie haben einen Ehrenplatz an der Wand.

In der Erinnerung sind aber noch zwei Böcke fast zur Dublette zusammengerückt, obwohl das gar nicht richtig ist, obwohl eine halbe Stunde Zeit und vierhundert Meter Entfernung dazwischen liegen. Aber das eine Erleben hing so vom anderen ab, daß diese beiden Abnormen untrennbar zusammen gehören.

Es war nicht mehr weit bis zu den Stellen, die ich auch noch einmal sehen wollte, aber zunächst blieb ich noch eine halbe Stunde, schaute übers Tal auf die nächsten Bergrücken und teilte die Brote mit meinem Hund. Hier würde ich also kein Stück mehr aufbrechen, hier bekam der Hund kein Herz mehr, hier gab es nichts mehr für mein Jägerherz...

Wir gingen dann weiter zur Wolfsraute. Ein tiefer Taleinschnitt war das mit einer ganz steilen Hangseite. Buchenrauschen wuchsen hier hoch. Einmal hatten wir hier Sauen fest. Der Kalien ging hinein, um sie herauszudrücken. Plötzlich stand er mitten in der Rotte, er schoß auf drei Meter einen Überläufer. Das war so erregend, daß er nicht fähig war, aufzubrechen. Wir haben später oft darüber gelacht.

Als aber diese Naturverjüngung noch nicht geschlossen war, sah ich hier eines Morgens beim Pirschen einen schwachen Bock in einer Lücke. Er hatte eine nur kleinfingerdicke, zwei querfingerhohe Stange, die gerade und scharfkantig wie ein Schraubenzieher auslief. Ich konnte das noch ansprechen, aber dann war er in dem Jungwuchs verschwunden. Am Vormittag ging ich wieder hin, ich hatte richtig vermutet. Er bummelte herum. Es dauerte sehr lange, bis ich wenigstens das Blatt in einer Lücke frei hatte. Da stand er schon ganz oben am Hang. Ich konnte nicht einmal mehr sehen, ob er zeichnete. Aber er lag am Fleck. Der Bock freute mich unsagbar, weil er schwach war und richtig, und weil es ein gutes Jagen war. Ich blieb nur eine Zigarettenlänge, dann trug ich ihn zum Wagen, ich mußte ihn meiner Frau zeigen und dem Kalien.

Rückwärts fuhr ich aus der Schneise heraus, stieß rückwärts drehend auf den Holzabfuhrplatz, und in dem Augenblick sah ich auf dem Hang darüber noch einen Bock. Ich sah ihn nur eine Sekunde, dann schoß der Wagen schon vorwärts davon. Nur hundert Meter fuhr ich, dann hatte ich die Büchse in der Hand und ließ den Motor laufen, ließ die Tür auf und pirschte schon zurück. Das war ein Bock! Eine hohe Sechser-Stange zeigte er, die andere war nur halb so hoch, aber das war keine Stange, das war eine drei querfingerbreite Schaufel, aus der drei lange Enden steil abgingen. Eine ganz kleine weitere Vereckung hatte ich nicht gesehen.

Ich kam gut voran, und bald sah ich den Bock. Er stand noch in der Fichtenkultur, aber schon oben am Berg, vor dem Hochwald. Er war voller Unruhe und äugte zurück zu dem brummenden Motorgeräusch. Und dann lag er. Ich jubelte. Als ich diese starke abnorme Krone sah, da wurde ich ganz still vor lauter Freude.

Natürlich war das keine Dublette, aber es kam mir so vor. Und vielleicht war es sogar schöner als eine echte Dublette, weil zweimal hintereinander eine große Erregung in Erfüllung überging, weil die erste noch nicht abgeklungen war, als sie in die zweite eintauchte, und weil sich beide zusammen noch erhöhten.

Es war schön, noch einmal dort zu sein. Und es war ein bißchen Wehmut dabei. Nun aber wurde es Zeit, zurückzugehen. Es wurde Zeit für den letzten, den allerletzten Abendansitz in diesem Revier, das zehn Jahre lang meines war.

Es war keine Frage, wohin ich gehen wollte. Ich mußte noch einmal zum Hundlings-Sitz. Das war zwar auch nicht mehr der Sitz, von dem aus ich den Hundling erjagte, denn auch der Sitz hatte weichen müssen, als die Landschaft verändert wurde, als alles so Charakteristische verschwand, die Brachstreifen und die Waldwiesen, die großen Schlehdorn- und die Weidenbüsche, die früher hier die Wiesen sprenkelten. Das war alles vorbei. Nackt waren nun die Wiesen, Asphaltwege erschlossen die einsamsten Winkel. Kein Fasan rief mehr, kein Rebhuhn lockte mehr.

Das war es ja. Hier konnte man sich nur heimisch fühlen, wenn man sich nicht zurückerinnern konnte, wenn man nicht wußte, wie schön es hier einmal war, wenn man nicht wußte, was alles so gefühllos, grausam und unwiederbringlich zerstört war.

Der Sitz stand jetzt am Rand von schon hohen Erlen, die das frühere Brachland bedeckten, wo ich den Hundling schoß, und am Rand einer Wiese, wo früher das Rehwild nicht äste, weil es bessere Äsung fand. Daneben war noch eine Erlendickung entstanden, und erst dann schloß sich Fichtenwald an.

Ich saß lange, bis ich Wild sah, und die Gedanken eilten zurück. Als dieser neue Sitz entstanden war, saß ich hier einmal und wartete auf den Schuß vom Freund, den ich ein paar hundert Meter weiter angesetzt hatte, wo ich einen alten starken Spießer wußte. Vor mir äste ein alter Bock mit einer kurzen Sechser-Stange. Die andere war auf halber Höhe abgebrochen. Der Bock war wieder eingewechselt, als beim Freund der Schuß fiel. Im selben Augenblick sah ich einen Fuchs in der Erlenkultur. Wir hatten Tollwut im Revier, und darum schoß ich. Ich hatte kaum repetiert, trat auch der Bock vor mir wieder aus. Da knallte es dann innerhalb von zwei Minuten zum dritten Mal an dem Abend. Das waren frohe Stunden danach.

Ach, es war so vieles noch passiert in den zehn Jahren, hier und an anderen Stellen im Revier. Tagelang könnte man sich noch erinnern, an Licht und Farben der Sonne, an Schatten und Schattierungen der Wolken, an peitschenden Regen und schneidenden Wind und an die vielen hundert Rehe, an ein paar Schnepfen oder Hasen, an einsame Stunden und Begegnungen, an Versagen und an Erjagen.

Aber nun sah ich Wild. Zwei rote Flecke bewegten sich in den hohen Erlen hinter der Wiese. Ein Schmalreh trat dann aus und äste. Aber das andere Stück kam nicht. Und das reizte mich, das forderte mich. Ich wollte es ansprechen, richtig ansprechen, obwohl es in den mannshohen Erlen nie frei stehen konnte. Ich mußte es mir in Gedanken stückweise zusammensetzen, und ich hatte nur alle paar Minuten ein Stück vom Wild frei. Es dauerte und dauerte, bis ich wußte, daß es ein Bock war, und es dauerte über eine halbe Stunde, bis ich erst ahnte, bis ich dann wußte, daß es einer der ganz schwierigen Böcke war, die es immer wieder mal im Revier gab. Man konnte sie für jung halten, aber sie waren es nicht. Man konnte an ihre Zukunft glauben, aber sie hatten keine. Ich hatte an ihnen lernen müssen in langen Jahren. Und nun, am allerletzten Abend, in der so erinnerungsträchtigen Reviercecke, am Hundlings-Sitz, nun hatte ich noch einmal so einen schwer ansprechbaren Bock vor, kaum auszumachen im Blättermeer der Erlen. War das ein Zufall? War das Forderung? Ein Geschenk? Eine Gnade?

Da nahm ich die Büchse hoch und suchte die kleine rote Stelle im dichten Grün. Als ich dann bei ihm saß, da fühlte ich wirklich schmerzhaft, jetzt war es endgültig, jetzt war es vorbei.

Ein Brief...

Liebe, beneidenswerte Jägersfrau!

Sie sagten gestern, manchmal wüßten Sie nicht, ob es wirklich beneidenswert ist, die Frau eines Jägers zu sein. Darum muß ich Ihnen schreiben. Denn, ich bitte Sie, das wissen Sie doch wohl? Ganz genau sogar!

Sicher, es war nicht schön für Sie, daß Ihr Mann in den letzten drei Wochen jeden und jeden Abend so lange auf den Bock ansaß. Aber daß Ihre beste Freundin darum am Telephon so spitz etwas von einer »grünen Witwe« gesagt hat, das war ja eine pure Gemeinheit. Natürlich war es richtig, daß Sie sich hinterher überlegt haben, was Sie ihr bei passender Gelegenheit mal dafür wiedersagen.

Aber dann vergißt man so etwas; nur das Füreinander ist doch wichtig. Überlegen Sie mal, wie das war, als Ihr Mann neulich mit diesem furchtbar zerknirschten Gesicht wiederkam und nur »Schuß verrissen« durch die Zähne quetschen konnte. Haben Sie denn da noch an etwas anderes als an seinen Schmerz und sein Leid gedacht? Na also! Sie sind doch eine Frau. Seine Frau. Seine Jägersfrau. Und als Sie ihn dann an Ihr fraulich-mütterliches Herz gezogen und getröstet hatten, war das denn nicht wunderschön? Diese Jäger. Diese starken Männer. Diese großen, kleinen Jungens!

Es ist doch auch so herrlich, wie Ihr Jägersmann schwärmen kann, vom Farbenspiel eines Sonnenuntergangs oder von einer Ricke mit den Kitzen, die beim Saugen immer so drängeln. Genauso empfindsam wie für die Natur ist Ihr Jägersmann doch auch für Ihre Liebe. Das macht Sie doch so beneidenswert, verehrte Jägersfrau!

Auch wenn er abends weggeht, dann auf jeden Fall nicht in eine Bar oder in sonst ein ehegefährdendes Etablissement, sondern auf den Ansitz. Oder höchstens mal zum Jäger-Stammtisch. Sicher, dann kommt es vor, daß er nicht so völlig nüchtern bleibt. Aber am nächsten Morgen hat er wenigstens nur zu erzählen, daß ausgerechnet der Sowieso den Mords-Keiler gekriegt hat. Na also!

Auch als Ihr Jägersmann mit dem Bock ankam, hinter dem er schon zwei Jahre her war, war das nicht ein wunderschöner, beglückender Abend? Nicht nur, weil der Bock so freundlich war, ausnahmsweise ungewöhnlich früh auszutreten. Nein, schon der Anblick, als Ihr Mann ihn auf den Rasen zur Strecke legte und so stolz war. (Natürlich haben Sie ihn da nicht gefragt, warum ein Stück immer auf der rechten Seite liegen muß. Sie vermuten ja, daß er das auch nicht so genau weiß und darum eine Stunde lang darum herum reden würde, um das zu vertuschen. Als kluge Frau aber werden Sie ja solch eine Blöße nicht aufdecken!)

Aber all das meine ich noch nicht. Die Stunde danach meine ich, als Sie ganz still zusammen auf der Bank saßen, bis nun wirklich nichts mehr zu sehen war, weder vom Bock noch vom Rasen. Wie er da seine Jacke um Ihre Schultern legte, weil Ihnen vielleicht schon kalt sein könnte. Und wie sein Glück und Ihr Glück so ganz eins waren. Wie Sie so froh waren, daß er froh war; und er so froh, daß Sie mit ihm froh sein können!

Nun? Immer noch ein bißchen getroffen von der »grünen Witwe«? Ach was, deswegen braucht Ihre Freundin nicht gleich eine dumme Ziege zu sein. Die kapiert das eben nicht. Oder kapiert sie es doch? Und beneidet Sie darum ein bißchen? Liebe, beneidenswerte Jägersfrau?

Denken Sie doch auch einmal zurück an diese Monate, als Ihr Mann die Traumreise seines Jägerlebens vorbereitete. Alaska! Wissen Sie noch? Sicher wissen Sie! Aber ich will es noch einmal erzählen, obwohl ich Sie schon leicht schmunzeln sehe.

Es fing ja ganz harmlos an, mit diesem Buch zu Weihnachten, das er sich gewünscht hatte. Immer nur Schlips, Oberhemd und Socken ist ja auch zu einfallslos. Auf jeden Fall hatten Sie ihm das Buch geschenkt. Und das war Anfang und Ursache!

Erinnern Sie sich noch an die nächsten Abende, wie er las, mit rotem Kopf und glühenden Augen? Wie er manchmal schon mit sehnsuchtsvollem Unterton aufstöhnte oder »phantastisch« ins Zimmer rief, während Sie Knöpfe an seinem grünen Hemd annähen mußten? Spätestens da wurden Sie ja aufmerksam! Ein paar Abende später hat er Ihnen dann erstmals einen natürlich sehr geschickt ausgesuchten Absatz vorgelesen. Und dann kam so entsagungsvoll: »Das müßte man mal erleben können!« Wissen Sie noch?

Am nächsten Morgen hat er den Ascheneimer rausgetragen, obwohl er gerade an dem Tag die Möglichkeit gehabt hätte, das zu vergessen. Natürlich haben Sie ihn gelobt, denn Sie sind ja eine geschickte Frau. Aber wie er das dann so wegwischte mit einem »ist doch selbstverständlich«, und wie er dann ein paar Tage später auch noch ganz unmotiviert einen Blumenstrauß mitbrachte, da war Ihnen ja nun alles restlos klar. Denn Sie sind ja auch eine erfahrene Jägersfrau und wissen, »Präliminarien, Vorbereitungen« nennt man das. Aber war es nicht schön in den nächsten Wochen? Er war immer da, er machte alles und sogar sofort, Sie brauchten nichts zweimal zu sagen.

Dabei war noch gar nichts gesagt. Aber dann fing er an, das Buch zum zweitenmal zu lesen, und die Abschnitte, die er Ihnen vorlas, wurden auch immer länger. Schließlich kam es dann: »Schade, daß wir uns das nicht leisten können.« So richtig entsagungsvoll. Das »wir« war natürlich nicht so wörtlich gemeint. Sie haben ihn ja zunächst dabei gelassen. Nein, bitte, das ist nicht böse gemeint. Das gehört doch dazu, so wie bei ihm das entsagungsvolle Stöhnen und der Ascheneimer. Das ist nichts Schlechtes. Sie kennen doch Wilhelm Busch: »Er weiß Bescheid, sie weiß Bescheid, und beiden macht's Vergnügen!«

Irgendwann haben Sie dann doch auch gesagt, daß man zunächst mal wissen müsse, was so eine Jagdreise denn nun wirklich kostet. Sie waren natürlich gar nicht überrascht, daß er sofort eine Zahl wußte. »Der und der hat das gesagt!« Im stillen haben Sie ja auch sofort die Hälfte noch mal dazu gerechnet. Im stillen selbstverständlich.

Auch in den nächsten Wochen hatten Sie doch soviel Freude. Was war er aktiv. Wie glühte er vor Eifer. Was hat er geschrieben und telephoniert, um die Adresse eines wirklich vertrauenswürdigen Jagdführers zu erfahren. Und wie hat er Sie immer gefragt, was Sie dazu meinen. Sicher, die Thematik war recht einseitig, aber das war Ihnen ja nicht neu. Sie kennen ihn doch, Ihren großen, kleinen Jungen.

Als die Summe dann feststand, waren es natürlich ein paar bedrückte Tage. Das war ja auch noch teurer, als Sie (im stillen) gedacht hatten. Aber kann man das vergessen, wie Sie Ihren »Teuren« dann in den Arm nahmen und sagten: »Mach es. Es ist doch dein Traum, wir werden das schon schaffen!« Wie da dieser starke, harte Mann so ein feuchtes Glänzen in den Augen hatte und seine Stimme gar nicht mehr so klar war? Liebe, beneidenswerte Jägersfrau? Kann es etwas Dankbareres und Anhänglicheres geben als einen liebenden Jägersmann? Na bitte!

Daß dann trotzdem zu Ihrem Geburtstag der Geschirrspüler kam, damit aber hatten Sie nun wirklich nicht gerechnet, oder?

Wissen Sie noch, wie er beim Packen den Feldherrn spielte und auch wirklich glaubte, er hätte alles selber sortiert und vorbereitet, und wie er trotzdem nicht merkte, daß Sie ihm noch eine weitere warme Unterhose dazulegten?

Und wie er wiederkam! Als er plötzlich in der Diele stand, so schlank wie vor etlichen Jahren und mit dem leicht grauen 4-Wochen-Bart. Wie er Sie da in die Arme nahm! Und wie er tagelang erzählt hat, ihm immer Neues einfiel und er dann alles noch x-mal erzählte, bis Sie meinten, Sie hätten es selber erlebt! Und in den nächsten Wochen, als immer wieder Freunde kamen, um die Trophäen zu besehen, und er stets sagte: »Ohne meine Frau wäre dieser Traum von einer Jagdreise nie in Erfüllung gegangen« und Ihnen dabei so ein bißchen tapsig über die Hand streichelte! Da haben alle gemerkt, wie beneidenswert Sie sind! Darum hat doch dann auch diese eine Bekannte, Sie wissen, wen ich meine, wieder von ihrer Emanzipation angefangen, von ihrem Selbst-Verwirklichen. Doch nur, weil sie spürte, was zwischen Ihnen und Ihrem Jägersmann ist, weil sie das abwerten wollte, einfach weil sie neidisch war.

Ich werde es nie vergessen, Sie haben darauf ganz ruhig gesagt: »Emanzipation, das wäre für mich nur eine Entschuldigung, wenn ich das Glück unserer Gemeinsamkeit nicht erhalten könnte!«

Am nächsten Abend stand dann Ihr Jägersmann wieder mit den Dreckstiefeln auf dem besten Teppich, und im Mantel war schon wieder ein Winkelriß! Aber was ist das denn bei all seiner Dankbarkeit, seiner Liebe und Ihrer Liebe?

Das wissen Sie doch, ganz genau sogar. Und darum sind und bleiben Sie ja auch die liebe, beneidenswerte Jägersfrau! Und in diesem Sinne bin und bleibe ich

Ihr stets sehr ergebener

Jochen Portmann

Bücher für Jäger

Wilhelm Schmiedl
Von Böcken, Gams und braunen Hirschen
Erfülltes Waidwerk im Burgenland und in der Steiermark. 1984. 200 Seiten. Glanzkaschiert 34,– DM

Kurt Menzel
Glück muß der Jäger haben
Von der jagdlichen Passion eines Forstmannes in heutiger Zeit. 1983. 176 Seiten und 16 Bildtafeln mit 32 Abbildungen. Glanzkaschiert 34,– DM

Helmuth J. Manzenreither
Als wär' es mein Revier!
Von Jägerfreuden und dem Leben in einer Kärntner Bauernjagd. 1983. 208 Seiten. Glanzkaschiert 36,– DM

Heinrich von Oepen
Jagen in Rominten
Auf Elch, Hirsch, Bock und Sau in meiner masurischen Heimat. 1982. 174 Seiten und 8 Bildtafeln mit 16 Fotos. Glanzkaschiert 36,– DM

Hans Behnke
Von Mondhasen und Erdkitzen
Der Waidgenosse als Zeitgenosse. 1982. 237 Seiten und 16 Bildtafeln mit 32 Abbildungen. Glanzkaschiert 32,– DM

Willy Benzel
Im Paradies der Hirsche
Rotwilderfahrungen und Jagderinnerungen des letzten Wildmeisters beim Fürsten Pleß. 4. Auflage. 1983. 228 Seiten mit 40 Abbildungen im Text und auf 10 Bildtafeln. Glanzkaschiert 32,– DM

Gerhard von Jordan
Diana hat mir stets verziehen
Von den Taten und Untaten eines »miserablen« Jägers. 1980. 116 Seiten. Glanzkaschiert 7,80 DM

Walter Frevert
Abends bracht' ich reiche Beute
Der jagdlichen Erinnerungen letzter Teil. 5. Auflage. 1977. 166 Seiten mit 1 Zeichnung und 15 Bildtafeln mit 27 Abbildungen. Leinen 26,– DM

Walter Frevert
Das Jägerleben ist voll Lust und alle Tage neu
Jagdliche und andere Erinnerungen. 5. Auflage. 1979. 193 Seiten, 15 Bildtafeln mit 25 Abb. Leinen 32,– DM

Walter Frevert
Und könnt' es Herbst im ganzen Jahre bleiben
Jagdliche und andere Erinnerungen. 8. Auflage. 1984. 227 Seiten und 19 Bildtafeln mit 25 Abbildungen. Glanzkaschiert 32,– DM

Hans Theodor Bernhart
Karpatenjäger aus Leidenschaft
Ein Leben für die Jagd. 1976. 157 Seiten. Leinen 32,– DM

Friedrich Karl von Eggeling
Von starken Keilern, treuen Hunden und pfeilschnellem Federwild
2. Aufl. 1980. 194 S. Leinen 32,– DM

Friedrich Karl von Eggeling
Wie es Diana gefällt
Aus eines Jägers hellen und dunklen Stunden. 1978. 149 Seiten mit 45 Zeichnungen von Irene von der Lancken. Leinen 32,– DM

Preisstand: Sommer 1984.
Spätere Änderungen vorbehalten.

Verlag Paul Parey
Spitalerstraße 12 · 2000 Hamburg 1

PAUL PAREY